U0154492

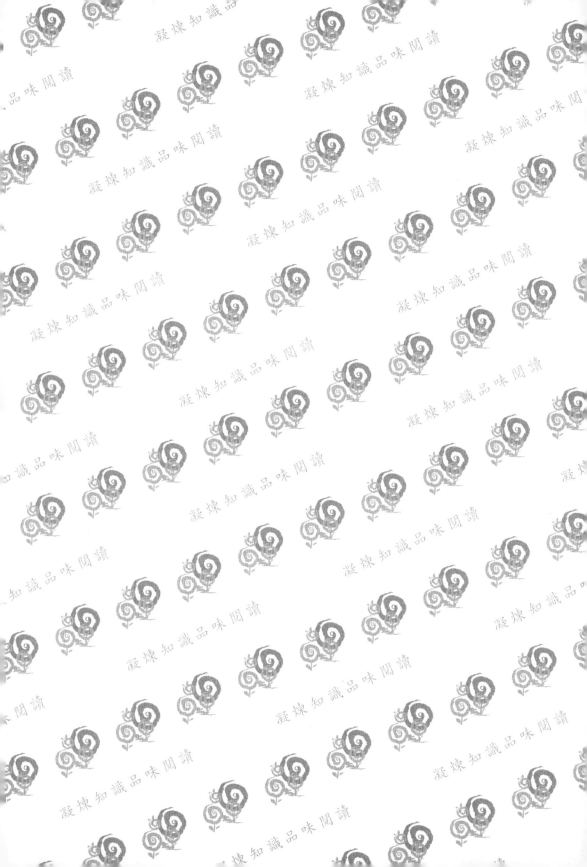

國際私法理論與實務 第一卷

國際私法
裁判與學理 吳光平 著

五南圖書出版公司 印行

序言

　　法律的生命在於邏輯，也在於經驗，故而理論與實務皆不能偏廢，國際私法亦如是。我國法院實務累積不少的涉外民商裁判，於研讀國際私法學理時參照相關裁判，或於觀涉外民商裁判時參照相關國際私法學理，能收理論與實務兼備之效。

　　本書所收錄之論文，為作者近年來教學、研究國際私法學之心得，就國際私法之國際裁判管轄、衝突法總論、衝突法各論三大部門所涉相關涉外民商裁判，依國際裁判管轄權之決定基準、被告可扣押財產所在地之國際裁判管轄、國際合意管轄、涉外民商事件之定性、涉外民商事件之先決問題、規避法律、契約客觀準據法之決定、涉外勞動契約之法律適用、涉外商標權侵害之法律適用等內容分為九章，各章皆基於理論與實務兼備之理念撰成，以國際私法學理並行呈現、分析並評論所涉裁判。因以涉外民商裁判時與相關國際私法學理相互並現，故本書書名為「國際私法裁判與學理（一）」，並列為「國際私法理論與實務」叢書第一卷。

　　本書之編輯過程，盡可能維持各章初稿於各法學期刊發表時之原貌，但因各章初稿發表時間有別，因此若干初稿發表時間較久遠者，則因應法規變動以及參考文獻之更新，為若干修正，並就文字為若干之調整，同時就部分內容加以改寫。

　　本書之付梓，必須感謝五南圖書公司劉靜芬副總編輯之協助出版與黃郁婷編輯之悉心校對，同時也要感謝提供刊登本書各章初稿之政大法學評論、玄奘法律學報、月旦法學雜誌、台灣法學雜誌、李模務實法學基金會。

　　國際私法學內容浩瀚，未及討論重要問題尚多。本書疏誤之處，願先進宏達指教是希。

　　最後，謹以本書獻給我在天上的父親吳錫爵，沒有您劬勞辛苦的養育與栽培，就沒有今天的我。

吳光平

序於陽明山・華岡・大賢館

2021年8月25日

目錄

第一部分

國際裁判管轄論

第一章
國際裁判管轄權的決定基準
——總論上方法的考察

壹、前言

　　國際裁判管轄權的決定，雖然屬於國際民事訴訟程序的問題，但卻與衝突法則有著密不可分的關係，蓋國際裁判管轄權之問題若不先確定，即無從進入適用衝突法則選擇準據法的程序，故國際裁判管轄權的決定與衝突法則的適用，乃構成了國際上私法生活之一機二翼，彼此相輔相成，始能達成國際私法保障國際間私法生活安全之目的。惟，涉外民商事件的國際裁判管轄權，由於目前尚無任何國際機關來指定各國對涉外民商事件的國際裁判管轄權，因此，對於涉外民商事件是否具國際裁判管轄權，必須由涉案各國自己決定。

　　就大陸法系而言，立法例上較少有直接規定國際裁判管轄權者，故德、日等大陸法系國家多依據自己民事訴訟法管轄法則之原理，來作為國際裁判管轄權的決定基準。但由於各國民事訴訟法管轄法則並不一致，致使國際裁判管轄權之衝突（包括因國際裁判管轄權競合所造成的「國際裁判管轄權之積極衝突」【英文】positive conflict of jurisdictions、【德文】positiver Kompetenzkonflikt，以及因為拒絕國際裁判管轄權所造成的「國際裁判管轄權之消極衝突」【英文】negative conflict of jurisdictions、【德文】negativer Kompetenzkonflikt）經常發生，故為了防止國際裁判管轄權之衝突，近年來統一國際裁判管轄法則國際公約的制定逐漸盛行[1]，決定

---

[1]　諸如1965年「收養之管轄、準據法與裁決公約」（Convention on Jurisdiction, Applicable Law and the Recognition of Decree Relating to Adoptions，簡稱為「海牙收養公約」）、

國際裁判管轄權的國際統一標準因而漸次形成，此等國際統一標準勢必對相關國家的規定發生影響，進而作法展開「國際裁判管轄法則趨同化」的進程[2]。因此，決定涉外民商事件國際裁判管轄權的規定內容，除了上述各國自己認為合目的或適當的內國相關規定外，尚應包含已加入之統一國際裁判管轄法則國際公約的相關規定。惟囿於國際政治的現實，我國要加入以主權國家為締約主體的國際公約機會不高，所以欲加入如「海牙國際

1968年「民事及商事事件之裁判管轄權與判決執行公約」（Convention on Jurisdiction and the Enforcement of Judgments in Civil And Commercial Matters，簡稱為「布魯塞爾公約」，此公約並於2000年12月22日經歐盟理事會規則化成為「2000年12月22日關於民事及商事事件之裁判管轄權與判決執行的歐洲共同理事會規則」Council Regulation (EC) No.44/2001 of 22 December 2000 on Jurisdiction and the Enforcement of Judgments in Civil And Commercial Matters，簡稱為「布魯塞爾規則Ⅰ」Brussels Ⅰ Regulation，後於2012年12月12日由「2012年12月12日關於民事及商事事件之裁判管轄權與判決執行的歐洲議會與理事會規則」Regulation (EC) No. 1215/2012 of the European Parliament and of the Council of 12 December 2012 on jurisdiction and the recognition and enforcement of judgments in civil and commercial matters所取代，簡稱為Brussels Ⅰ bis Regulation，並已於2015年12月12日起適用，Brussels Ⅰ bis Regulation為現行之規則，故以下仍簡稱「布魯塞爾規則Ⅰ」）與1996年「父母保護子女責任與相關事務之管轄、準據法、判決與執行及合作公約」（Convention on Jurisdiction, Applicable Law, Recognition Enforcement and Co-operation in respect of Parental Responsibility and Measures for Protection of Children，簡稱為「海牙父母保護子女責任與相關事務公約」）等。

[2] 法律的趨同化，乃指不同國家的法律，隨著社會發展的需要，在國際交往日益發達的基礎上，逐漸相互吸收、滲透，從而趨於接近甚至趨於一致的現象，其表現在國內法律的創制和運作過程中，越來越涵納國際社會的普遍實踐與國際慣例，並積極參與國際法律統一的活動等等。國際裁判管轄法則的趨同化，透過「統一國際裁判管轄法則調整式」與「國際裁判管轄法則立法主義的趨同化」二種方式進行：前者乃是透過訂定國際公約的方式，使得決定涉外民商事件國際裁判管轄權時，得以越過締約國內國相關規定而依該公約為之（除非聲明保留），進而避免國際裁判管轄權之衝突，使國際裁判管轄法則趨同化之現象益發明顯，「布魯塞爾公約」即為一顯例；「國際裁判管轄法則法立法主義的趨同化」，乃各國就其國際裁判管轄法則進行內部改造，將國際裁判管轄法則立法主義趨向同一，以降低國際裁判管轄權之衝突。

私法會議」所通過的相關國際裁判管轄公約，恐有現實上的困難。

　　我國「海商法」就涉外載貨證券事件之國際裁判管轄（第78條第1項）[3]、「家事事件法」就涉外婚姻事件之國際裁判管轄（第53條）與涉外親子關係事件之國際裁判管轄（第69條第1項準用第53條）及涉外婚姻非訟事件之國際裁判管轄（第98條準用第53條）、「勞動事件法」就涉外勞動事件之國際裁判管轄（第5條）等皆設有規定，然相關規定皆為國際裁判管轄的個別性規定，而觀諸現行「民事訴訟法」與「涉外民事法律適用法」中並無關於國際裁判管轄之一般性規定，故在我國未完成相關修

---

[3] 我國「海商法」第78條第1項：「裝貨港或卸貨港為中華民國港口者之載貨證券所生之爭議，得由我國裝貨港或卸貨港或其他依法有管轄權之法院管轄。」之規定係源自於「漢堡規則」第21條第1項。「漢堡規則」第21條第1項規定為：「為進行有關依照本公約運送貨物求償之司法程序，原告得自由選擇在下列地點之一，依法院所在地國家法律具有管轄權，並在其管轄區域之法院，提起訴訟：一、被告之主事務所所在地，無主事務所者，其慣常居所地；或二、契約若係於被告之主事務所、分所或代理商所簽訂者，該契約簽訂地；或三、裝載港或卸載港；或四、海上貨物運送契約中約定之管轄法院地。」（**1.** In judicial proceedings relating to carriage of goods under this Convention the plaintiff, at his option, may institute an action in a court which, according to the law of the State where the court is situated, is competent and within the jurisdiction of which is situated one of the following places: **(a)** The principal place of business or, in the absence thereof, the habitual residence of the defendant; or **(b)** The place where the contract was made provided that the defendant has there a place of business, branch or agency through which the contract was made; or **(c)** The port of loading or the port of discharge; or **(d)** Any additional place designated for that purpose in the contract of carriage by sea.）其賦予請求權人有極廣泛之選擇權擇其最便利之地提起訴訟。我國繼受時，採酌了第21條第1項第3款（明文繼受）與第4款（立法精神之繼受，蓋由第78條第1項中之「得」可推知當事人可合意管轄法院），使當事人得自由決定於我國法院訴訟，或依載貨證券法院管轄條款（choice of jurisdiction clause）之約定，選擇至外國法院進行訴訟。依本項規定，若我國人為被告時，倘原告依本條項規定於我國法院起訴，我國當事人可免至國外應訴之煩累，本條項規定可謂係對我國當事人在訴訟上在本、外國均得進行訴訟之利益規定。參閱柯澤東，程序正義——國際海運法同化之困境與展望，收於氏著，海商法修訂新論，台北，元照出版公司，2000年11月初版，頁283。

法前，我國法院應採取何種基準，亦即於國際裁判管轄法則的總論層次，應採取何種方法來決定涉外民商事件的國際裁判管轄權[4]，實有探究之必要，此即為撰寫本章之原因也。

貳、紛紜眾說

大陸法系立法例上較少有直接規定涉外民商事件之國際裁判管轄[5]，故德、日等大陸法系國家乃依自己認為合目的或適當的規定來決定是否具有國際裁判管轄權，這些合目的或適當的規定，乃是內國民事訴訟法之管轄法則，由內國民事訴訟法中普通審判籍與特別審判籍之管轄法則，可反映出內國法院對系爭涉外民商事件的國際裁判管轄權是否具有「一般管轄權」（general jurisdiction）或「特別管轄權」（specific jurisdiction）[6]。

---

[4] 統一國際裁判管轄法則國際公約的相關規定，實可提供我國現時運用與將來修法之借鏡，特別是「統一國際裁判管轄法則調整式」並非參與國際裁判管轄法則趨同化進程的唯一方式，吾人實可採取「國際裁判管轄法則立法主義的趨同化」之方式，參考比較法與相關的統一國際裁判管轄法則國際公約，藉由採酌因制定統一國際裁判管轄法則國際公約所形成之具國際趨勢的國際裁判管轄法則立法主義，將該國際裁判管轄法則的立法主義納入我國立法之中，如此方式等同於間接加入了相關統一國際裁判管轄法則國際公約，以「國際裁判管轄法則立法主義趨同化」的方式，積極參與「國際裁判管轄法則立法主義的趨同化」及「統一國際裁判管轄法則調整式」所共同進行的國際裁判管轄法則趨同化進程。

[5] 「德國民事訴訟法」（ZPO）就涉外民商事件之國際裁判管轄原本未直接規定，但於1986年修正時，則有若干條文就國際裁判管轄明文規定。例如：第606a條規定，對婚姻事件，一方配偶現為德國人或於結婚時曾經為德國人者、雙方當事人在內國有慣常居所者、一方配偶為無國籍人而在內國有慣常居所者、一方配偶在內國有慣常居所者（但將為之裁判依配偶之一方所屬國法顯然不被承認者，不在此限），德國法院具有管轄權；第640a條規定，對親子事件，當事人之一方為德國人者、當事人一方在內國有慣常居所者，德國法院具有管轄權。

[6] 本章「一般管轄權」與「特別管轄權」的概念分類，與我國國際私法通說有所不同。

至於內國民事訴訟法之管轄法則如何反映出內國法院對系爭涉外民商事件具有國際裁判管轄權，學說上有逆推知說、類推適用說、利益衡量說與新類型說等四說，以及兼採上述四說中任二說以上的調合方法。茲分述如下。

一、逆推知說

逆推知說主張，從內國民事訴訟法有關土地管轄之規定，即可推知是否具國際裁判管轄權，蓋內國民事訴訟法土地管轄之規定乃具「雙重機能性」（Doppelfunktionalität）。亦即，若符合內國民事訴訟法有關土地管轄規定之案件，不論其為內國事件或涉外事件，法院皆可加以管轄，例如侵權行為地在我國境內，則由我國「民事訴訟法」第15條即可推知我國具有國際裁判管轄權。此說於德國稱為「雙重機能理論」（Doppelfunktionalität Zuständigkeit），並為德國通說[7]（但於德國法上，

我國國際私法通說，多引用法國學說，就某一涉外民商事件應依「一般管轄權」（compétence générate）決定應出何國法院管轄後，再依「特別管轄權」（compétence spéciale）決定應由該國之何一法院管轄。至於本章所採的概念分類，乃是美國學者 Arthur T. von Mehren教授與Donald Trautman教授於1966年在「哈佛法律評論」所發表「裁判管轄權：一個建議的分析」（*Jurisdiction to Adjudicate: A Suggested Analysis*）一文中所提出，主張依某國民事訴訟法之管轄法則，若該國某一法院具被告之普通審判籍或特別審判籍時，則反映出該國對該涉外民商事件具國際裁判管轄權，亦反映出該國具國家裁判管轄權，而基於普通審判籍所反映出的國際裁判管轄權為「一般管轄權」，基於特別審判籍所反映出的國際裁判管轄權則為「特別管轄權」，「一般管轄權」係以「以原就被原則」（*actor sequitur forum rei*）為基礎，使法院不分訴訟類型，對被告具有一個一般性的國際裁判管轄權限，而「特別管轄權」則是「以原就被原則」之例外，係以訴訟標的法律關係來決定其和法院地間的牽連（claim-court nexus），法院的國際裁判管轄權限僅限於行使國際裁判管轄權基礎之法律關係而已。此一概念分類，不但為美國聯邦最高法院接受，更為歐洲法院有關「布魯塞爾公約」的相關判決中採用，並傳承至現行「布魯塞爾規則Ｉ」。

7　參閱（依出版時間由先至後，以下註釋參考文獻有二以上者，亦同）：陳啓垂，民事

則認為國際裁判管轄權應類推適用「德國民事訴訟法」土地管轄之規定），亦為日本早期之有力說[8]，我國學者蘇遠成亦採此說[9]。

二、類推適用說

類推適用說主張，裁判之公平、有效、經濟與當事人間平等待遇等訴訟法上理念，無論是內國民事訴訟法或國際民事訴訟法應無不同，故於實證法中無國際裁判管轄明文規定之情形下，應類推適用內國民事訴訟法有關土地管轄規定的方式補充之。但對於類推適用時是否須加修正，則又有單純類推適用說與修正類推適用說二說：

（一）單純類推適用說

單純類推適用說主張，內國民事訴訟法或國際民事訴訟法並無不同，故於實證法中無關於國際裁判管轄明文規定之情形下，應直接類推適用內國民事訴訟法有關土地管轄的規定方式。由於此說認為國際裁判管轄權之決定直接類推適用內國民事訴訟法即可，故本章稱之「單純類推適用」。我國學者劉鐵錚與陳榮傳採此說[10]。

訴訟之國際管轄權，台北，法學叢刊，第166期，1997年4月，頁77；陳榮宗、林慶苗，民事訴訟法（上），台北，三民書局，2004年3月修訂3版，頁93。

[8] 參閱池原季雄、平塚真，「涉外訴訟における裁判管轄」実務民事訴訟講座（6）──涉外訴訟、人事訴訟（1978年），頁11。

[9] 參閱蘇遠成，國際私法，台北，五南書局，1993年11月5版，頁130-131。然該書除了以逆推知說為基本見解外，復認為亦須考量涉外民事訴訟關係本身之性質，另為特別解釋，似又兼採修正類推適用說。

[10] 參閱劉鐵錚、陳榮傳，國際私法論，台北，三民書局，2004年3月修訂3版，頁604-605。然該書除了以完全類推適用說為基本見解外，復認為在採取從寬認定我國法院之國際裁判管轄權之情形下，為避免與外國法院之國際裁判管轄權發生衝突，或造成有國際裁判管轄權，卻於我國無土地管轄的規定以資配合之現象，亦宜考慮引進英美法上「不便利法庭原則」，由法院在具體個案中，宣告放棄對該案之國際裁判管轄權，似又兼採新類型說（新類型說詳見下述）。

（二）修正類推適用說

　　修正類推適用說又稱管轄分配說或法理說。此說主張，內國事件與涉外事件存有重要之差異，蓋內國事件之當事人爲同國人，系爭法律關係、訴訟程序與結果所涉及的範圍限於一國之內，內國事件之裁判機能係由同一國家之法院加以分攤，而涉外事件當事人多爲不同國籍之人，系爭法律關係、訴訟程序與結果所涉及的範圍超越一國，涉外事件之裁判機能係由歷史、法律、語言、宗教、倫理觀等均不同之各國際間協力分擔，故而類推適用內國民事訴訟法時，應考量內國事件與涉外事件之差異，依裁判之公平、有效、經濟與當事人間平等待遇等國際民事訴訟法之法理而做部分之修正類推適用，且亦可以法院地國未加入的國際裁判管轄法則國際公約爲國際民事訴訟法之法理而做部分之修正類推適用。由於此說認爲類推適用內國民事訴訟法決定國際裁判管轄權時，尙須依國際民事訴訟法之法理加以修正，故稱爲「修正類推適用」。此說爲日本近期之有力說[11]，我國學者蔡華凱亦採之[12]。

　　本說與單純類推適用說之相同之處，在於二者皆以內國民事訴訟法有關土地管轄之規定爲依據，但不同之處在於，依單純類推適用說類推適用內國民事訴訟法土地管轄規定的結果即爲國際裁判管轄之規定，但依本說，內國民事訴訟法土地管轄之規定經依國際民事訴訟法之法理而做部分的修正類推適用者，該內國民事訴訟法土地管轄之相關規定不過爲國際裁判管轄規定的一部分，法院地國未加入的國際裁判管轄法則國際公約，亦爲國際民事訴訟法規定的內容[13]。

---

[11] 參閱：池原季雄、平塚眞，前註8，頁13-14；木棚照一、松岡博、渡邊惺之，国際私法概論（1998年），頁247-248。

[12] 參閱蔡華凱，國際裁判管轄總論之研究──以財產關係訴訟爲中心，嘉義，中正法學集刊，第17期，2004年10月，頁49-51、76-77。

[13] 參閱蔡華凱，前揭註文，頁20。

三、利益衡量說

　　利益衡量說認為，國際裁判管轄權之決定，應對系爭案件之諸要素做利益衡量，其間又依是否顧及內國民事訴訟法規定為利益衡量，分為二說：

（一）顧及說

　　此說主張，於決定是否具國際裁判管轄權時，應事先對諸系爭事件之要素做利益衡量（如弱者保護或與法院地之牽連），但由於內國民事訴訟法土地管轄之規定具有同時決定國際裁判管轄權的意義，故並不能完全置內國民事訴訟法之規定於不顧，而係應就每一事件之類型針對內國民事訴訟法各規定之機能重新賦予其意義，來判斷是否具國際裁判管轄權。由於此說認為於利益衡量時仍須顧及內國民事訴訟法規定，故似可稱之為「顧及說」。此說為日本學者東京大學教授石黑一憲所主張[14]。我國學者馬漢寶亦採之[15]。

（二）獨立說

　　此說主張，於決定是否具國際裁判管轄權時，應基於六個重要的政策考量，判斷法院是否具有國際裁判管轄權，包括：第一、訴訟當事人之便利、公平、預見可能性；第二、裁判之迅速、效率、公平性；第三、調查證據、詢問證人容易與否；第四、判決之實效性，例如內國所為之勝訴判決是否有得執行之財產，或為外國承認之可能性；第五、訴訟地與事件

---

[14] 參閱：石黑一憲，現代國際私法（上）（1986年），頁291；石黑一憲，国際民事訴訟法（1996年），頁134。

[15] 參閱馬漢寶，國際私法——總論各論，台北，翰蘆圖書公司，2014年8月3版，頁190-193。然該書除了以利益衡量說（考量當事人利益與公共利益）為基本見解外，復認為我國民事訴訟法第一編第一章第一節「管轄」之大部分條文，適用於涉外訴訟時，與國際上之共通原則相符合，似又兼採修正類推適用說。

之牽連或利害關係之強度；第六、與準據法選擇間之關連。由於此說所提
出的六個須考量的政策，已脫離了內國民事訴訟法之規定，故似可稱之為
「獨立說」。此說為日本學者帝塚山大學教授松岡博所主張[16]。

四、新類型說

　　新類型說主張，國際裁判管轄權之決定，不應拘泥於內國民事訴訟法
之規定，而應自由形成國際民事訴訟法之管轄法則，重新建立國際民事訴
訟法自身的管轄法則，至於內國民事訴訟法之規定，不過是應就事件類型
形成國際民事訴訟法管轄法則的參考資料罷了。此說認為由於利益衡量說
具有不確實、不安定與預測不可能等缺點，故為了法律安定性，一方面應
依事件之類型形成明確之國際民事訴訟法管轄法則，另一方面亦應考慮具
體個案中所存在之「特別情事」[17]，對依據國際民事訴訟法管轄法則所
為之判斷結果加以修正。此說為日本學者早稻田大學教授道垣內正人所主
張[18]。

　　本說與利益衡量說相同之處，在於二者決定國際裁判管轄權時皆不拘
泥內國民事訴訟法規定，但不同之處在於，利益衡量說係依據個案為利益
衡量，但本說則認為應依類型化之法則為利益衡量。

---

[16] 參閱：松岡博，国際取引と国際私法（1993年），頁6-7；松岡博，改訂国際私法
（1994年），頁244。

[17] 日本實務上對國際裁判管轄權之決定，受到美國法的影響，發展出「特別情事原
則」，此「特別情事原則」乃是判斷對某一具體個案行使國際裁判管轄權，是否「公
平」與「合理」，相當於美國法上判斷是否具裁判管轄權之「合理公平原則」，而與
對抗「任擇法院」（forum shopping）、處理管轄競合的「不便利法庭原則」（forum
non conveniens）無涉。參閱蔡華凱，前揭註12文，頁27-33。

[18] 參閱道垣內正人，「外国航空機製造會社に對する製造物責任の国際裁判管轄權」判
例時報310号（1984年），頁203。

五、調合方法

　　調合方法認爲，爲了保障平等使用法院之機會，國際裁判管轄權之決定應調合諸說，此爲我國學者邱聯恭、林秀雄、李後政所主張。至於如何調合，則有不同見解，茲分述如下：

（一）邱聯恭教授之方法

　　邱聯恭教授提出了四項標準調合諸說：第一、爲賦予實質上平等使用審判制度之機會，以保護弱者之權利，當決定國際裁判管轄權時，應就個案爲利益衡量而考慮，不因國際裁判管轄權之否定，致造成對經濟上或地理上處於劣勢之人，難能期待至國外進行訴訟之狀況；第二、系爭物之所在地、容易收集證據之地或當事人據以生活或從事經濟活動之地等均可爲定國際裁判管轄權之標準，亦即管轄各該地之國有國際裁判管轄權，基此，我國民事訴訟法第6條、第10條第2項、第15條、第16條、第18條第1項等規定，原則上可類推適用於國際裁判管轄權之決定；第三、例如我國民事訴訟法第1條第1項（被告之住所地）、第2條第2項（被告爲法人時，其主事務所、主營業所所在地）之「以原就被原則」，可爲決定國際裁判管轄權之標準，蓋以此項標準能顧慮到原告通常已爲相當準備而起訴及被告係處於可能因被訴而受襲等利害，如此顧慮始符合當事人間之實質上公平及實現權利之方便，但於特殊情形，倘嚴格貫徹「以原就被原則」，將導致實質上否定原告受救濟機會之結果時，亦應考慮原告所蒙受之不利益，另行探求被告住所地以外之管轄決定標準，例如私人係以從事國際交易活動之大企業公司爲相對人，締結附合契約（保險契約、旅客運送契約）之情形；第四，爲提高涉外事件之審判的效率及迅速性，也應考量程序進行之難易及判決之實際效用（強制執行之可能性），故我國民事訴訟法第3條第1項後段（請求標的物之所在地）、第8條、第9條、第11條（擔保物之所在地）及第17條亦可類推適用於決定國際裁判管轄權，但鑑於涉外事件中權利人之權利實現往往加倍困難而處於不安定狀態，特有就債務

人存於國內之財產，獲得清償之需要，故將我國民事訴訟法第3條第1項前段（可扣押之財產所在地）在一定的條件下，類推適用於決定國際裁判管轄權，非全無實益，故而除考慮以請求金額與債務人在國內之財產的均衡為承認管轄之要件外，為避導致頻發一部訴求，似可另考慮在國內有可供執行之財產時，以該財產經假扣押而被固定為要件，承認管轄[19]。此四標準中，第一標準採利益衡量說，第二標準採單純類推適用說，第三標準採新類型說，第四標準採修正類推適用說，可見邱教授就四說皆予調合運用。

（二）林秀雄教授之方法

林秀雄教授主張，應採取調合修正類推適用說與利益衡量說的方法，來決定有無國際裁判管轄權。林教授認為，修正類推適用說與利益衡量說具有相輔相成之關係，修正類推適用說可從利益衡量的觀點來尋求修正類推適用內國民事訴訟法之論理依據，利益衡量說並未排斥修正類推適用說，若認為類推適用內國民事訴訟法之規定，亦能符合當事人之利益或公共利益時，自亦有類推適用之可能，若民事訴訟法無明文規定得以類推適用時，則只有依據利益衡量說以決定該涉外民商事件之國際裁判管轄權[20]。

（三）李後政教授之方法

李後政教授主張，判斷有無國際裁判管轄權應類推適用民事訴訟法之規定，如符合民事訴訟法所規定之土地管轄，則原則上該法院係適當之法院而具有國際裁判管轄權，惟如有例外情形，應認為係不適當之法院而不

---

[19] 參閱邱聯恭，司法現代化之要素，收於氏著，司法之現代化與程序法，台北，作者自版，1993年4月再版，頁100-102。

[20] 參閱林秀雄，國際裁判管轄權——以財產關係案件為中心，收於劉鐵錚教授六秩華誕祝壽論文集編輯委員會，國際私法理論與實踐——劉鐵錚教授六秩華誕祝壽論文集（一），台北，學林文化公司，1998年9月初版，頁128。

具有國際裁判管轄權，但是否有例外情形，應由當事人主張，再由法院依職權調查個案之情形時既認定之，至於所謂適當之國際裁判管轄權基礎，主要指：1. 被告之住所或居所（由於被告居於被動之地位，且係被告生活重心，應訴較為方便）；2. 法人或其他團體之事務所或營業所（但未必要與訴訟標的有關連）；3. 履行地（但不包括侵權行為之債務履行地，以免使被告出乎預測而應訴不便，亦不包括契約原來之請求轉化而成之損害賠償債務之履行地，因亦出乎被告之預測可能性）；4. 財產所在地（但以與訴訟標的有關或具有相當價值而已由當事人扣押者為限）；5. 侵權行為地（指加害行為地，因收集證據較為便利、被害人起訴較為便利且不違反加害人之預測之故）；6. 損害發生地（但以不違反加害人之預測者為限）；7. 船舶碰撞之最初到達地（因事件原因調查或證據收集較為便利之故）；8. 不動產所在地（因與該不動產之法制有密切關連，且有登記等官方證明，收集證據較為便利）；9. 被繼承人住所地（通常大部分為遺產或證據書類所在）[21]。

六、美國法的方法

以上所說明者，乃大陸法系國家依其內國民事訴訟法之管轄法則反映出內國法院對系爭涉外民商事件具有國際裁判管轄權之方法的諸說。至於美國法，雖然其民事訴訟管轄法則體例與大陸法系國家民事訴訟管轄法則體例有根本上差異[22]，但關於對人訴訟裁判管轄權的決定（in personam

---

[21] 參閱李後政，外國法院確定裁判之承認要件及效力之問題，收於馬教授漢寶七秩華誕祝壽論文集編輯委員會，國際私法論文集——慶祝馬教授漢寶七秩華誕，台北，五南書局，1996年9月初版，頁190-191。

[22] 例如：一、美國法將民事訴訟區分為「對人訴訟」（actions in *personam*）、「對物訴訟」（actions in *rem*）與「準對物訴訟」（actions *quasi in rem*）三類型，此與大陸法系國家之民事訴訟僅對人有很大的不同；二、大陸法系之特別審判籍，係以訴訟標的法律關係或訴訟事件的類型來決定其和法院地間的牽連性（claim-court nexus），而美國法上對非法院地居民之被告的對人訴訟裁判管轄權之基礎，則是建立在被告和法院地

jurisdiction or personal jurisdiction or jurisdiction over the person），其所發展出的「最低度接觸法則」（minimum contacts）以及「合理公平原則」（reasonableness and fairness），對於國際裁判管轄權的決定卻深具啓示性與參考價值，因此本章於此特加說明之。

　　對人訴訟裁判管轄權的決定，美國法早期基於屬地主義所形成的「所在權力理論」（presence power theory），以「所在」（presence）爲核心概念，只要法院地爲被告的家庭州（home state），或是法院地雖非被告的家庭州但是被告在法院地能受法院送達，或是基於被告自願出庭或有管轄合意者，法院對被告即具有對人訴訟的裁判管轄權。所謂法院地爲被告的家庭州，乃指被告於法院地有住所（domicile）或居所（residence）、法院地國爲被告之本國（nationality or citizenship）、被告於法院地成立公司（place of incorporation）或從事持續性商業活動（regular business operations），此時法院即對被告具有對人訴訟裁判管轄權，蓋此時被告身處於法院地領土範圍時，法院可對之送達並進行訴訟，判決亦可有效地被強制執行，法院依此具有對人訴訟裁判管轄權，乃爲「以原就被原則」的展現。但是當法院地非被告的家庭州時，依據「所在權力理論」，1877年*Pennoyer v. Neff*案[23]中確認「只要被告在法院地能受法院送達者，或基於被告自願出庭者，法院即有對人訴訟的裁判管轄權」（... determination of the personal liability of the defendant, he must brought within its jurisdiction by service of process within the state, or his voluntary appearance.），故稱爲「Pennoyer法則」。基於「Pennoyer法則」，只要被告身體所在係於法院地而「法院訴訟通知能送達被告」（a writ or notice of a writ can be served on the defendant）者，法院亦有對人訴訟的裁判管轄權。

　　然而隨著交通與通訊的現代化以及州際貿易的擴大，跨州訴訟的發生越加頻繁，19世紀末所奠定的「Pennoyer法則」，其狹隘「屬地主義」

（defendant-court nexus）間的牽連性上。

[23] 95 U.S. 714 (1877).

的觀點已無法因應時代的需求[24]，於是對「Pennoyer法則」的批判逐漸熱烈，終至1945年美國聯邦最高法院於*International Shoe Co. v. Washington*案以「最低度接觸法則」修正「Pennoyer法則」，更於1980年的*World Wild Volkswagen Corp. v. Woodson*案提出了「合理公平原則」。茲分述如下。

（一）最低度接觸法則

於1945年的*International Shoe Co. v. Washington*案[25]，美國聯邦最高法院認為法院具有對人訴訟的裁判管轄權者，須「無害於『傳統上公平與實質正義概念』（traditional notions of fair play and substantial justice）的『最低度接觸』」，方能通過美國憲法上「正當程序條款」（Due Process Clause）的檢驗，法院也才具有對人訴訟裁判管轄權。該案中，美國聯邦最高法院認為，International Shoe公司在華盛頓州雖然沒有營業處，但卻有10幾名銷售人員長期在華盛頓州為其銷售貨物，這種持續銷售貨物構成了最低度接觸，因此華盛頓州法院對International Shoe公司具對人訴訟裁判管轄權的基礎。*International Shoe Co. v. Washington*案所建立的「最低度接觸法則」，自此成為判斷對人訴訟裁判管轄權的主要基準，修正了依「所在權力理論」的「Pennoyer法則」以「單一接觸」作為判斷是否具有裁判管轄權的基準，而以此單一接觸是否達到「充分接觸」作為判斷是否具裁判管轄權的基準，亦即判斷重心從「量」（單一的被告「所在」）改為「質」（被告「所在」與法院地間接觸是否充分）。惟，可惜的是，美國聯邦最高法院於*International Shoe Co. v. Washington*案對最低度接觸並未提出明確基準，故美國聯邦最高法院試圖於之後的判決中提出一些判斷基準。例如在1958年的*Hanson v. Denckla*案[26]中，原告（信託人）由德拉瓦州搬到佛羅里達州，後來由德拉瓦州的被告（受託人）寄錢至佛羅里達州

---

[24] WILLIAM M. RICHMAN & WILLIAM L. REYNOLDS, UNDERSTANDING CONFLICT OF LAWS 25 (2d ed. 1993).

[25] 326 U.S. 310 (1945).

[26] 357 U.S. 235 (1958).

給原告，美國聯邦最高法院認為被告之寄錢行為只不過是對原來居住於法院地外之顧客的服務，並無有與佛羅里達州發生關係以從佛羅里達法受利益與受保護之目的在其中，故被告與佛羅里達州並未達到最低度接觸。換言之，美國聯邦最高法院於本案提出了一判斷有無最低度接觸的標準，即「被告於法院地的活動，有無利用法院地法以受利益與受保護之目的在其中」（... the defendant purposefully avails itself of the privilege of conducting activities within the forum state, thus invoking the benefits and protections of its law.），此標準稱為「目的利用原則」（purposefully avail），惟被告的何種活動可用來決定是否達到最低度接觸，本案並未說明而徒留模糊空間[27]。但很明顯地，美國聯邦最高法院認為，構成與法院地間最低度接觸之被告行為，必須是有意識會受到法院地法拘束之行為，無此意識者，例如本案中單純的寄錢行為，就不會與法院地間構成最低度接觸之行為。

（二）合理公平原則

　　事實上，美國聯邦最高法院於*International Shoe Co. v. Washington*案所揭示的是「無害於『傳統上公平與實質正義概念』的『最低度接觸』」，但遺憾的是，爾後下級法院以及州法院的判決，甚至聯邦最高法院的若干判決卻多將此段文字切割為「最低度接觸」以及「傳統上公平與實質正義概念」二個部分，大部分判決採取先判斷被告與法院地間是否具有「最低度接觸」，之後再判斷具有對人訴訟裁判管轄權是否會危害「傳統上公平與實質正義概念」（美國相關文獻多將此稱為「合理性」與「公平性」，亦即本章所稱之「合理公平原則」）的二階段方式，決定對人訴訟裁判管轄權[28]，甚至更發展為聯邦最高法院若干判決以及大部分的下級法院判

---

[27] GENE R. SHREVE & PETER RAVEN-HANSEN, UNDERSTANDING CIVIL PROCEDURE 59 (2d ed. 1994).

[28] 參閱蔡華凱，美國涉外民事訴訟之對人管轄總論，收於陳長文教授六秩華誕祝壽論文集編輯委員會，超國界法律論集──陳長文教授六秩華誕祝壽論文集，台北，三民書局，2004年11月初版，頁276。

決只著重「最低度接觸法則」的審查，醉心於判斷被告與法院地間是否具有「最低度接觸」（例如聯邦最高法院自己於1958年*Hanson v. Denckla*案即提出以「目的利用原則」判斷最低度接觸），故聯邦最高法院於1980年*World Wild Volkswagen Corp. v. Woodson*案再度重申採取二階段方式，對於非法院地居民之被告具有對人訴訟裁判管轄權，須符合被告與法院地間具有「最低度接觸」以及法院對被告具有對人訴訟裁判管轄權須合於「合理公平原則」之雙重要件。

　　1980年的*World Wild Volkswagen Corp. v. Woodson*案[29]中，原告於奧克拉荷馬州因車禍而受傷，故向奧克拉荷馬法院起訴於法院地外之非法院地居民的車商與法院地外之非法院地居民的區域經銷商，但被告於法院地內並無推銷汽車或賣車，亦無將其產品運至法院地，更無於法院地有代理商或作廣告，被告與法院地唯一的關係為，被告生產或經銷的車子係於紐約出賣給一個紐約人（原告），但路經法院地時卻偶然發生意外。美國聯邦最高法院認為被告雖可預見（foresee）汽車可能行至奧克拉荷馬州，但此並未達到最低度接觸，因單一的「可預見性」（foreseeability）從來就不是於「正當程序條款」下判斷是否具有對人訴訟裁判管轄權的有效基準，故奧克拉荷馬法院對被告不具裁判管轄權。於本案中，美國聯邦最高法院除了再度確認了最低度接觸須符合「目的利用原則」，更近一步認為*International Shoe Co. v. Washington*案所確立的「最低度接觸法則」具有二個相關但可區別的功能，一是確立被告與法院地間是否具有接觸，另一則是保障被告能拒絕去遙遠的或不方便的法院應訴之負擔（It protects the defendant against the burdens of litigating in a distant or inconvenient forum.），而此種保障被告能拒絕不方便訴訟的功能，稱為「合理性」（reasonableness）或「公平性」（fairness）。質言之，具有對人訴訟的裁判管轄權須符合二要件：1. 與法院地的接觸須符合「目的利用原則」；2. 具有對人訴訟的裁判管轄權須符合「合理公平原則」。

---

[29] 444 U.S. 286 (1980).

而聯邦最高法院並提出了五個判斷是否符合「合理公平原則」的標準：
1. 被告的負擔（the burden of defendant）；2. 法院地州裁判系爭案件的利
益（the interests of the forum state's in adjudicating the dispute）；3. 原告
獲得救濟的利益（the plaintiff's interest in obtaining relief）；4. 獲得最有
效率解決紛爭之州際司法制度利益（the interstate judicial system's interest
in obtaining the most efficient revolution controversies）；5. 數州間所共同
分享之促進基本社會政策的利益（the shared interest of the several States in
furthering fundamental substantive social policies）。很明顯地，美國聯邦
最高法院在1980年*World Wild Volkswagen Corp. v. Woodson*案中，重申了二
階段方式，亦即須被告與法院地間具有「最低度接觸」以及法院對被告具
有對人訴訟裁判管轄權須合於「合理公平原則」的雙重要件，較*Hanson v.
Denckla*案只判斷是否符合「最低度接觸法則」有所不同，而此時的「合
理公平原則」，乃爲法院對被告具有對人訴訟裁判管轄權的充分條件。

　　然而在1987年的*Asahi Metal Industry Co. v. Superior Court*案[30]，美國
聯邦最高法院卻變更了其於*World Wild Volkswagen Corp. v. Woodson*案以
「合理公平原則」作爲法院對被告具有對人訴訟裁判管轄權之充分條件的
見解，而將「合理公平原則」提升爲法院對被告具有對人訴訟裁判管轄權
的必要條件。*Asahi Metal Industry Co. v. Superior Court*案中，原告於加州
因駕駛機車車禍而受傷，故向加州法院起訴於法院地外之非法院地居民
的輪胎商（台灣正新輪胎公司）與法院地外之非法院地居民的機車組裝商
（日本Asahi公司）。美國聯邦最高法院的的判決結論認爲，無論被告與
法院地間是否具最低度接觸，對被告主張具有對人訴訟的裁判管轄權是不
符合「正當程序條款」下的「合理公平原則」[31]。很明顯地，美國聯邦

[30] 480 U.S. 102 (1987).

[31] 事實上，聯邦最高法院對本案的處理過程頗爲複雜，雖然關於廢棄加州最高法院的判
　　決並發回更審的結論（Part Ⅰ），聯邦最高法院九位大法官一致贊同，但理由構成卻
　　甚爲分歧：關於其中「合理公平原則」的判斷（Part Ⅱ-B），Sandra Day O'Conner、
　　William H. Rehnquist、William J. Brennan、Byron R. White、Thurgood Marshall、Harry

最高法院改變了於*World Wild Volkswagen Corp. v. Woodson*案中所建立對人訴訟裁判管轄權的基礎須符合「最低度接觸法則」以及「合理公平原則」的雙重要件，脫離了「最低度接觸法則」的分析，僅以不具「合理公平原則」即否定對人訴訟的裁判管轄權[32]。換言之，「合理公平原則」似乎比「最低度接觸法則」來得重要，蓋除了「最低度接觸法則」之外，還必須符合美國聯邦最高法院於*World Wild Volkswagen Corp. v. Woodson*案中所列出五個判斷「合理公平原則」的標準，否則即得以不具「合理公平原則」而不具對人訴訟的裁判管轄權[33]。但美國聯邦最高法院自己也承認，「當最低度接觸建立時，通常原告的利益以及法院具有裁判管轄權將證明加諸於外國被告的訴訟責任為正當」（When minimum contacts have been established, often the interests of the plaintiff and the forum in the exercise of jurisdiction will justify even the serious burdens placed on the alien defendant.）[34]，故「最低度接觸法則」以及「合理公平原則」很有可能重疊，當不符合「合理公平原則」時也極可能不符合「最低度接觸法則」[35]。

A. Blackmun、Leais F. Powell、John P. Stevens八位大法官形成了多數意見；關於其中「最低度接觸」的有無（Part Ⅱ-A）以及「因未建立最低度接觸，故具有對人訴訟裁判管轄權與傳統上公平與實質正義概念不合」之結論（Part Ⅲ），卻形成了由Sandra Day O'Conner、William H. Rehnquist、Leais F. Powell、Antonin Scalia四位大法官（Sandra Day O'Conner大法官主筆）以及William J. Brennan、Byron R. White、Thurgood Marshall、Harry A. Blackmun四位大法官（William J. Brennan大法官主筆）的兩派相對多數意見；關於其中「最低度接觸原則」的判斷有否必要（Part Ⅱ-A），則有John P. Stevens、Byron R. White、Harry A. Blackmun三位大法官的協同意見（concurring opinion）（John P. Stevens大法官主筆）。

[32] SHREVE & RAVEN-HANSEN, *supra* note 27, at 85.

[33] *Id.* at 85.

[34] 480 U.S. 114 (1987).

[35] SHREVE & RAVEN-HANSEN, *supra* note 27, at 85, n. 19. ("The two tests — minimum contacts and reasonableness — may so overlap that usually to fail one will be to fail both.")

參、檢討與分析

　　我國爲大陸法系國家，民事訴訟之管轄法則與德、日等國之民事訴訟法相仿，故除了「海商法」、「家事事件法」及「勞動事件法」中國際裁判管轄之個別性規定外，現行「民事訴訟法」與「涉外民事法律適用法」中並無關於國際裁判管轄之一般性規定。因此，我國法上國際裁判管轄之法律體系，自以參酌民事訴訟管轄法則體例相近的德、日等大陸法系國家爲適宜。但此並非意味著英美法系不值參酌，相反地，美國法早在1945年所確立的「最低度接觸法則」與「合理公平原則」所揭櫫之「充分牽連」、「衡量被告、原告、法院地三方之公、私利益」等原理，竟與德、日等國於1980年代後關於決定國際裁判管轄權之法院實務的發展趨向異曲同工，例如德國聯邦最高法院於1991年7月2日關於塞普勒斯建設公司案的判決[36]中，追認了下級法院所提出輔以「內國牽連性」作爲判斷是否具國際裁判管轄權的標準，此即同於「最低度接觸法則」所揭櫫「充分牽連」之理念，而日本最高裁判所平成9年11月11日關於德國進口轎車案的判決[37]中，追認了下級法院所提出輔以「特別情事原則」（特段の事情論）作爲判斷是否具國際裁判管轄權的標準，此恰符合「合理公平原則」所揭櫫、「衡量被告、原告、法院地三方之公、私利益」之理念。因此，本章以爲，我國法上國際裁判管轄法律體系之建立，雖然應以德、日等大陸法系國家國際裁判管轄之法律體系爲體，亦應以美國法上裁判管轄權決定基準之「最低度接觸法則」與「合理公平原則」爲用，蓋若觀察德、日等大陸法系國家國際裁判管轄法律體系的發展軌跡，無論「內國牽連性」的要求（德國）抑或「特別情事原則」的提出（日本），皆符合美國法於1945年所確立的「最低度接觸法則」與「合理公平原則」，而有鑑於此等「充分牽連」、「衡量被告、原告、法院地三方之公、私利益」之理念於美國發展已久、討論亦豐，因此在既有之大陸法系民事訴訟體制上，兼採

---

[36] BGHZ, 115/NJW 1991, 3092, 3093.

[37] 最判平9.11.11判時1626号，頁74。

美國法的經驗，如此即能收相輔相成之效矣！故以下就前述大陸法系國家
依其內國民事訴訟法之管轄法則反映出內國法院對系爭涉外民商事件具有
國際裁判管轄權之方法的諸說加以檢討，並提出本章見解。

一、各說檢討

　　德、日等國關於國際裁判管轄權之決定基準，有逆推知說、類推
適用說（包括單純類推適用說與修正類推適用說）、利益衡量說（包括
顧及說與獨立說）、新類型說諸說，已如前述。其中逆推知說以實證
法之條文為根據，雖具預見可能性與法安定性，但卻欠缺考慮超國界
（transnational）私法生活關係特殊性的思考，將使國際裁判管轄相對於
內國土地管轄於理論上欠缺獨立性。例如：甲因不動產物權之爭執對乙
起訴，被告乙居住墨西哥，但依我國「民事訴訟法」第10條第1項規定：
「因不動產之物權或其分割或經界涉訟者，專屬不動產所在地之法院管
轄。」故可逆推知其他國家無管轄權，而應以我國法院為管轄法院，此時
被告乙即不得不至我國應訴，但乙卻於地理上與台灣有相當大之距離，此
時若仍謂應由台灣法院管轄，則原告即得先發制人而被告處於相當不公
平之地位，如此恐有違國際民事訴訟法之「當事人間程序保障」之目的。
更何況，國際裁判管轄乃為內國土地管轄之前提，但逆推知說卻以內國
土地管轄之存在來逆推知國際裁判管轄權存否，其邏輯上有本末倒置之
嫌[38]，將使國際裁判管轄相對於內國土地管轄於理論上欠缺上位性。

　　單純類推適用說體認內國事件與涉外事件本質的不同，主張應類推適
用內國民事訴訟法有關土地管轄規定的方式，實已較逆推知說進步，惟因
應本質不同之處無法類推適用而須為合目的之修正時，單純類推適用說卻
無法於一般管轄原因（國際裁判管轄總論）的架構上，運用一個適用於整
體判斷基準的彈性機制[39]。例如：甲於墨西哥有住所並居住於智利，乙

[38] 參閱木棚照一、松岡博、渡邊惺之，前註11，頁247-248。
[39] 參閱蔡華凱，前揭註12文，頁45。

於智利有住所並居住墨西哥，乙曾於我國學習中文一年，並在居住於我國期間與恰來我國旅行的甲訂定婚約，但嗣後乙反悔並拒絕履行婚約，故甲向我國法院起訴乙請求解除婚約的損害賠償，而乙因此匆忙返回墨西哥，我國法院類推適用「民事訴訟法」第1條第1項後段規定：「訴之原因事實發生於被告居所地者，亦得由其居所地法院管轄。」雖具有國際裁判管轄權，然甲向墨西哥法院起訴較具判決實效性，蓋假若於墨西哥法院獲得勝訴判決，即得強制執行乙於墨西哥的財產，而於我國法院起訴縱獲得勝訴判決，墨西哥法院不見得會承認與執行該在我國獲得之勝訴判決，更何況居所作為管轄連繫因素，於內國訴訟雖基於訴訟經濟的觀點認為具妥當性，在國際民事訴訟法之發展趨勢上，居所已認為不具有妥當性[40]，然在本設例的情形中，因限於單純類推適用說的理論框架，我國法院類推適用「民事訴訟法」第1條第1項後段規定具有國際裁判管轄權所生的不具判決實效性與妥當性之結果，卻無法於單純類推適用的框架下，運用一個適用於一般管轄原因（國際裁判管轄總論）判斷基準的彈性機制，排斥與涉外事件本質不合的管轄連繫因素，否定法院地的國際裁判管轄權[41]，如此恐與國際民事訴訟法上「保障實體法律關係最終實現」之目的有違。

修正類推適用說（管轄分配說或法理說）認為類推適用內國民事訴訟法時，應考量內國事件與涉外事件之差異，依國際民事訴訟法之法理而做部分之修正類推適用，亦即運用一個適用於一般管轄原因（國際裁判管轄總論）判斷基準的彈性機制，決定須否為修正類推適用，較之單純類推適用說更顯彈性，故較逆推知說或單純類推適用說更為進步。惟此說雖主張以裁判之公平、有效、經濟與當事人間平等待遇等國際民事訴訟法之法理作為彈性調整的標準，但上開法理過於抽象而不明確，具體運用時恐流於法官個人之主觀，而失之預見可能性及法安定性，況裁判之公平、有效、

---

[40] 此乃因居所雖有居住之事實但卻不具有久住的意思，故極易設定，若以居所作為國際裁判管轄權上一般管轄權的決定基準，易引起國際裁判管轄權之積極衝突，且於居所地所為判決較不具實效性。

[41] 參閱蔡華凱，前揭註12文，頁49-50。

經濟與當事人間平等待遇亦爲內國民事訴訟法之法理，運用時應與內國事件爲如何之區別，實有待釐清。

利益衡量說主張依據個案爲利益衡量後決定可否具有國際裁判管轄權，較具個案公正與具體妥當性，但對系爭案件爲利益衡量之諸要素內容究竟如何，諸要素間的比重又如何，此說皆未提供具體標準，故而有失之預見可能性及法安定性的缺點，尤有進者，採此說則有被利用來藉由利益衡量之名而遂行拖延訴訟進行之目的之虞。

新類型說主張應自由形成國際民事訴訟法之管轄法則，而不應拘泥於內國民事訴訟法之規定，故此說對國際民事訴訟法獨自性的建立甚有助益，且如此觀點方能完全基於超國界私法生活關係特殊性的思考，建立起適於涉外事件的管轄法則。惟涉外事件千變萬化，其複雜度較諸內國事件爲甚，故涉外事件的類型化工作實非易事，且非一蹴可及，於類型化工作未完成之前，國際裁判管轄權應如何決定，此說並未說明。故以此說爲目標頗有意義，但對於現時問題的解決則無多大益處[42]。

二、本章見解

（一）修正類推適用說與利益衡量說的調合

上節諸說，從法安定性至具體妥當性二端爲光譜排列：逆推知說依立法者對內國土地管轄之規定推知具有國際裁判管轄權，乃從對內國土地管轄規定之解釋而來，故法官對國際裁判管轄權的決定須以內國土地管轄之規定爲本，最靠法安定性端；單純類推適用說類推適用內國土地管轄規定之見解，亦屬對內國土地管轄規定之解釋，故亦靠法安定性端；利益衡量說與新類型說完全委由法官依個案決定，是否基於內國土地管轄規定之精

---

[42] 由於類型化工作並非易事，故不如期待藉由判決實務的累積，以自然形成法則，但若以判決實務作爲類型化的重要依據時，其實質上又與修正類推適用說並無多大區別。參閱蔡華凱，前揭註12文，頁21。

神並非絕對必要，故屬靠近具體妥當性端；修正類推適用說類推適用內國土地管轄規定，但依國際民事訴訟法法理為彈性調整之見，乃以對內國土地管轄規定之解釋為基礎，而法官可依個案為彈性調整，法安定性與具體妥當性兼具，於光譜上界於法安定性與具體妥當性兩端的中間，但稍偏於法安定性端。

諸說思考方式之迥異，恐怕就是因為法安定性與具體妥當性的根本差異所導致決定方法上形式論與實質論之對立，一方面希望國際裁判管轄權之問題能依據固定的決定基準（形式論），以方便法官判斷（法安定性），另一方面，卻又希望盡可能作成肯定內國法院與系爭案件因具牽連性故具國際裁判管轄權之判斷，蓋涉外事件之勝訴敗訴事實上大多取決於管轄決定，因此最好不要有固定的決定基準（實質論），以方便法官盡可能作成肯定內國法院具國際裁判管轄權之判斷（具體妥當性），故二者之差異自不易調合。這樣的差異，與準據法選擇上「法則」（rules）與「方法」（approaches or methods）的對立相似[43]。

其實法安定性與具體妥當性，同為國際裁判管轄權決定的兩大最主要價值，若此二價值得以達成，則究採何種技術，實非所應計較者，然就現存之形式論（求諸內國民事訴訟法規定的逆推知說、類推適用說）與實質論（不拘泥內國民事訴訟法規定的利益衡量說、新類型說）二種方法言，形式論之方法失之死硬、缺乏彈性，但得以維護法安定性，而實質論之方法則失之繁雜、缺乏標準，但較符具體妥當性，故二者實無一爭何種較為妥適之必要，實宜就各自之缺憾部分，分別提出補強之道，以濟其理論之不備，亦即，應朝二者統合的方向前進[44]。惟，若考量大陸法系法官對

---

[43] 有關法安定性與具體妥當性於準據法選擇上的本質差異以及準據法選擇上「法則」與「方法」的區別，可參閱：吳光平，論最密切牽連關係理論之立法化，台北，法學叢刊，第188期，2002年10月，頁97-98；吳光平，國際私法上侵權行為準據法發展新趨勢，台北，軍法專刊，第49卷第1期，2003年1月，頁18-19、21。

[44] 高橋宏志，「国際裁判管轄——財産関係事件を中心にして」国際民事訴訟法の理論（1987年），頁50。

成文法律條文的依賴，未提供任何具體判斷標準的諸實質論，恐有運用上的風險，因此諸形式論方法雖然有失之具體妥當性的缺失，但於現階段而言，仍屬必要，蓋「經過法安定性與具體妥當性的相互妥協」後的修正式形式論方法（調合方法），比起大陸法系法官所不熟悉之「著重具體妥當性」的諸實質論方法，所能發揮的功用更大。

基於以上論點，本章認為以法安定性與具體妥當性兼具的修正類推適用說（管轄分配說或法理說）為基礎，並以利益衡量說加以調合之調合方法，不失為調合法安定性與具體妥當性之適當國際裁判管轄權決定方法。蓋修正類推適用說原則上類推適用內國土地管轄的規定，法官對內國土地管轄規定的適用上相當熟悉，且內國土地管轄的規定可為當事人所預見，故法安定性得以維持；而於類推適用時，則可從利益衡量的觀點，參酌運用美國法上「最低度接觸法則」與「合理公平原則」，來尋求修正類推適用內國土地管轄規定之論理依據，若認為類推適用內國土地管轄之規定，能夠符合具有國際裁判管轄權時所要求的「充分牽連」，亦能符合被告、原告、法院地三方之公、私利益時，自可類推適用，若無明文之土地管轄規定得以類推適用時，則以相關的管轄原因事實，就利益衡量的觀點綜合判斷之，如此一來，具體妥當性亦得以兼顧。

（二）於利益衡量時，應參酌美國法上最低度接觸法則與合理公平原則，從牽連關係強度以及被告、原告、法院地三方之公、私利益，綜合判斷具有國際裁判管轄權是否適當

所謂類推適用，乃是將法律針對某構成要件或多數彼此相類的構成要件而賦予之規則，轉用於法律所未規定而與前述構成要件相類的構成要件，轉用的基礎在於二構成要件在與法律評價有關的重要觀點上彼此相類，因此二者須做相同之評價，其核心即在於「與法律評價有關的重要觀點上彼此相類而須做相同之評價」。因此，國際裁判管轄權是否類推適用內國土地管轄的相關規定，即須視國際裁判管轄與內國土地管轄「與法律評價有關的重要觀點上是否彼此相類而須做相同之評價」。按內國事件之

當事人為同國人，系爭法律關係、訴訟程序與結果所涉及的範圍限於一國之內，內國事件之裁判機能係由同一國家之法院加以分攤，而涉外事件當事人多為不同國籍之人，系爭法律關係、訴訟程序與結果所涉及的範圍超越一國，涉外事件之裁判機能係由歷史、法律、語言、宗教、倫理觀等均不同之各國際間協力分攤，由此可知，內國事件與涉外事件乃存有重要之本質上差異。因此，判斷國際裁判管轄權與所欲類推適用的內國土地管轄規定「重要觀點上是否彼此相類」時，必須以內國事件與涉外事件之本質差為核心概念，依「最低度接觸法則」就內國土地管轄規定所呈現的牽連關係強度判斷是否已達於具有國際裁判管轄權時所要求的「充分牽連」，並依「合理公平原則」綜合考量被告、原告、法院地三方之公、私利益，得出類推適用、修正之類推適用或不類推適用之結論。倘無明文之土地管轄規定作為判斷對象時，則以相關的管轄原因事實，先就「量」的觀點觀察系爭案件是否具有相關管轄原因事實，再就系爭案件所具管轄原因事實之組合以「質」的觀點，依「最低度接觸法則」就系爭案件所具管轄原因事實之組合是否已達於具有國際裁判管轄權時所要求的「充分牽連」，並依「合理公平原則」綜合考量被告、原告、法院地三方之公、私利益，以判斷具有國際裁判管轄權是否適當。其中，「充分牽連」乃為判斷是否具有國際裁判管轄權的首要、也是最重要的考量因素，蓋法院地與被告間或法院地與訴訟標的間具有「充分牽連」，於通常情形下則能為訴訟於法院地進行的可預測性提供保證，此即可保障被告能拒絕去遙遠的或不方便的法院應訴之負擔，且法院地與被告間或法院地與訴訟標的間具有「充分牽連」者，證據方法常集中於法院地，因此「充分牽連」乃為判斷是否具有國際裁判管轄權的首要步驟。然而，法院地與被告間或法院地與訴訟標的間之具有「充分牽連」，對於訴訟於法院地進行的可預測性所提供之保證並非絕對，且國際裁判管轄權的判斷除了須考慮被告利益的維護外，原告的利益與法院地的公共利益亦須同時斟酌，甚至縱然法院地與被告間或法院地與訴訟標的間並不具有「充分牽連」，但法院為了實踐國際公法上基本人權價值之目的，得例外主張具有國際裁判管轄權。故，就法院地與被告間或法院地與訴訟標的間之「充分牽連」加以檢驗之後，復須依「合理

公平原則」就事涉被告、原告、法院地三方公、私利益之被告應訴的負擔、證據方法是否集中、判決是否具實效性、保護身為弱勢者與被害者之原告等因素予以綜合考量，且於極例外情形更得基於實踐國際公法上基本人權價值之目的，排除「充分牽連」與「合理公平原則」之檢驗，主張具有國際裁判管轄權。茲就利益衡量時之考量因素析述如下：

1. 是否具充分牽連

此乃就法院地與被告間或法院地與訴訟標的間牽連或利害關係之強度，判斷是否達於具有國際裁判管轄權時所要求的「充分牽連」（法國法則稱是否有「實體鄰近性」proximité matérielle）。按大陸法系之民事訴訟法管轄法則，諸如我國、德國、日本之民事訴訟法，法院之土地管轄，乃以與法院地間的牽連關係（牽連性）為核心概念，而由被告之普通審判籍和特別審判籍所構成。普通審判籍依「以原就被原則」（*actor sequitur forum rei*），以被告（自然人或法人）和法院地間的牽連（defendant-court nexus）為基準，使法院不分訴訟類型，對被告具有一個一般性的管轄權限，故普通審判籍所在地的法院，具有一般性、廣泛之管轄；特別審判籍乃「以原就被原則」之例外，係以訴訟標的法律關係來決定其和法院地間的牽連（claim-court nexus），故特別審判籍所在地的法院，僅有特別（special）、特定（specific）之管轄權。而決定國際裁判管轄權的國際民事訴訟管轄法則，與內國民事訴訟管轄法則相同，皆以與法院地間的牽連關係（牽連性）為核心概念，故將內國土地管轄的規定轉運用於國際裁判管轄權的決定，乍看之下，似並無不妥。惟，內國民事訴訟管轄法則只須分配內國各法院的裁判機能，其對象為同一國家內的不同法院，故只要能實現憲法所保障人民的訴訟權，其分配裁判機能的任務即算完成，但是國際民事訴訟管轄法則則是分配國際社會上各國法院的裁判機能，其對象為不同主權國家的法院，從而須特重國際協調，而須以尊重各國主權為基礎，以對法院地與系爭案件間牽連性為較嚴格的要求之方式，作為合理分配裁判機能的方法。因此，雖皆以與法院地間的牽連關係（牽連性）為核

心概念，但由於內國事件與涉外事件之本質上差異，致使內國民事訴訟管轄法則所呈現的牽連關係強度，不若國際民事訴訟管轄法則所要求的強度，從而判斷國際裁判管轄權與所欲類推適用的內國民事訴訟管轄法則之規定於「重要觀點上是否彼此相類」時，仍須檢視內國民事訴訟管轄法則之規定是否已達國際民事訴訟管轄法則所要求的牽連關係強度——「充分牽連」。

「以原就被原則」乃普世價值，其要求原告提起民事訴訟，須向被告生活之根據地或中心地提起，以維公平。在「以原就被原則」下，以被告（自然人或法人）和法院地間的牽連為基準，以住所（主事務所或主營業所）或慣常居所為管轄連繫因素，例如我國「民事訴訟法」第1條第1項前段規定：「訴訟，由被告住所地之法院管轄。」與「布魯塞爾規則I」第4條第1項規定：「凡於締約國境內有住所者，不問國籍為何，均得於住所地國被訴。」等，故於判斷是否具一般管轄權之情形，只要內國土地管轄的規定係本諸「以原就被原則」的設定，原則上應認為符合「充分牽連」的要求，蓋法院地為被告生活之根據地或中心地，但亦有例外情形。例如，我國「民事訴訟法」第1條第2項：「被告在中華民國現無住所或住所不明者，以其在中華民國之居所，視為其住所；無居所或居所不明者，以其在中華民國最後之住所，視為其住所。」關於補充的普通審判籍之規定，若類推適用於國際裁判管轄權的決定時，倘被告此時已於外國設有住所，則被告最後住所之我國與被告間，應認為不符「以原就被原則」所預設「充分牽連」的要求，蓋法院地並非被告生活之根據地或中心地，甚至若法律關係發生地非為被告最後住所之我國時，則更不符「充分牽連」的要求[45]。

至於在判斷是否具特別管轄權之情形，則須視法院地與訴訟標的間牽連或利害關係之強度，是否達於「充分牽連」，此時即參酌運用美國法上「最低度接觸法則」作為是否具「充分牽連」的判斷基準。1945年

---

[45] 參閱林秀雄，前揭註20文，頁130-131。

*International Shoe Co. v. Washington*案美國聯邦最高法院對最低度接觸雖未提出明確基準，但於1958年*Hanson v. Denckla*案，美國聯邦最高法院即提出以「目的利用原則」判斷最低度接觸，亦即「被告於法院地的活動，有無利用法院地法以受利益與受保護之目的在其中」，惟被告的何種活動可用來決定是否達到最低度接觸，聯邦最高法院於本案中並未說明而徒留模糊空間[46]。之後，州法院於1961年*Gray v. American Radiator & Standard Sanitary Corp.*案[47]提出以「商業流動通路理論」（stream of commerce theory）來判斷「目的利用原則」，認為僅預見商業往來，尚不足以主張本州對被告具有對人訴訟裁判管轄權，被告還須要有其他行為可特別的指引到本州管轄區域內方可。而美國聯邦最高法院於1987年*Asahi Metal Industry Co. v. Superior Court*案，於Sandra Day O'Conner大法官所主筆的相對多數意見中，更對於「商業流動通路理論」提出了判斷基準，稱為「商業流動通路理論公式」（formulation stream of commerce theory），此公式乃以被告的其他附加行為（additional conduct），諸如在法院地從事產品的設計工作（designing the product for the market）、廣告宣傳（advertising）、對消費者設置服務窗口（establish channels for providing regular advice to customers）、透過銷售代理人之流通業者販賣商品（making a product through a distributor who has agreed to serve as the sale agent）等，來判斷被告是否有以利用法院地市場為目的之行為[48]。

　　此外，於1977年的*Shaffer v. Heitner*案[49]中，美國聯邦最高法院則將*International Shoe Co. v. Washington*案所建立之新法則擴張適用於準對物訴訟（actions *quasi in rem*）或對物訴訟（actions *in rem*）。*Shaffer v. Heitner*案，原告基於德拉瓦州的一間公司之股東身分，於德拉瓦州法院以違反忠實義務為由起訴該公司一名職員，但被告並非德拉瓦州居民，德拉瓦州法

---

[46] SHREVE & RAVEN-HANSEN, *supra* note 27, at 59.

[47] 22 Ill. 2d 432, 176 N.E. 2d 761 (1961).

[48] 480 U.S. 112 (1987).

[49] 443 U.S. 186 (1977).

院對其不具有對人訴訟的裁判管轄權，而依德拉瓦法，公司股份之所在地（presence）爲公司主事務所所在地，原告既對被告於公司的股份爲假扣押，則德拉瓦州法院即具有準對物訴訟的裁判管轄權，惟美國聯邦最高法院卻認爲，該訴訟與被告的股份無關，且訴因爲非法院地居民於法院地外之行爲，故僅股份之所在地於法院地尚不能夠成法院主張具有準對物訴訟裁判管轄權的「充分接觸」（sufficient contact）。自此案後，確立了原告聲請假扣押之財產須與原告之訴有「充分接觸」者，法院方具有裁判管轄權，故特定物除了須位於法院地，尚須與法院地有最低度接觸，法院方具有裁判管轄權。

綜上所言，構成與法院地間最低度接觸之被告行爲，乃爲有意識會受到法院地法拘束之行爲，則此時法院地與訴訟標的間符合「充分牽連」的要求，至於有意識會受到法院地法拘束之行爲的判斷，以上美國法的經驗則可提供吾人參考。

2. 證據方法是否集中

謹慎而正確之裁判係出自於正確之事實認定和法律適用，以及當事人間充分之訴訟活動，而其中關於事實之認定受證據方法充實與否極大之影響。因此，法院即須衡量調查證據、詢問證人等證據方法是否集中於法院地，以免證據方法過於分散而造成訴訟的延宕與法院地司法資源的浪費。

3. 判決是否具實效性

從判決之迅速、經濟觀點，判決之實效性與原告的利益有極大關係，特別是在給付判決之情形，若能迅速、經濟實現給付判決內容之地，則對原告的利益有較佳的保障。另判決爲外國承認與執行的可能性亦須同時考量。

4. 被告應訴的負擔

若國際裁判管轄權的實行將使被告須至對其而言遙遠的或不方便的法院應訴，此會對被告造成的極大負擔，對被告而言顯失公平，故被告應訴的負擔自應作為利益衡量時的考慮因素之一。而被告應訴的負擔包括出庭的困難度、出庭所須花費的時間與金錢、語言使用、訴訟制度的瞭解等問題。

5. 保護身為弱勢者與被害者之原告

被告與原告間地位不對等時，例如係以從事國際交易活動之大企業公司為相對人，締結附合契約（保險契約、旅客運送契約、勞動契約）之情形，於此時應考慮是否藉由法院地訴訟制度的實行以保護為弱勢者或被害人之原告；而當原告為重大意外事故之被害者時（例如航空器侵權行為事件、環境侵權行為事件等），亦應考慮原告起訴的便利性，使身為被害人之原告得藉由於法院地之訴訟，儘速獲得救濟。

上述2至5之證據方法是否集中、判決是否具實效性、被告應訴的負擔與保護身為弱勢者與被害者之原告等四項利益衡量的考量因素，乃是參酌運用美國聯邦最高法院於1980年的*World Wild Volkswagen Corp. v. Woodson*案對「合理公平原則」所提出被告的負擔、法院地州裁判系爭案件的利益、原告獲得救濟的利益、獲得最有效率解決紛爭之州際司法制度利益、數州間所共同分享之促進基本社會政策的利益等五項是否符合「合理公平原則」的判斷標準。按被告的負擔，乃判斷裁判管轄權的實行是否使被告須至對其而言遙遠的或不方便的法院應訴，蓋此將對被告造成的極大負擔，對被告而言顯失公平；法院地州裁判系爭案件的利益，乃判斷裁判管轄權的實行對法院地是否有利益，是否會因證據方法之分散而造成訴訟的延宕與法院地司法資源的浪費；原告獲得救濟的利益，乃判斷原告是否能藉由於法院地之訴訟而儘速獲得救濟，以及原告所獲得之勝訴判決是否能獲得有效性地實行；獲得最有效率解決紛爭之州際司法制度利益，亦

為判斷原告是否能藉由於法院地之訴訟而儘速獲得救濟；數州間所共同分享之促進基本社會政策的利益，乃判斷法院是否可藉由裁判管轄權的實行，實現某一項已具共識的基本社會政策。

又須特加說明的是，本章所建議參酌運用美國法上的「最低度接觸法則」與「合理公平原則」作為利益衡量的基準，與日本帝塚山大學松岡博教授所提出利益衡量時的六個政策考量基準於實質內容上差別不大（但仍有些許差別，亦即松岡博教授將與準據法選擇間之關連納為利益衡量時的政策考量基準，但美國法上的「合理公平原則」並不將與準據法選擇間之關連納為考慮因素；而本章所提出以法院地實踐國際公法上的基本人權價值作為利益衡量的考量因素，則為松岡博教授所提出利益衡量時的六個政策考量基準以及美國法上的「最低度接觸法則」與「合理公平原則」所無），但是於實際運用時仍有所區別。詳言之，雖然決定國際裁判管轄權的國際民事訴訟管轄法則與我國民事訴訟管轄法則皆以與法院地間的牽連關係（牽連性）為核心概念，但是二者對牽連關係強度之不同要求乃是反映內國事件與涉外事件之本質上差異，故而決定國際裁判管轄權是否可類推適用我國民事訴訟法普通審判籍和特別審判籍之規定時，以內國事件為規範對象之我國民事訴訟管轄法則相關規定所呈現的牽連關係強度，是否符合國際民事訴訟管轄法則所要求的牽連關係強度，遂成為檢驗我國民事訴訟管轄法則與國際裁判管轄權「與法律評價有關的重要觀點上是否彼此相類」的基礎，乃為決定我國土地管轄之規定可否轉用於國際裁判管轄權於方法上必然的第一步驟。尤有進者，「充分牽連」對於國際裁判管轄權的決定而言具有決定性的功能，蓋於通常情形下，法院地與被告間或法院地與訴訟標的間之具有「充分牽連」能為訴訟於法院地進行的可預測性提供保證，如此不但可保障被告能拒絕去遙遠的或不方便的法院應訴之負擔，且「充分牽連」亦使證據方法常集中於法院地。故而，無論就我國土地管轄之規定轉用於國際裁判管轄權之方法層次言，抑或就「充分牽連」對於決定國際裁判管轄權之功能意義言，「充分牽連」無疑為決定國際裁判管轄權之首要判斷、且最重要的考量因素。就此以言，松岡博教授並未說明其所提出利益衡量時的六個政策考量基準間的比重如何，亦未提及六

個政策考量基準於利益衡量時的次序，似為此六個政策考量無比重輕重、次序先後之意；而美國法上的「最低度接觸法則」與「合理公平原則」，以1980年*World Wild Volkswagen Corp. v. Woodson*案為代表之包括若干聯邦最高法院、下級法院判決與州法院判決的實務見解，則先判斷被告與法院地間是否具有「最低度接觸」，之後再判斷具有對人訴訟裁判管轄權是否會危害「傳統上公平與實質正義概念」[50]，亦即「最低度接觸法則」與「合理公平原則」具有次序關係，應先就「最低度接觸法則」加以判斷，復判斷「合理公平原則」[51]，此能夠符合決定國際裁判管轄權可否類推適用我國民事訴訟法普通審判籍和特別審判籍之規定時，首先須判斷的牽

---

[50] 美國聯邦最高法院於1945年*International Shoe Co. v. Washington*案所提出決定對人訴訟裁判管轄權的標準為「無害於『傳統上公平與實質正義概念』的『最低度接觸』」，但爾後下級法院以及州法院的判決，甚至聯邦最高法院的若干判決卻多將此段文字切割為「最低度接觸」以及「傳統上公平與實質正義概念」二個部分，大部分判決採取先判斷被告與法院地間是否具有「最低度接觸」，之後再判斷具有對人訴訟裁判管轄權是否會危害「傳統上公平與實質正義概念」的二階段方式，決定對人訴訟裁判管轄權。直至1987年*Asahi Metal Industry Co. v. Superior Court*案，由於聯邦最高法院對於該案中Asahi Metal Industry公司與加州間是否具有「最低度接觸」存有重大分歧（四比四的對立），但對於未能通過「合理公平原則」的檢驗則有一致的共識，其結果，「合理公平原則」似乎比「最低度接觸法則」來得重要，使得「合理公平原則」成為判斷對人訴訟裁判管轄權的必要條件，法院得單獨以「合理公平原則」即拒絕主張對人訴訟的裁判管轄權。

[51] 美國聯邦最高法院於1987年作出*Asahi Metal Industry Co. v. Superior Court*案後，「最低度接觸法則」與「合理公平原則」彼此間關係如何，即生爭議，亦即二者間究竟是次序關係（先判斷「最低度接觸法則」，之後再判斷「合理公平原則」的二階段方式），抑或「合理公平原則」為必要條件（單獨以「合理公平原則」即得拒絕主張對人訴訟的裁判管轄權）。惟學者有認為，此一問題並不嚴重，蓋「最低度接觸法則」以及「合理公平原則」很有可能重疊，當不符合「合理公平原則」時也極可能不符合「最低度接觸法則」（"The two tests — minimum contacts and reasonableness — may so overlap that usually to fail one will be to fail both."），因此，符合「最低度接觸法則」但不符合「合理公平原則」即否定對人訴訟的裁判管轄權之情況，可能不會很常出現。SHREVE & RAVEN-HANSEN, *supra* note 27, at 85.

連關係強度（「充分牽連」）。此外，松岡博教授並未就利益衡量時的六個政策考量基準提供具體標準，但美國法上的「最低度接觸法則」與「合理公平原則」則已累積了許多可供參考的具體案例。基於以上理由，本章乃捨松岡博教授所提出利益衡量時的六個政策考量基準，而建議依美國法上的「最低度接觸法則」與「合理公平原則」作為利益衡量的基準。

6. 法院地實踐國際公法上的基本人權價值

就某些嚴重侵害基本人權的行為，例如依集體屠殺、種族滅絕、戰爭犯罪、刑求、奴隸制度、強迫勞動或販賣人口等，國際公法上已形成了即使與系爭案件無明顯牽連的國家亦能具有刑事管轄權的制度，此種因某一（犯罪）行為侵害到國際社會之利益，故所有國家皆對該行為人具有管轄權[52]的制度，稱為「普遍主義」（universal principle）[53]。為了貫徹對嚴重侵害基本人權行為刑事管轄權的「普遍主義」，相關案件的受害人對加害人提起民事損害賠償訴訟時，刑事犯罪的部分倘能隨同民事損害賠償的部分一併審理、裁判，對嚴重侵害基本人權行為的制裁將更為有效，「普遍主義」更能貫徹；而某國在行使相關案件的刑事管轄權時，倘能就民事損害賠償的部分一併審理、裁判，亦符合受害人的期待[54]。因此，針對

---

[52] 此之管轄權，為國際公法上的管轄權，乃指「一個國家在國際公法下得規制、裁判並執行某一非專屬內國事務之權利」，質言之：第一、管轄權是國家行使特定權力的權利；第二、管轄權之內容為國家對某特定的人、物或事項從事制定規範、進行司法程序及強制執行等國家行為之權利；第三、只有涉及非屬於國家自主管轄之人、物及事項者，才有探討管轄權衝突的必要；第四、國家是否享有管轄權，應從國際法的角度來探討，而非片面地依照國內法。至於其具體內容，通說基於「三權分立」的觀點採取三元論，將管轄權區分為「立法管轄權」（或「規制管轄權」）（legislative or prescriptive jurisdiction）、「裁判管轄權」（或「司法管轄權」）（adjudicatory or judicial jurisdiction）及「執行管轄權」（enforcement jurisdiction）三者。

[53] PETER MALANCZUK, AKEHURST'S MODERN INTERNATIONAL LAW 112-13 (7th ed. 1997); TIM HILLIER, SOURCEBOOK ON PUBLIC INTERNATIONAL LAW 280-82 (1998).

[54] See Peter Nygh & Fausto Pocar, *Report on Preliminary Draft Convention on Jurisdiction and*

嚴重侵害基本人權行爲之侵權行爲，法院藉由訴訟制度的實施並適用對受害人較有利的法院地法，而能實踐國際公法上的基本人權價值，縱使法院地與系爭案件無明顯牽連，具有國際裁判管轄權仍有實益。質言之，「普遍主義」不只存在於嚴重侵害基本人權之犯罪行爲的刑事管轄權，亦存在於該犯罪行爲所生損害賠償的民事管轄權[55]，故而系爭案件縱與法院地無明顯牽連，但法院亦因實踐國際公法上基本人權價值之目的，具有國際裁判管轄權，並進而適用法院地法。由此可知，以實踐國際公法上基本權價值爲由具有國際裁判管轄權，其實是藉由國際裁判管轄權的實行而能進一步地適用法院地法，國際裁判管轄權的行使是手段，法院地法的適用是目的，國際公法上基本人權價值的實踐是理想。

　　以此作爲具有國際裁判管轄權的基礎，已爲美國法院實務所主張。在1980年的*Filartiga v. Peña-Irala*案[56]，原告與被告都是巴拉圭人（但被告於起訴時，非法居住於紐約），被告於三年前於巴拉圭任職警察時，非法拷打虐待（torturer）原告的兄弟致死。若依判例法上的「最低度接觸法則」與「合理公平原則」，美國法院對此案無對人訴訟裁判管轄權應無疑問，但美國聯邦地方法院與聯邦第二巡迴上訴法院不但受理之且更爲實體判決，可見美國聯邦法院一致認爲對本案具有對人訴訟裁判管轄權，而美國聯邦第二巡迴上訴法院更直指本案所涉及的非法拷打虐待行爲，與海盜（pirate）以及販賣奴隸（slave trade）無異，爲「萬國公罪」（hostis humani generis），已違反了國際法[57]。由此可知，本案中美國聯邦法院認爲具有國際裁判管轄權，係植基於「普遍主義」[58]。而1999年

Foreign Judgments in Civil and Commercial Matters, Preliminary Document No 11 of August 2000 for the attention of the Nineteenth Session of June 2001, at 84.

[55] See MALANCZUK, *supra* note 53, at 113.

[56] 630 F.2d 876 (2nd Cir. 1980).

[57] 630 F.2d 890 (2nd Cir. 1980).

[58] 本案中，美國聯邦法院認爲非法拷打虐待爲違反國際法的犯罪行爲，故而依「普遍主義」其具有國際裁判管轄權。但有學者質疑，非法拷打虐待是否爲習慣國際法上的犯罪行爲，至今仍未確定，故是否得以此依「普遍主義」認爲具有國際裁判管轄權，似

海牙國際私法會議所擬定「民事及商事事件之裁判管轄權與外國判決公約預備草案」（Preliminary Draft Convention on Jurisdiction and the Foreign Judgments in Civil And Commercial Matters，簡稱為「新海牙管轄權公約預備草案」），雖是項公約之制定工作已停止，但預備草案中即採納此一具有國際裁判管轄權的基礎，其第18條第3項即規定：「締約國之法院依其國內法，對下列行為之（請求救濟）（請求損害賠償）訴訟行使國際裁判管轄權，不在本條禁止之列：【第一案】一、（依國際刑事法院規則所定義之）集體屠殺、侵害人權或是戰爭犯罪；或二、國際公法上之對自然人嚴重犯罪行為；或三、對國際公法所建立之自然人無法貶損之基本權為嚴重侵害行為如刑求、奴隸化、強迫勞動或失蹤人口。【第二案】一國對於某一國際公法上的嚴重犯罪行為，若其具有刑事管轄權符合其所加入的國際條約，且為對該犯罪行為所致之死亡或嚴重的身體侵害請求填補性損害賠償。」[59]

以實踐國際公法上基本人權價值為基礎具有國際裁判管轄權，其目的在於適用對受害人較有利的法院地法，以保障人性尊嚴，如此實有助

不無疑問。MALANCZUK, *supra* note 38, at 114.

[59]　**Article 18(3)**: Nothing in this Article shall prevent a court in a Contracting State from exercising jurisdiction under national law in an action [seeking relief] [claiming damages] in respect of conduct which constitutes –

Variant One:

(a) genocide, a crime against humanity or a war crime[, as defined in the Statute of the International Criminal Court]; or

(b) a serious crime against a natural person under international law; or

(c) a grave violation against a natural person of non-derogable fundamental rights established under international law, such as torture, slavery, forced labour and disappeared persons.

Variant Two:

a serious crime under international law, provided that this State has established its criminal jurisdiction over that crime in accordance with an international treaty to which it is a party and that the claim is for civil compensatory damages for death or serious bodily injury arising from that crime.

於建立國際化的基本人權適用標準，並促進形成人類社會之共同公序良俗（public policy of international community），甚具時代意義，故應予肯定。惟，以此作為具國際裁判管轄權的理由，因係植基於「普遍主義」，故極易造成國際衝突，且其目的在適用法院地法，從而此之適用乃具例外性，法院對此之適用必須極其謹慎與小心，應採取嚴格之態度，本章以為唯有在符合以下二個條件的情況下，方得以此作為具國際裁判管轄權的基礎，以免造成國際衝突與衝突法則的形骸化：第一、須系爭案件之行為明確為國際條約或習慣國際法所肯認之嚴重侵害基本人權的犯罪行為，而系爭案件之行為是否為國際條約或習慣國際法所肯認之嚴重侵害基本人權的犯罪行為，須採取與刑事法學相同之嚴格解釋的立場，不得任意擴大解釋；第二、須法院地法對受害人能提供較有利的保護，例如在舉證責任、責任構成、賠償範圍、消滅時效等方面。

肆、我國實務見解分析

　　觀察我國法院實務關於國際裁判管轄之相關裁判，可以2016年為分界點，2016年前就國際裁判管轄權尚未形成一致與穩定的決定基準，2016年後則就國際裁判管轄權逐漸形成一致與穩定的決定基準。茲整理分析如下。

一、2016年前

（一）台灣基隆地方法院89年度訴更字第5號民事裁定

1. 裁定要旨

　　(1) 國際裁判管轄權的決定基準方面：「國際民事訴訟管轄之逆推知說，是國際民事訴訟法學初期之理論，因為此說以國內土地管轄規定為承

認國際裁判管轄權，導致以下位概念推論上位概念，本末顛倒，且過於強調國家主權之觀念，無法兼顧當事人之公平與法院審判之迅速便利，未就國際社會全體之角度思考分配各國間之國際民事訴訟管轄問題，早已被揚棄不用。發回意旨之理由，以逆推知說為根據，本院以為難以遵從，認為國際民事裁判管轄權所涉及的是管轄權在國際範圍內之分工，各國裁判任務的分配問題，應重在裁判的事實上正確、當事人間的公平迅速、效能的提高等因素，即持通說國際民事訴訟管轄之『管轄分配說』（修正之類推說）為宜。」

(2) 管轄競合方面：「國際民事訴訟管轄競合時，在管轄權方面固須維持本國之國家主權，但也不能不考慮國際禮讓原則在解決管轄衝突方面的重要作用，及國際合作與互助之必要性。從而，在國際民事訴訟發生平行管轄時，基於公平原則，應合理分配國際管轄事務。在國際民事訴訟活動中，原則上原告可自由選擇一國法院而提起訴訟，即一般允許當事人享有選擇法院的自由，原告對於法院的選擇，通常會受到重視，則原告可能選擇對自己有利而對被告不利之法院，但如審理此案將給當事人及司法帶來種種不便之處，無法保障司法之公正，不能使爭議得到迅速而有效之解決，如果存在對訴訟同樣具有管轄權的可替代法院，則原法院可以自身屬不方便法院為由，依職權或根據被告請求作出自由裁量，而拒絕行使管轄權，此即所謂『不方便法院理論』（forum non *convenience doctrine*），……（中略）於國際民事訴訟發生平行管轄時，應以不方便法院理論以資解決。」

2. 分析與評述

(1) 本件裁定，明顯排斥逆推知說，並指出了逆推知說邏輯謬誤之處，之後再以國際裁判管轄所涉及的是各國裁判任務的分配，並重在裁判的事實上正確、當事人間的公平迅速、效能的提高等因素，採取修正類推適用說（管轄分配說或法理說），在我國的國際民事訴訟實務上，深具意義。

（2）本件裁定，更明確地指出「不便利法庭原則」（forum non conveniens）係運用在發生平行管轄時如何處理管轄競合的問題，此對於是否具有國際裁判管轄權以及「不便利法庭原則」這二者之間關係，甚具釐清之效。按法院於判斷其是否受理一涉外民商事件時，國際公法上之「國家裁判管轄權」（"national jurisdiction" or "state jurisdiction"）是否及於該當事件之人與物，為必先判斷之上位概念，於不違反國際公法原則之前提下，倘無多邊或雙邊國際公約之適用，則各自依內國法來決定法院地國（或法域）有無國際裁判管轄權，當法院地國（或法域）確定自己具有國際裁判管轄權之後，才發生依內國民事訴訟法決定內國土地管轄之問題。惟，由於各國民事訴訟法管轄法則並不一致，致使國際裁判管轄權之積極衝突經常發生，再加上「任擇法院」（forum shopping），國際裁判管轄權競合的現象乃無法避免，故而須要藉由「不便利法庭原則」來對抗「任擇法院」、解決國際裁判管轄權的競合。質言之，於邏輯上，勢先肯定具有國際裁判管轄權，才會有發生國際裁判管轄權競合的可能，故決定是否具有國際裁判管轄權，乃為運用「不便利法庭原則」的前提，法院地國（或法域）法院依其內國法確定對一涉外民商事件須具有國際裁判管轄權後，方得依「不便利法庭原則」決定是否行使自己所具有的國際裁判管轄權。

（3）總而言之，本件裁定不但指出了逆推知說之邏輯謬誤而採修正類推適用說，更明確了決定是否具有國際裁判管轄權為運用「不便利法庭原則」之前提概念，在我國的國際民事訴訟實務上，實屬難能可貴，無怪乎論者有稱讚本件裁定之論述「既精緻且具深度，在我國的裁判決實務中誠屬罕見」[60]。

---

[60] 參閱蔡華凱，前揭註12文，頁36。

（二）台灣台中地方法院89年度重訴字第421號民事判決

1. 判決要旨

　　國際裁判管轄權的決定基準方面：「按我國關於涉外民事事件國際裁判管轄權除涉外民事法律適用法第3條關於禁治產管轄規定、及第4條關於死亡宣告管轄規定外，其餘均無明文規定，基於世界各國均致力於擴大國際裁判管轄權之趨勢，以及適當程序最低限度之牽連因素原則，本件……（中略）財產權訴訟，與我國有一定牽連因素存在，基於上開國際裁判管轄趨勢及最低牽連因素原則，本國法院就本事件，自有管轄權，合先敘明。」

2. 分析與評述

　　(1) 本件判決，對於決定是否具有國際裁判管轄權，認為應依擴大國際裁判管轄權之國際趨勢以及最低牽連因素原則二項標準決之。其中之最低牽連因素原則，應即美國法上的「最低度接觸法則」，師法美國法上的「最低度接觸法則」作為國際裁判管轄權的決定基準，乃為本件判決的特色，能以英美法系的理論作為裁判時之參考，法院之用心應予肯定。

　　(2) 本件判決雖師法美國法上的「最低度接觸法則」，惟我國畢竟為大陸法系國家，如前所述，大陸法系國家民事訴訟管轄法則與英美法系國家民事訴訟管轄法則在基本構造有根本上的不同，直接以美國法上的「最低度接觸法則」來架構我國決定國際裁判管轄權的方法，在體系上恐生扞格。因此，以大陸法系國家國際裁判管轄權決定之法律體系為主要方法，美國法上的「最低度接觸法則」作為輔助方法，似乎較為妥當。

　　(3) 美國法上的「最低度接觸法則」，在*International Shoe Co. v. Washington*案後，即要求須達於「充分接觸」才會構成「最低度接觸」，惟本件判決並未說明最低牽連因素（「最低度接觸」）的意義，且只言明與我國有一定牽連因素存在，似乎意味著只須與我國具有一定牽連因素即構成「最低度接觸」，而無須該牽連因素達到「充分接觸」的程度，但此

與美國法上的「最低度接觸法則」即有所出入，況且若是只因一定牽連因素的存在即作為具有國際裁判管轄權的基礎，依現代國際民事訴訟法的觀點乃為「過度管轄」（exorbitant jurisdiction），此時應否定具有國際裁判管轄權[61]，「布魯塞爾規則Ⅰ」附錄Ⅰ禁止「過度管轄」的規定即體現了此國際民事訴訟法的趨勢，但本件判決卻謂擴大國際裁判管轄權為國際裁判管轄趨勢，此顯係誤解。

(4) 總而言之，本件判決法院不自限於大陸法系觀點而以美國法上的「最低度接觸法則」作為決定國際裁判管轄權的基準，雖值讚揚，但未察覺大陸法系國家民事訴訟管轄法則與英美法系國家民事訴訟管轄法則在基本構造的根本不同，未說明最低牽連因素（「最低度接觸」）的意義，且未探求美國法上「最低度接觸法則」的真意，並將國際民事訴訟法抑制「過度管轄」的趨勢誤解為擴大國際裁判管轄權，誠為遺憾[62]。

---

[61] 「布魯塞爾公約」於第3條第2項即列出了禁止適用之各國「過度管轄」相關規定，「法國民法」第14條、第15條的因具法國國籍即具有國際裁判管轄權、「德國民事訴訟法」第23條因財產所在地在德國即具有國際裁判管轄權、英國與愛爾蘭的只要短暫過境法院地而能受訴訟之通知者即具有國際裁判管轄權之「短暫過境管轄權」（transient jurisdiction）等皆被「布魯塞爾公約」認為係「過度管轄」而禁止適用。

[62] 除此之外，本件判決謂「涉外民事法律適用法」第3條關於禁治產管轄規定（此為舊法，現行法為第12條）及第4條關於死亡宣告管轄規定（此為舊法，現行法為第11條）為我國關於涉外民事事件國際裁判管轄之規定，亦有可議。蓋「涉外民事法律適用法」第3條第1項：「凡在中華民國有住所或居所之外國人，依其本國及中華民國法律同有禁治產之原因者，得宣告禁治產。」（現行法為第12條第1項：「凡在中華民國有住所或居所之外國人，依其本國及中華民國法律同有受監護、輔助宣告之原因者，得為監護、輔助宣告。」）與第4條第1項：「凡在中華民國有住所或居所之外國人失蹤時，就其在中華民國之財產或應依中華民國法律而定之法律關係，得依中華民國法律為死亡之宣告。」（現行法為第11條第1項：「凡在中華民國有住所或居所之外國人失蹤時，就其在中華民國之財產或應依中華民國法律而定之法律關係，得依中華民國法律為死亡之宣告。」）之規定，並未提及「法院」，可知並非屬於國際裁判管轄法則而係準據法適用之單面衝突法則規定。故成年監護宣告輔助宣告及死亡宣告之國際裁判管轄，實應分別類推適用「家事事件法」第164條第1項、第177條第1項及第154條第

（三）台灣高雄地方法院90年度親字第153號民事判決

1. 判決要旨

國際裁判管轄權的決定基準方面：「所謂國際管轄權，乃謂某國法院對某涉外事件主張有管轄權，係因該案件中之一定事實，與法庭地國有某種牽連關係，而該所謂一定事實，則不外指當事人之國籍、住所、居所、法律行為地、事實發生地等而言，並應考量該法庭地國對於當事人而言是否為不便利法院。……（中略）是我國法院對於原告而言，亦非不便利法院，故揆諸上開說明，我國確具有國際管轄權，先予敘明。」

2. 分析與評述

(1) 本件判決，法院對於決定是否具有國際裁判管轄權，認為應依案件事實與法院地國有否某種牽連關係以及法院對於當事人而言是否為不便利法院二項標準決之。其中之案件事實與法院地國有某種牽連關係，應即為前述台灣台中地方法院89年度重訴字第421號民事判決中所言「最低限度之牽連因素原則」，蓋台灣台中地方法院89年度重訴字第421號民事判決所謂之「最低限度之牽連因素原則」乃指「與我國有一定牽連因素存在」，本件判決亦謂「案件事實與法院地國有否某種牽連關係」。如此，本件判決明顯亦師法美國法上的「最低度接觸法則」作為國際裁判管轄權的決定基準，但其缺漏亦與前述台灣台中地方法院89年度重訴字第421號民事判決相同，未察覺大陸法系國家民事訴訟管轄法則與英美法系國家民事訴訟管轄法則在基本構造的根本不同，未說明如何構成與法庭地國有某種牽連關係（「最低度接觸」），亦未探求美國法上「最低度接觸法則」的真意。

(2) 本件判決認為法院對於當事人而言是否為不便利法院，亦為決定

1項之規定為是。

是否具有國際裁判管轄權的標準。按無論是大陸法系的利益衡量說，日本法上的「特別情事原則」，抑或是美國法上的「合理公平原則」，以法院對於當事人而言是否為不便利法院固為決定是否具有國際裁判管轄權的考量因素，但卻不應以考量此一當事人的私人利益為限，法院的公共利益，例如是否會因證據方法之分散而造成訴訟的延宕與法院地司法資源的浪費、判決之實效性等，亦須同時考量，故只考量法院對於當事人而言是否為不便利法院，過於狹隘而不周延。況且本件判決亦未說明何為不便利法院，也未說明此處之不便利法院與對抗「任擇法院」、解決國際裁判管轄權競合的「不便利法庭原則」之區別何在，則此處之不便利法院究為決定是否具有國際裁判管轄權階段的考量因素，抑或肯定具有國際裁判管轄權後處理「任擇法院」或解決國際裁判管轄權競合階段的「不便利法庭原則」，如此實徒增困擾與混淆。

(3) 本件判決法院所採取之決定國際裁判管轄權的基準，雖有師法美國法的特色，但繼受外國法制時所須注重的精確性與完整性，恐待加強。

（四）台灣台南地方法院92年度重訴字第295號民事判決

1. 判決要旨

國際裁判管轄權的決定基準方面：「……（前略）我國對於國際裁判管轄權，除於民事訴訟法第402條第1款之間接管轄權規定外，並無類如內國法院確認對於涉外事件有無管轄權之直接管轄權規定，而現行國際法上亦未建立明確之規範，除了區域性之國際公約外（如布魯塞爾公約），亦無成熟之國際習慣法存在，是以，當受到國際承認的一般性準則並不存在，而國際習慣法又並非十分成熟的情況下，依照當事人間之公平與裁判正當、迅速理念之法理，作為我國國際裁判管轄權有無之判斷，應較為適當，因此，如依我國民事訴訟法之規定，我國具有審判籍時，原則上，對於在我國法院提起之訴訟事件，使被告服從於我國的裁判權應屬妥當，惟在我國法院進行裁判，如有違背期待當事人間之公平與裁判正當、迅速等

理念之特別情事時，即應否定我國之國際裁判管轄權。……（後略）。」

2. 分析與評述

(1) 本件判決指出，有無國際裁判管轄權，應依照當事人間之公平與裁判正當、迅速理念之法理，如依我國民事訴訟法之規定，我國具有審判籍時，原則上我國即具國際裁判管轄權，但若有違背期待當事人間之公平與裁判正當、迅速等理念之特別情事時，則應否定我國之國際裁判管轄權。此見解明顯係採取修正類推適用說（管轄分配說或法理說），與前之台灣基隆地方法院89年度訴更字第5號民事裁定相同。

(2) 但與台灣基隆地方法院89年度訴更字第5號民事裁定見解不同之處在於，本件判決採用了日本法上「特別情事原則」的見解，亦即以「特別情事原則」作為類推適用內國民事訴訟法時為兼顧具體妥當性的彈性調整基準。由於大陸法系國家民事訴訟管轄法則係以人或訴訟標的法律關係與法院地的牽連性構造而成，故類推適用內國民事訴訟法時，由於已包攝牽連性的概念在其中，但尚須有一否定具有國際裁判管轄權的例外處理機制存在，故而由日本下級法院發展出、最高裁判所於平成9年11月11日關於德國進口轎車案的判決中所追認之「特別情事原則」，針對涉外民商事件類推適用民事訴訟法審查有無管轄權基礎，而於過程中發現對於被告訴訟防禦有不利之情事存在時，即依「特別情事原則」例外地否定具有國際裁判管轄權[63]。此日本法上的「特別情事原則」，與美國法上的「合理公平原則」所揭櫫「衡量被告、原告、法院地三方之公、私利益」之理念符合，且二者於功能上皆為基於兼顧具體妥當性的調整基準，美國法係以「最低度接觸法則」作為決定國際裁判管轄權的一般基準，而再以「合理公平原則」作為為兼顧具體妥當性的彈性調整基準，而日本法則以類推適用民事訴訟法作為決定國際裁判管轄權的一般基準，而再以「特別情事原則」作為為兼顧具體妥當性的彈性調整基準。

---

[63] 參閱蔡華凱，前揭註12文，頁25-27。

(3) 本件判決不但採取修正類推適用說（管轄分配說或法理說），更明確地提出以「特別情事原則」作爲判斷是否修正類推適用的基準，在方法上採取以大陸法系國家國際裁判管轄權決定之法律體系爲主要方法，但附加了基於兼顧具體妥當性而得例外否定具有國際裁判管轄權的調整基準（日本法上的「特別情事原則」、美國法上的「合理公平原則」）作爲彈性輔助方法，能於法安定性的基礎上向具體妥當性修正，較符合大陸法系國家的需求。

（五）台灣台北地方法院92年度訴字第1164號民事裁定

1. 裁定要旨

國際裁判管轄權的決定基準方面：「……（前略）國際管轄權行使之合理基礎，係指某國法院對某種涉外事件之一定事實，與法庭地國有某種牽連關係，而該牽連關係足認由該法庭地國審理合理正當，且符合公平正義者，至所謂一定之事實，則不外指當事人之國籍、住居所、法律行爲地、事實發生地、財產所在地等等，……（後略）。」

2. 分析與評述

(1) 本件裁定，法院對於決定是否具有國際裁判管轄權，認爲應依案件之一定事實與法院地國有否某種牽連關係以及該牽連關係是否足認由該法院地國審理合理正當且符合公平正義二項標準決之。其中之依案件之一定事實與法院地國有否某種牽連關係，與前之台灣高雄地方法院90年度親字第153號民事判決中依案件事實與法院地國有否某種牽連關係相同，應即爲前述台灣台中地方法院89年度重訴字第421號民事判決中所言「最低限度之牽連因素原則」。如此，本件判決亦師法美國法上的「最低度接觸法則」作爲國際裁判管轄權的決定基準，但其缺漏亦與前述台灣台中地方法院89年度重訴字第421號民事判決以及台灣高雄地方法院90年度親字第153號民事判決相同，未察覺大陸法系國家民事訴訟管轄法則與英美法系

國家民事訴訟管轄法則在基本構造的根本不同，未說明如何構成與法庭地國有否某種牽連關係（「最低度接觸」），亦未探求美國法上「最低度接觸法則」的眞意。

(2) 本件裁定更認爲，除了案件之一定事實須與法院地國具牽連關係外，尚須該牽連關係足認由該法院地國審理合理正當且符合公平正義，方具有國際裁判管轄權的標準，此應即師法美國法上的「合理公平原則」，此爲我國的國際民事訴訟實務上首次引進美國法上的「合理公平原則」。按本件判決將美國法上的「合理公平原則」引進，係爲了限制以牽連關係作爲具有國際裁判管轄權的理由，亦即縱案件之一定事實與法院地國具牽連關係，尚須法院地國依該牽連關係具有國際裁判管轄權爲合理正當且符合公平正義[64]，此見解殊值肯定，蓋具有牽連關係不必然與合理正當及公平正義相符，故以牽連關係（「最低度接觸法則」）作爲一般基準但另以合理正當及公平正義（「合理公平原則」）作爲兼顧具體妥當性的彈性調整基準，不但有其必要性，更符合繼受外國法制時的完整性要求（台灣台中地方法院89年度重訴字第421號民事判決只繼受「最低度接觸法則」，而台灣高雄地方法院90年度親字第153號民事判決繼受了「最低度接觸法則」與不完整的「合理公平原則」）。惟其缺點則爲，未具體提出判斷合理正當及公平正義的標準。

(3) 本件裁定雖未採取大陸法系上國際裁判管轄權的決定基準，未說明如何構成與法院地國有否某種牽連關係，且未具體提出判斷合理正當及公平正義的標準，但本件裁定以牽連關係作爲決定國際裁判管轄權的一般基準，但另以合理正當及公平正義作爲兼顧具體妥當性的彈性調整基準，完整採用了美國法上的「最低度接觸法則」與「合理公平原則」，較台灣

---

[64] 本件台灣台北地方法院92年度訴字第1164號民事裁定，乃採美國聯邦最高法院於1980年*World Wild Volkswagen Corp. v. Woodson*案先判斷「最低度接觸法則」復判斷「合理公平原則」的見解，先判斷與法院地國的牽連關係，復判斷是否合理正當及公平正義，此與美國聯邦最高法院後於1987年*World Wild Volkswagen Corp. v. Woodson*案將「合理公平原則」改列爲必要條件者不同。

台中地方法院89年度重訴字第421號民事判決與台灣高雄地方法院90年度親字第153號民事判決的割裂繼受明顯進步，且本件裁定亦明確指出「不便利法庭原則」係運用於雖具有國際裁判管轄權但不行使的場合。總而言之，本件裁定雖有若干缺失，但其論述在我國的國際民事訴訟實務上，已屬難能可貴，瑕不掩瑜。

（六）台灣嘉義地方法院93年度嘉勞小字第7號民事判決

1. 判決要旨

國際裁判管轄權的決定基準方面：

(1)「一般而言，在欠缺內國明文規範與國際習慣法之前提下，關於涉外財產事件之國際裁判管轄，應以當事人間之公平、裁判之公正與迅速等理念，依法理決定之；而法理之根據，除內國民事訴訟法上關於管轄權之原因基礎，在性質相容且具備國際裁判管轄妥當性之基礎上，得引為法理參照外，部分區域性國際公約（例如前布魯塞爾公約、魯加諾公約）、尚在研擬階段之1999年海牙國際管轄權公約草案以及歐盟管轄權規範（詳後述），均已奠定可資參照之國際裁判管轄審查標準，均得作為我國法院審查涉外私法事件國際裁判管轄權有無之標準。基上，在我國法院提起之涉外財產爭訟，如依前開國際裁判管轄權基礎審查，具備管轄之原因，我國法院即具備國際裁判管轄權，惟若在我國法院進行訴訟，將有違當事人間之公平、裁判之公正與迅速等特別情事存在時，即應否定我國法院之國際裁判管轄權。」

(2)「國際民事訴訟之裁判管轄原因類如內國民事訴訟之管轄原因，某人（自然人或法人）之本據地（一般均以自然人之住所或法人之主事務所所在地為認定基準）法院，乃處理該人訴訟事件基礎法院，除專屬管轄事件應向專屬管轄法院起訴外，本據地法院對於該人之任何民事訴訟事件，均具備管轄基礎；換言之，基於國際裁判管轄權中『一般管轄』（普通管轄）原則，亦即國際民事訴訟法上『以原就被原則』，住所（或主事務所）設於我國境內之被告，我國法院對其所有涉外民事訴訟事件，除國

際專屬管轄事件外，均具備國際裁判管轄權。……（後略）。」

　　(3)「國際民事訴訟之裁判管轄原因亦類如內國民事訴訟之管轄原因，針對特定訴訟標的，特定法院對於該特定訴訟標的，亦得行使管轄權，惟僅限於該特定訴訟標的具備管轄基礎，例如契約履行地法院針對該契約履行事件具備管轄權，又如侵權行為地法院針對侵權行為事件具備管轄權等均是；此乃基於國際民事訴訟法上之特別管轄原因基礎，亦即國際裁判管轄權之『特別管轄』原則。……（中略），參照我國民事訴訟法第12條之規定，因契約涉訟者，契約履行地法院具備特別管轄基礎，此一法理，於我國法院受理涉外私法事件時審認我國法院裁判管轄權之存否，亦具正當性；再參照歐盟管轄規則Ⅰ【Council Regulation (EC) No. 44/2001 of 22 December 2000 on Jurisdiction and the Recognition and Enforcement of Judgments in Civil and Commercial Matters, O. J, 2001, L12/01.其前身即為歐洲國家在1968年9月27日於布魯塞爾締結之『關於民事及商事事件之裁判管轄暨判決之承認執行公約』(the Convention of 27 September 1968 on Jurisdiction and the Enfocement of Judgments in Civil and Commercial Matters)】第19.1.(a)條之規定，勞工得於慣常勞務提供地或最後勞務提供地對於雇主提起國際民事訴訟。……（後略）。」

2. 分析與評述

　　(1) 本件判決指出，在欠缺內國明文規範與國際習慣法之前提下，關於涉外財產事件之國際裁判管轄，應以當事人間之公平、裁判之公正與迅速等理念，依法理決定之，如依我國民事訴訟法之規定具備管轄基礎時，原則上我國即具國際裁判管轄權的一般管轄基礎或特別管轄基礎，惟若在我國法院進行訴訟，將有違當事人間之公平、裁判之公正與迅速等特別情事存在時，即應否定我國法院之國際裁判管轄權。此見解明顯係採取修正類推適用說（管轄分配說或法理說），與前之台灣基隆地方法院89年度訴更字第5號民事裁定以及台灣台南地方法院92年度重訴字第295號民事判決相同。

　　(2) 又本件判決亦與台灣台南地方法院92年度重訴字第295號民事判決相同，以日本法上的「特別情事原則」作為類推適用內國民事訴訟法時為兼顧具體妥當性的彈性調整基準。亦即於方法上，採取以大陸法系國家國際裁判管轄權決定之法律體系為主要方法，但附加了基於兼顧具體妥當性而得例外否定具有國際裁判管轄權的調整基準（日本法上的「特別情事原則」、美國法上的「合理公平原則」）作為彈性輔助方法，具有於法安定性的基礎上向具體妥當性修正的優點。

　　(3) 本件判決的特色，為與國際接軌的胸懷。本件判決認為諸如「布魯塞爾公約」、「布魯塞爾規則Ⅰ」等國際公約，以及「新海牙管轄權公約預備草案」，均得引為法理參照，作為我國法院審查涉外私法事件國際裁判管轄權有無之標準。此見解實有助於我國參與「國際裁判管轄法則趨同化」的進程，有利於建立符合國際趨勢的國際裁判管轄法則，法院實務能有如此體認，甚為難得。

　　(4) 本件判決不但採取修正類推適用說（管轄分配說或法理說），更明確地提出以日本法上的「特別情事原則」（功能類如美國法上的「合理公平原則」）作為判斷是否修正類推適用的基準，並主張將諸如「布魯塞爾公約」、「布魯塞爾規則Ⅰ」等國際公約，以及「新海牙管轄權公約預備草案」，均得引為法理參照，作為我國法院審查涉外私法事件國際裁判管轄權有無之標準。此在我國的國際民事訴訟實務上，算是少數論理結構嚴謹精緻的裁判之一。

（七）最高法院95年度台抗字第2號民事裁定

1. 裁定要旨

　　國際裁判管轄權的決定基準方面：「……（前略）關於涉外事件之國際管轄權誰屬，涉外民事法律適用法固未明文規定，惟受訴法院尚非不得就具體情事，類推適用國內法之相關規定，以定其訴訟之管轄。……（中略）則依民事訴訟法第15條第1項、第2項規定，及海污法第33條之

立法精神，該船舶事故及污染所在之屏東地院，就本件涉外事件自有管轄權。……（後略）。」

2. 分析與評述

本件裁定，法院對於決定是否具有國際裁判管轄權，認為得就具體情事，類推適用國內法之相關規定。此見解係採取單純類推適用說，然單純類推適用說於因應內國事件與涉外事件本質不同之處無法類推適用而須為合目的之修正時，無法於國際裁判管轄總論之架構上，運用一個適用於整體判斷基準的彈性機制，為其方法論上之缺失。

（八）最高法院100年度台上字第310號民事判決

1. 裁定要旨

國際裁判管轄權的決定基準方面：「……（前略）查上訴人為經我國認許之外國公司，固屬涉外民事事件，惟我國100年5月26日開始施行前之涉外民事法律適用法（下稱現行法）中並無關於國際管轄權之規定，依現行法第30條規定適用民事訴訟法第2條第2項、第15條規定，本件侵權行為之行為地法院即台灣高雄地方法院自有國際管轄權。……（後略）。」

2. 分析與評述

(1) 本件裁定，法院對於決定是否具有國際裁判管轄權，適用「民事訴訟法」內國事件土地管轄之規定，似採取逆推知說，然國際裁判管轄乃為內國事件土地管轄之前提，但逆推知說卻以內國土地管轄之存在逆推知國際裁判管轄權存否，使國際裁判管轄相對於內國土地管轄於理論上欠缺上位性，邏輯上本末倒置，為其缺失。

(2) 本件裁定，依「涉外民事法律適用法」第30條：「涉外民事，本法未規定者，適用其他法律之規定，其他法律無規定者，依法理。」（此為舊法，現行法為第1條：「涉外民事，本法未規定者，適用其他法律之

規定；其他法律無規定者，依法理。」）法源之規定而適用「民事訴訟法」內國事件土地管轄之規定，但「涉外民事法律適用法」僅規範法律適用之準據法選擇，並不涉及管轄權之國際裁判管轄，而國際裁判管轄權之決定與準據法之選擇係屬二事，國際裁判管轄為準據法選擇之前提問題，蓋一國法院若不先確定其對於系爭涉外民商事件是否具有國際裁判管轄權，即無從依「涉外民事法律適用法」選擇準據法，故「涉外民事法律適用法」之適用必於我國法院確定具有國際裁判管轄權之後，從而「涉外民事法律適用法」之法源僅為法律適用之法源而不涉及國際裁判管轄。本件裁定依「涉外民事法律適用法」法源之規定而適用「民事訴訟法」內國事件土地管轄之規定以決定國際裁判管轄權，顯然有誤。

（九）最高法院104年度台抗字第1004號民事裁定

1. 裁定要旨

　　國際裁判管轄權的決定基準方面：「……（前略）按關於涉外事件之國際管轄權誰屬，涉外民事法律適用法固未明文規定，惟受訴法院尚非不得就具體情事，類推適用國內法之相關規定，以定其訴訟之管轄。又我國民事訴訟法第15條所謂因侵權行為涉訟者，指本於侵權行為請求損害賠償或防止侵害之訴，或以侵權行為為原因之積極或消極確認之訴等是。特別法就特殊侵權行為類型，如無管轄之特別規定，亦有上開規定之適用。故在我國法院提起涉外民事訴訟，請求確認被告本於侵權行為對於原告請求排除侵害之權利不存在者，應類推適用我國民事訴訟法第1條、第2條、第15條第1項及第21條規定，認被告住所地或法人主事務所、主營業所所在地及侵權行為地（包括實施行為地及結果發生地）之法院，俱有管轄權。……（後略）。」

2. 分析與評述

　　本件裁定，法院對於決定是否具有國際裁判管轄權，認為得就具體情

事，類推適用國內法之相關規定。此見解與最高法院95年度台抗字第2號民事裁定相同，皆係採取單純類推適用說，故其方法論上之缺失亦同，於此不贅述。

二、2016年後

最高法院107年度台抗字第500號民事裁定中關於國際裁判管轄權決定基準之裁定要旨：「……（前略）按法院就涉外民事事件有無國際審判管轄權，應依法庭地之國內法規定。倘法庭地國就訟爭事件之國際審判管轄尚乏明文規定，則應審酌法院慎重而正確認定事實以發現真實、迅速而經濟進行程序以促進訴訟，及兼顧當事人間之實質公平等因素，並參酌民事訴訟法有關管轄規定之法理，妥適決定之。……（後略）。」、最高法院108年度台上字第819號民事判決中關於國際裁判管轄權決定基準之判決要旨：「……（前略）按關於外國人或外國地涉訟之國際管轄權，我國涉外民事法律適用法並未規定，故就具體事件受訴法院是否有管轄權，應顧及當事人間實質上公平、裁判之正當妥適、程序之迅速經濟等訴訟管轄權法理，類推適用內國法之民事訴訟法有關規定。……（後略）。」、最高法院109年度台抗字第1084號民事裁定中關於國際裁判管轄權決定基準之裁定要旨：「……（前略）惟按關於涉外事件之國際裁判管轄權，涉外民事法律適用法未有明文規定，法院受理涉外民商事件，於審核有無國際裁判管轄權時，固應就個案所涉及之國際民事訴訟利益與法庭地之關連性為綜合考量，並參酌民事訴訟管轄規定及國際民事裁判管轄規則之法理，衡量當事人間實質公平、程序迅速經濟等，以為判斷。……（後略）。」、最高法院110年度台抗字第54號民事裁定中關於國際裁判管轄權決定基準之裁定要旨：「……（前略）次按關於涉外事件之國際裁判管轄權，涉外民事法律適用法未有明文規定，法院受理涉外民事事件，於審核有無國際裁判管轄權時，應就個案所涉及之國際民事訴訟利益與法庭地之關連性為綜合考量，並參酌民事訴訟管轄規定及國際民事裁判管轄規則之法理，衡量當事人間實質公平、程序迅速經濟等，以為判斷。……（後

略）。」等2016年後之法院（最高法院）實務見解，對於國際裁判管轄權之有無，皆以裁判之正當妥適、程序之迅速經濟、當事人間之實質公平等法理或因素，類推適用或參酌「民事訴訟法」之規定，顯係採取修正類推適用說（管轄分配說或法理說），可見2016年後之法院（最高法院）實務就國際裁判管轄權，似以修正類推適用說（管轄分配說或法理說）形成了一致與穩定的決定基準。

三、小結

從以上所摘錄之我國法院實務上所論及有關國際裁判管轄權13則，可知我國法院實務於2016年前，對於決定涉外民商事件是否具有國際裁判管轄權，並未形成一致與穩定的決定基準：台灣基隆地方法院89年度訴更字第5號民事裁定、台灣台南地方法院92年度重訴字第295號民事判決與台灣嘉義地方法院93年度嘉勞小字第7號民事判決採取以大陸法系國家國際裁判管轄權決定法律體系之修正類推適用說（管轄分配說或法理說）為決定基準，其中台灣台南地方法院92年度重訴字第295號民事判決與台灣嘉義地方法院93年度嘉勞小字第7號民事判決，除了以大陸法系國家國際裁判管轄權決定法律體系之修正類推適用說（管轄分配說或法理說）為主要方法外，更以功能類如美國法上的「合理公平原則」、日本法上的「特別情事原則」作為輔助方法；台灣台中地方法院89年度重訴字第421號民事判決、台灣高雄地方法院90年度親字第153號民事判決與台灣台北地方法院92年度訴字第1164號民事裁定，採取美國法「最低度接觸法則」的方法，以案件事實與法院地間的牽連關係作為決定國際裁判管轄權的基準，其中台灣台北地方法院92年度訴字第1164號民事裁定更完整繼受了美國法的方法，除了以牽連關係作為決定國際裁判管轄權的一般基準外（「最低度接觸法則」），另以合理正當及公平正義作為為兼顧具體妥當性的彈性調整基準（「合理公平原則」）；最高法院95年度台抗字第2號民事裁定與最高法院104年度台抗字第1004號民事裁定採取以大陸法系國家國際裁判管轄權決定法律體系之單純類推適用說為決定基準；最高法院100年度

台上字第310號民事判決則採取以大陸法系國家國際裁判管轄權決定法律體系之逆推知說為決定基準。如本章前述，由於大陸法系國家民事訴訟管轄法則與英美法系國家民事訴訟管轄法則在基本構造有根本上的不同，因此，採取大陸法系國家決定國際裁判管轄權的方法，對身為大陸法系國家的我國而言，較不致產生制度扞格的水土不服後遺症，但大陸法系國家決定國際裁判管轄權的方法，則又有形式論（求諸內國民事訴訟法規定的逆推知說、單純類推適用說、修正類推適用說）與實質論（不拘泥內國民事訴訟法規定的利益衡量說、新類型說）二種方法的對立，若考量到制定法的制度使大陸法系國家的法官對成文法律條文有較深依賴這一因素，似乎形式論方法較符合大陸法系國家制定法的制度，但採取極端形式論方法的結果則是過度法安定性所導致的失之具體妥當性，因此縱使採取形式論方法，亦須有伴隨一兼顧具體妥當性的彈性調整機制，故本章主張以法安定性與具體妥當性兼具的修正類推適用說（管轄分配說或法理說）為基礎，並以利益衡量說加以調合之調合方法，蓋此不但可維持法安定性，於類推適用時，由於從相關的管轄原因事實，就利益衡量的觀點，參酌運用美國法上「最低度接觸法則」與「合理公平原則」，以及法院地實踐國際公法上的基本人權價值這一特殊因素，加以綜合判斷，具體妥當性更得以兼顧。就此以言，台灣台南地方法院92年度重訴字第295號民事判決與台灣嘉義地方法院93年度嘉勞小字第7號民事判決，與本章之主張，在方法上似不謀而合。而我國法院（最高法院）實務於2016年後，對於決定涉外民商事件是否具有國際裁判管轄權，似以修正類推適用說（管轄分配說或法理說）形成了一致與穩定的決定基準，而修正類推適用說（管轄分配說或法理說）乃是形式論方法但伴隨兼顧具體妥當性的彈性調整機制，此與本章之主張相合，本章對此發展樂觀其成，但兼顧具體妥當性的彈性調整機制為何，法院（最高法院）實務雖言及裁判之正當妥適、程序之迅速經濟、當事人間之實質公平等法理或因素，但此等法理或因素仍過於抽象，具體內容仍待將來之發展補充。

表 1-1　國際裁判管轄決定基準實務見解表

比較項目 裁判字號	決定基準	方法	
		形式論	實質論
台灣基隆地方法院 89 年度訴更字第 5 號民事裁定	修正類推適用說	✓	
台灣台中地方法院 89 年度重訴字第 421 號民事判決	最低度接觸法則		✓
台灣高雄地方法院 90 年度親字第 153 號民事判決	最低度接觸法則		✓
台灣台南地方法院 92 年度重訴字第 295 號民事判決	修正類推適用說	✓	
台灣台北地方法院 92 年度訴字第 1164 號民事裁定	最低度接觸法則		✓
台灣嘉義地方法院 93 年度嘉勞小字第 7 號民事判決	修正類推適用說	✓	
最高法院 95 年度台抗字第 2 號民事裁定	單純類推適用說	✓	
最高法院 100 年度台上字第 310 號民事判決	逆推知說	✓	
最高法院 104 年度台抗字第 1004 號民事裁定	單純類推適用說	✓	
最高法院 107 年度台抗字第 500 號民事裁定	修正類推適用說	✓	
最高法院 108 年度台上字第 819 號民事判決	修正類推適用說	✓	
最高法院 109 年度台抗字第 1084 號民事裁定	修正類推適用說	✓	
最高法院 110 年度台抗字第 54 號民事裁定	修正類推適用說	✓	

來源：作者自行整理。

伍、結論

　　若干大陸法系國家於近年修訂國際私法典時，雖已直接就國際裁判管轄法則加以規範（例如1989年「瑞士國際私法」、1992年「羅馬尼亞國際私法」、1995年「義大利國際私法」、1998年「喬治亞關於調整國際私法之法律」、1999年「斯洛維尼亞關於國際私法與國際訴訟之法律」、2004年「比利時國際私法」、2005年「保加利亞國際私法」、2007年「斯洛伐克關於國際私法與國際民事訴訟規則之法律」、2007年「馬其頓關於國際私法之法律」、2007年「土耳其關於國際私法與國際民事程序法之法律」、2013年「蒙特內哥羅關於國際私法之法律」等），但此畢竟為少數，大多數的大陸法系國家對於國際裁判管轄法則並未直接加以規範，這些對於國際裁判管轄法則並未直接加以規範的國家，多依據其內國民事訴訟法管轄法則之原理，來作為是否具有國際裁判管轄權的決定基準。我國除了「海商法」、「家事事件法」及「勞動事件法」中就國際裁判管轄設有個別性規定外，無論是「民事訴訟法」或「涉外民事法律適用法」，並無關於國際裁判管轄之一般性規定，故除了涉外載貨證券事件依「海商法」第78條第1項、涉外婚姻事件依「家事事件法」第53條、涉外親子關係事件依「家事事件法」第69條第1項準用同法第53條、涉外婚姻非訟事件依「家事事件法」第98條準用同法第53條、涉外勞動事件依「勞動事件法」第5條決定是否具國際裁判管轄權外，對於涉外民商事件中我國是否具有國際裁判管轄權，自以參酌德、日等大陸法系國家國際裁判管轄權決定之方法為適宜。

　　德、日等大陸法系國家決定法院是否具有國際裁判管轄權，乃依自己認為合目的或適當的規定來決定，這些合目的或適當的規定，乃是內國民事訴訟法之管轄法則。然而內國民事訴訟法管轄法則係規範純內國事件的，對於與純內國事件本質不同的涉外事件，不宜完全依據內國民事訴訟法管轄法則之原理，來作為決定國際裁判管轄權的標準，而應根據涉外事件之特質做相對應的調整，應無反對之音，但究應如何調整以及調整多少，則為眾說紛紜（逆推知說、類推適用說、利益衡量說、新類型說）

的關鍵之點。眾說對決定國際裁判管轄權的意見，從方法論上可歸納為形式論與實質論二種方法，形式論之方法失之死硬、缺乏彈性，但得以維護法安定性，而實質論之方法則失之繁雜、缺乏標準，但較符具體妥當性，二者各有所本亦各有所短。惟，若考量大陸法系法官對成文之法律條文的依賴，未提供任具體判斷標準的諸實質論方法，運用風險較高，因此諸形式論方法雖有失之具體妥當性的缺失，但於現階段仍屬必要，蓋「經過法安定性與具體妥當性的相互妥協」後的修正式形式論方法（調合方法），比起大陸法系法官所不熟悉之「著重具體妥當性」的諸實質論方法，所能發揮的功用更大。因此，以修正類推適用說（管轄分配說或法理說）為基礎，並以利益衡量說加以調合之調合方法，不失為調合法安定性與具體妥當性之適當國際裁判管轄權決定方法。蓋修正類推適用說原則上類推適用內國土地管轄的規定，法官對內國土地管轄規定的適用上相當熟悉，且內國土地管轄的規定可為當事人所預見，故法安定性得以維持；而於類推適用時，則從相關的管轄原因事實，就利益衡量的觀點，依「最低度接觸法則」與「合理公平原則」，就被告、原告、法院地三方之公、私利益，包括了法院地與被告間或法院地與訴訟標的間是否具充分牽連、證據方法是否集中、判決是否具實效性、被告應訴的負擔與保護身為弱勢者與被害者之原告等因素，以及法院地實踐國際公法上的基本人權價值這一特殊因素，將這些因素加以綜合判斷後，為類推適用、修正之類推適用或不類推適用，如此一來，具體妥當性亦得以兼顧。

　　我國法院實務對於決定涉外民商事件是否具有國際裁判管轄權，於2016年前尚未形成一致與穩定的決定基準，但2016年後我國法院（最高法院）實務似以修正類推適用說（管轄分配說或法理說）形成了一致與穩定的決定基準，此發展趨向殊值贊同。

　　在世界村已形成的今日，各國法院不以解決純內國事件為任務，同時亦須分擔起解決世界村所發生涉外事件之任務，因此各國法院不僅是國家的法院，亦是世界村的法院。基於此一體認，當一國法院受理涉外事件時，即應以世界村法院自居，於決定對涉外事件是否具有國際裁判管轄權時，須摒除僅以內國法院自居之國家主義的狹隘審理觀，而應以世界村法

院自居之普遍主義的國際審理觀，發揮世界村法院保障世界村私法生活安全之目的。如此一來，始能充分實踐國際私法作爲跨國法（transnational law）或世界法（world law）的本來意義。

※本章之內容，主要爲「國際裁判管轄權的決定基準——總論上方法的考察，台北，政大法學評論，第94期，2006年12月，頁267-334」一文，經修正、刪校、增補而成爲本章。

第二章

民事訴訟法第3條於涉外案件之運用──最高法院93年度台抗字第176號民事裁定評析

壹、案例事實及裁定要旨概述

一、案件事實

　　原告爲我國法人甲公司（作者按：以下之當事人名稱以甲、乙、丙、丁之代稱改寫之），向我國台灣台北地方法院對主營業所設於美國維吉尼亞州之被告美國法人乙公司，起訴請求因債務不履行之損害賠償。系爭契約係存在於被告乙與主營業所設於美國加州之訴外人美國法人丙公司之間，原告甲公司主張因被告乙公司違反系爭契約應依約支付訴外人丙公司20萬美元之罰金（合新台幣352萬8,000元整），而訴外人丙公司已將該債權讓與原告甲公司。而在提起本件訴訟以前，原告甲公司已就被告乙公司對主營業所設於我國台北的另一訴外人丁公司之債權新台幣355餘萬元進行假扣押執行在案。被告乙公司則抗辯我國法院對本件訴訟並不具國際裁判管轄權。

二、法院裁定要旨

　　一審的台灣台北地方法院認爲，系爭契約之準據法爲美國法、系爭契約之當事人均爲外國法人、被告在我國並無事務所、被告被扣押之財產與我國並無牽連關係，倘由我國法院調查，無異增加當事人及我國法院訴

訟之負擔，對被告訴訟權之保護，亦非周延，而由我國法院管轄，無論於調查證據或訴訟程序之進行，將無端耗費我國法院之勞力、時間與費用，對法院地納稅人之負擔，亦不公平，故認為我國法院對本件訴訟不具國際裁判管轄權，以92年度訴字第1164號民事裁定駁回原告之訴。對於一審法院裁定，原告甲公司向二審的台灣高等法院提出抗告。而台灣高等法院認為，系爭契約之債務履行地業經契約當事人乙公司以及丙公司約定為「台北縣汐止市」，依「民事訴訟法」第12條之規定，我國法院具有國際裁判管轄權，對當事人並無不公平且有利於將來債之履行，故以92年度抗字第2194號民事裁定廢棄原裁定。對於二審法院裁定，被告乙公司向三審的最高法院提出再抗告。

　　最高法院於裁定理由中謂：「……（前略）本件再抗告人係外國法人，屬涉外事件，惟吾國涉外民事法律適用法並無法院管轄之規定，故就具體事件受訴法院是否有管轄權，應依吾國民事訴訟法管轄之規定定之。……（下略）」並據此認定：「按對於在中華民國現無住所或住所不明之人，因財產權涉訟者，得由被告可扣押之財產或請求標的所在地之法院管轄。被告之財產或請求標的如為債權，以債務人住所或該債權擔保之標的所在地，視為被告財產或請求標的之所在地，民訴法第3條定有明文。再抗告人（作者按：即被告）乙公司對訴外人丁公司有應收帳款債權355萬3,036元，經相對人（作者按：即原告）甲公司聲請台北地院民事執行處發執行命令予以扣押，而丁公司設址於台北市信義區松仁路○○號○○樓，有台北地院91年度裁全字第10578號民事裁定、同院民事執行處通知及丁公司陳報狀在卷可稽，台北地院對於本件訴訟自有管轄權。……原法院以本件雖屬涉外事件，惟吾國法院對之有管轄權，爰以裁定將台北地院所為裁定廢棄，經核於法並無違誤。再抗告意旨，指摘原裁定此部分不當，聲明廢棄，非有理由。」故以93年度台抗字第176號民事裁定，一方面廢棄二審法院所為移送訴訟於台灣士林地方法院之裁定，另一方面維持了為二審法院所廢棄之一審法院裁定駁回原告之訴之裁定。

貳、問題意識

　　按內國民事訴訟土地管轄與涉外民事訴訟國際裁判管轄爲不同層次的問題，後者爲前者之前提，前者相對於後者乃爲下位關係，亦即一國法院就涉外私法案件應先決定該國法院對該案件是否具有國際裁判管轄權（英文：international adjudicatory jurisdiction；德文：internationale Zuständigkeit；法文：compétence internationale），當確定具有國際裁判管轄權後，法院方能繼而決定由該國的何一法院爲土地管轄。然而，無論是內國土地管轄抑或是國際裁判管轄，二者乃具類同之決定標準，亦即皆以與法院地間的「牽連」（nexus）作爲決定標準，以大陸法系國家言，係以「被告與法院地間的牽連」（defendant-court nexus）以及「訴訟標的法律關係和法院地間的牽連」（claim-court nexus）作爲決定標準，前者可決定內國民事訴訟對被告之普通審判籍與涉外民事訴訟對被告之「一般管轄權」（general jurisdiction）[1]，後者可決定內國民事訴訟對

---

[1]　此處「一般管轄權」（general jurisdiction）與「特別管轄權」（specific jurisdiction）的概念分類與我國學說與實務所引用法國學說將國際裁判管轄區別爲「一般管轄」（compétence générale）與「特別管轄」（compétence spéciale）的概念分類有別。按法國學說"compétence générale"與"compétence spéciale"的概念分類乃指就某一涉外私法案件應依"compétence générale"決定應由何國法院管轄後，再依"compétence spéciale"決定應由該國之何一法院管轄，故於此概念分類下"compétence générale"即爲涉外民事訴訟國際裁判管轄，"compétence spéciale"即爲內國民事訴訟土地管轄。然近年來爲了防止國際裁判管轄權衝突所訂立的國際裁判管轄法則國際公約或草案，諸如1968年「民事及商事事件之裁判管轄權與判決執行公約」（Convention on Jurisdiction and the Enforcement of Judgments in Civil And Commercial Matters，簡稱爲「布魯塞爾公約」，此公約並於2000年12月22日經歐盟理事會規則化成爲「2000年12月22日關於民事及商事事件之裁判管轄權與判決執行的歐洲共同理事會規則」Council Regulation (EC) No.44/2001 of 22 December 2000 on Jurisdiction and the Enforcement of Judgments in Civil And Commercial Matters，簡稱爲「布魯塞爾規則Ⅰ」Brussels Ⅰ Regulation，後於2012年12月12日由「2012年12月12日關於民事及商事事件之裁判管轄權與判決執行的歐洲議會與理事會規則」Regulation (EC) No. 1215/2012 of the European Parliament

被告之特別審判籍[2]與涉外民事訴訟對被告之「特別管轄權」（specific jurisdiction）。大陸法系國家皆有民事訴訟法之制定，因此對於內國民事訴訟土地管轄皆有成文法可供依循，然而涉外民事訴訟之國際裁判管轄，傳統上少有直接明文規定者[3]，由於內國土地管轄與國際裁判管轄皆以與

---

and of the Council of 12 December 2012 on jurisdiction and the recognition and enforcement of judgments in civil and commercial matters所取代，簡稱為Brussels Ⅰ bis Regulation，並已於2015年12月12日起適用，Brussels Ⅰ bis Regulation為現行之規則，故以下仍簡稱「布魯塞爾規則Ⅰ」）以及歐洲法院與美國聯邦最高法院，並不採取"compétence générale"與"compétence spéciale"的概念分類，而係採取"general jurisdiction"與"specific jurisdiction"的概念分類。按"general jurisdiction"與"specific jurisdiction"的概念分類，乃是依內國民事訴訟法之管轄法則，若該國某一法院具被告之普通審判籍或特別審判籍時，則反映出該國法院對該涉外私法案件具國際裁判管轄權，基於普通審判籍所反映出的國際裁判管轄權為「一般管轄權」，基於特別審判籍所反映出的國際裁判管轄權則為「特別管轄權」。本來"compétence générale"與"compétence spéciale"以及"general jurisdiction"與"specific jurisdiction"的概念分類並無絕對地優劣，然而若從國際裁判管轄的問題本質觀之，"general jurisdiction"與"specific jurisdiction"的概念分類較"compétence générale"與"compétence spéciale"的概念分類，對國際裁判管轄權的決定較具實益，蓋國際私法或國際民事訴訟法須解決之裁判管轄權問題，為國際社會上分擔裁判某一涉外私法案件任務之最適法院地為何處之問題，亦即決定法院地國（或法域），至於法院地國（或法域）決定後應由該國何一法院裁判，為內國民事訴訟法的問題，並非國際私法或國際民事訴訟法之任務，從而另創實質上等同於內國民事訴訟法上法院的土地管轄分配問題之"compétence spéciale"概念，對國際裁判管轄權的決定，並不能起任何實質功用，更何況「布魯塞爾公約」與「布魯塞爾規則Ⅰ」皆採取"general jurisdiction"與"specific jurisdiction"的概念分類，"compétence générale"與"compétence spéciale"的概念分類於國際社會並不具普遍性。故本章基於功能性以及國際社會上之普遍性考量，採取"general jurisdiction"與"specific jurisdiction"的概念分類。

[2] 大陸法系之特別審判籍，係以訴訟標的法律關係或訴訟事件的類型來決定其和法院地間的牽連性，而美國法上對非法院地居民之被告的「對人訴訟裁判管轄權」（in personam jurisdiction or personal jurisdiction or jurisdiction over the person）之基礎，則是建立在「被告和法院地間的牽連」上，此乃大陸法系之裁判管轄構造與美國法之裁判管轄構造的根本上差異之處。

[3] 但是近年來，大陸法系立法例上已逐漸採取於國際私法典明文規定國際裁判管轄法則

法院地間的「牽連」作為決定標準，故德、日等大陸法系國家乃依自己認為合目的（zweckmäßig）或適當（angemessen）之內國民事訴訟土地管轄的原理，來決定涉外民事訴訟之國際裁判管轄。

　我國為大陸法系國家，雖然我國法律中有國際裁判管轄之個別性規定（「海商法」第78條第1項涉外載貨證券事件之國際裁判管轄、「家事事件法」第53條涉外婚姻事件之國際裁判管轄、「家事事件法」第69條第1項準用第53條涉外親子關係事件之國際裁判管轄、「家事事件法」第98條準用第53條涉外婚姻非訟事件之國際裁判管轄、「勞動事件法」第5條涉外勞動事件之國際裁判管轄），然而現行「民事訴訟法」與「涉外民事法律適用法」中並無關於國際裁判管轄法則之一般性規定，基於法律體制的類同性，我國國際裁判管轄的法律體系，自以參酌民事訴訟管轄法則體例相近的德、日等大陸法系國家為適宜，亦即我國法院應依「合目的或適當之內國民事訴訟土地管轄的原理」，來決定我國法院對涉外私法案件之國際裁判管轄權。然而，何謂「合目的或適當之內國民事訴訟土地管轄的原理」？此問題誠為決定涉外私法案件國際裁判管轄權的核心問題，而此問題可衍生出二具體內涵，包括「如何得出合目的或適當之內國民事訴訟土地管轄的原理」，以及「合目的或適當之內國民事訴訟土地管轄原理之具

之方式，例如：1989年「瑞士國際私法」、1992年「羅馬尼亞國際私法」、1995年「義大利國際私法」、1998年「喬治亞關於調整國際私法之法律」、1999年「斯洛維尼亞關於國際私法與國際訴訟之法律」、2004年「比利時國際私法」、2005年「保加利亞國際私法」、2007年「斯洛伐克關於國際私法與國際民事訴訟規則之法律」、2007年「馬其頓關於國際私法之法律」、2007年「土耳其關於國際私法與國際民事程序法之法律」、2013年「蒙特內哥羅關於國際私法之法律」。至於德國，「德國民事訴訟法」（ZPO）就國際裁判管轄法則本未直接規定，但於1986年修正時，則有若干條文明文規定國際裁判管轄法則，例如：第606a條規定，對婚姻事件，一方配偶現為德國人或於結婚時曾經為德國人者、雙方當事人在內國有慣常居所者、一方配偶為無國籍人而在內國有慣常居所者、一方配偶在內國有慣常居所者（但將為之裁判依配偶之一方所屬國法顯然不被承認者，不在此限），德國法院具有管轄權；第640a條規定，對親子事件，當事人之一方為德國人者、當事人一方在內國有慣常居所者，德國法院具有管轄權。

體內容爲何」二者。最高法院93年度台抗字第176號民事裁定中，最高法院即認定「民事訴訟法」第3條爲「合目的或適當之內國民事訴訟土地管轄的原理」，因此作出了我國法院對本件訴訟具有國際裁判管轄權且應由被告財產所在地之台北地方法院爲土地管轄之結論，然而同一案件之下級審法院，一審法院卻作出我國法院無國際裁判管轄權、二審法院之我國法院具有國際裁判管轄權但應由台灣士林地方法院爲土地管轄的與最高法院不同之結論，究其原因，乃因審理的三級法院對於「如何得出合目的或適當之內國民事訴訟土地管轄的原理」之看法不同，因此採取了三種不同的決定國際裁判管轄之總論上方法，而得出三種不同結論，由此可知我國法院實務對於涉外私法案件國際裁判管轄權的決定，至今尚未形成一致與穩定的決定基準。對於「如何得出合目的或適當之內國民事訴訟土地管轄的原理」（國際裁判管轄權的決定基準）此一國際裁判管轄總論的問題，由於國內文獻討論已豐[4]，故本章不將討論重心置於此，而本章之重心，乃評析最高法院93年度台抗字第176號民事裁定所認定「民事訴訟法」第3條爲「合目的或適當之內國民事訴訟土地管轄的原理」的見解是否妥適，此

---

[4] 諸如（依出版時間由先至後，以下註釋參考文獻有二以上者，亦同）：蘇遠成，國際私法，台北，五南書局，1993年11月5版，頁130-131；邱聯恭，司法現代化之要素，收於氏著，司法之現代化與程序法，台北，作者自版，1994年4月再版，頁98-102；陳啓垂，民事訴訟之國際管轄權，台北，法學叢刊，第166期，1996年4月，頁75-86；林秀雄，國際裁判管轄權——以財產關係案件爲中心，收於劉鐵錚教授六秩華誕祝壽論文集編輯委員會主編，國際私法理論與實踐——劉鐵錚教授六秩華誕祝壽論文集（一），台北，學林文化公司，1998年9月初版，頁119-135；蔡華凱，國際裁判管轄總論之研究——以財產關係訴訟爲中心，嘉義，中正法學集刊，第17期，2004年10月，頁1-85；吳光平，涉外財產關係案件的國際裁判管轄權，台北，法學叢刊，第166期，2007年4月，頁57-106；馬漢寶，國際私法——總論各論，台北，翰蘆圖書公司，2014年8月3版，頁187-193；何佳芳，國際裁判管轄上之特別情事原則——從日本新法談起，台北，華岡法粹，第60期，2016年6月，頁65-90；王欽彥，國際裁判管轄之方法論區辨，台北，台北大學法學論叢，第106期，2018年6月，頁49-89；劉鐵錚、陳榮傳，國際私法論，台北，三民書局，2018年8月修訂6版，頁626-627；柯澤東著、吳光平增修，國際私法，台北，元照出版公司，2020年10月6版，頁305-307。

一問題乃是屬於「合目的或適當之內國民事訴訟土地管轄原理之具體內容為何」之國際裁判管轄各論的問題。

參、檢討與評析

一、決定國際裁判管轄之總論上方法對以民事訴訟法第3條作為國際裁判管轄依據之影響

　　從比較國際私法或國際民事訴訟法之角度言，國際裁判管轄法則之規範形式，有明文規定、參考內國民事訴訟管轄法則得出、法院依個案以方法定之等三種形式。理論上，未以成文法直接明文規定國際裁判管轄法則之國家，可以採取參考內國民事訴訟管轄法則得出或法院於個案以方法定之[5]這二種形式來決定國際裁判管轄權，但這對大陸法系國家言，就陷入了兩難，蓋採取參考內國民事訴訟管轄法則的形式論，得維護法安定性但失之具體妥當性，採取法院於個案以方法定之的實質論，符合具體妥當性但失之法安定性，故而有折衷論之提出，但是折衷論卻也為二說折衷之比例與程度而有不同主張，致使決定國際裁判管轄之總論上方法的學說呈現百家爭鳴。最高法院93年度台抗字第176號民事裁定中，三級法院各自的裁定理由，對決定國際裁判管轄之總論上方法的歧異，提供了相當好之適例：一審法院、二審法院及三審法院分別採取了「不拘泥」於內國實證

---

[5] 英美法系依此形式定之，例如英國法以「合理性原則」（effectiveness）與「實效性原則」（voluntary submission）之方法決定，美國法以「最低度接觸法則」（minimum contacts）與「合理公平原則」（reasonableness and fairness）之方法決定。有關美國法上裁判管轄權之決定，參閱：陳隆修，國際私法管轄權評論，台北，五南書局，1986年11月初版，頁97-184；蔡華凱，美國涉外民事訴訟之對人管轄總論，收於陳長文教授六秩華誕祝壽論文集編輯委員會主編，超國界法律論集，台北，三民書局，2004年11月初版，頁267-297；吳光平，美國國際私法選法方法論與裁判管轄權法則之簡析，台北，法令月刊，第56卷第7期，2005年7月，頁33-39。

的民事訴訟法規範之「利益衡量說」、「參酌」內國實證的民事訴訟法規範之「修正類推適用說」，以及「完全」依內國實證的民事訴訟法規範之「逆推知說」三種不同立場，此導致一審法院之我國法院無國際裁判管轄權、二審法院之我國法院具有國際裁判管轄權但應由台灣士林地方法院管轄，以及三審法院之我國法院具有國際裁判管轄權但應由被告財產所在地之台北地方法院管轄等三種不同結論。

採取實質論作為決定國際裁判管轄之總論上方法者，如「利益衡量說」、「新類型說」等，並不受內國實證民事訴訟法規範之拘束，故不以內國民事訴訟土地管轄之規範作為國際裁判管轄之依據。採取形式論與折衷論者，雖受內國實證民事訴訟法規範之拘束，但因「完全依循」、「參酌」等受拘束程度的不同，會影響到以內國民事訴訟土地管轄規範作為國際裁判管轄依據之嚴格度。以本章所探討的「民事訴訟法」第3條而言：若採取「逆推知說」[6]與「單純類推適用說」[7]，則因國際裁判管轄權由「民事訴訟法」第3條逆推知決定，或直接類推適用「民事訴訟法」第3條決定，國際裁判管轄依據「完全」嚴格地依內國民事訴訟土地管轄規範，受內國實證民事訴訟法規範拘束之程度最高；「修正類推適用說」（又稱

---

[6] 「逆推知說」主張，從內國民事訴訟法有關土地管轄之規定，即可推知是否具國際裁判管轄權，蓋內國民事訴訟法土地管轄之規定乃具「雙重機能性」（Doppelfunktionalität），此說於德國稱為「雙重機能理論」（Doppelfunktionalität Zuständigkeit）。參閱：池原季雄、平塚眞「涉外訴訟における裁判管轄」実務民事訴訟講座（6）——涉外訴訟、人事訴訟（1978年），頁11；林秀雄，前揭註4文，頁124；蔡華凱，前揭註4文，頁17-19。然此說之最主要缺點為，以內國土地管轄之存在來逆推知國際裁判管轄權存否，其邏輯上有本末倒置之嫌。

[7] 「單純類推適用說」主張，內國民事訴訟法或國際民事訴訟法並無不同，故於實證法中無關於國際裁判管轄權明文規定之情形下，應直接類推適用內國民事訴訟法有關土地管轄的規定。然此說之最主要缺點為，因應本質不同之處不宜直接類推適用而須為合目的之修正時，無法依國際裁判管轄之總論上方法，運用一個適用於整體判斷基準的彈性機制，排斥與涉外民事訴訟本質不合的管轄依據，為符合具體妥當的調整，否定法院的國際裁判管轄權。

「管轄分配說」或「法理說」）[8]，由於類推適用「民事訴訟法」第3條時，應考量內國民事訴訟與涉外民事訴訟之差異，依裁判之公平、有效、經濟與當事人間平等待遇等國際民事訴訟法之法理而做部分之修正類推適用，且亦可將法院地國未加入的國際裁判管轄權法則國際公約納為國際民事訴訟法之法理而做部分之修正類推適用，以內國民事訴訟土地管轄規範作為國際裁判管轄依據時，可根據內國民事訴訟與涉外民事訴訟本質上的差異為「彈性調整」，受內國實證民事訴訟法規範之拘束較為寬鬆。

　　由上述可知，決定國際裁判管轄之總論上方法，會對以「民事訴訟法」第3條作為國際裁判管轄依據時，產生不同的結果。內國民事訴訟與涉外民事訴訟確實存有本質上重要差異（二者差異以「民事訴訟法」第3條之運用為例，詳見下述），內國民事訴訟之當事人為同國人，系爭法律關係、訴訟程序與結果所涉及的範圍限於一國之內，內國民事訴訟之裁判機能係由同一國家之法院加以分攤，而涉外民事訴訟當事人多為不同國籍之人，系爭法律關係、訴訟程序與結果所涉及的範圍超越一國，涉外民事訴訟之裁判機能係由歷史、法律、語言、宗教、倫理觀等均不同之各國際間協力分擔，故對當事人之程序保障，更會隨著內國民事訴訟與涉外民事訴訟之不同而有不同的嚴格度。就此以言，「修正類推適用說」較「逆推知說」與「單純類推適用說」更能因應以內國民事訴訟土地管轄規範作為國際裁判管轄依據時，根據內國民事訴訟與涉外民事訴訟之本質上差異所

---

[8]　「修正類推適用說」主張，內國民事訴訟與涉外民事訴訟存有重要差異，故類推適用內國民事訴訟法時，應考量內國民事訴訟與涉外民事訴訟之差異，依裁判之公平、有效、經濟與當事人間平等待遇等國際民事訴訟法之法理為部分之修正類推適用，且亦可以法院地國未加入的國際裁判管轄法則國際公約為國際民事訴訟法之法理而為部分之修正類推適用，從而內國民事訴訟法土地管轄之規定經依國際民事訴訟法之法理而為部分的修正類推適用者，該內國民事訴訟法土地管轄之相關規定不過為國際裁判管轄法則的一部分，法院地國未加入的國際裁判管轄法則國際公約，亦為國際裁判管轄法則的內容。參閱池原季雄、平塚眞，前註6，頁13-14；木棚照一、松岡博、渡邊惺之，國際私法概論（1998年），頁247-248；林秀雄，前揭註4文，頁125；蔡華凱，前揭註4文，頁19-20、49-51、76-77。

爲之彈性調整。但「裁判之公平、有效、經濟與當事人間平等待遇等國際民事訴訟法之法理」作爲彈性調整的標準，過於抽象，實際運用時應如何具體化？本章以爲，可以「利益衡量說」作爲修正類推適用內國實證民事訴訟法規範之論理依據[9]，若認爲類推適用內國實證民事訴訟法規範亦能符合當事人之利益或公共利益時，自有類推適用之可能，若無內國實證民事訴訟法規範得以類推適用時，則只有依據「利益衡量說」以決定對該涉外私法案件是否具有國際裁判管轄權，而於利益衡量時，則利用美國法上「最低度接觸法則」（minimum contacts），就內國土地管轄規定所呈現的牽連關係強度判斷是否已達於具有國際裁判管轄權時所要求的「充分牽連」，並依「合理公平原則」（reasonableness and fairness）綜合考量被告、原告、法院地三方之公、私利益，得出類推適用、修正之類推適用或不類推適用之結論[10]。本章以下即以此方法，檢證「民事訴訟法」第3條作爲國際裁判管轄之依據。

---

[9]　考量到大陸法系成文法的法制傳統因而使大陸法系國家的法官對成文之法律條文有較深的依賴，未提供任具體判斷標準的諸實質論方法，恐有運用上的風險，因此諸形式論方法雖有失之具體妥當性的缺失，但於現階段仍屬必要，因爲「經過法安定性與具體妥當性的相互妥協」後的修正式形式論方法，比起大陸法系國家法官所不熟悉之「著重具體妥當性」的諸實質論方法，所能發揮的功用更大。此種以形式論爲基礎，輔之以實質論調合之方法，可稱爲調合論。

[10]　我國法上國際裁判管轄法律體系之建立，雖然應以德、日等大陸法系國家國際裁判管轄之法律體系爲體，亦應以美國法之「最低度接觸法則」與「合理公平原則」爲用，蓋若觀察德、日等大陸法系國家國際裁判管轄法律體系的發展軌跡，無論「內國牽連性」的要求（德國）抑或「特別情事原則」（特段の事情論）的提出（日本），皆符合美國聯邦最高法院於1945年 *International Shoe Co. v. Washington* 案所提出「爲了使非在法院地領域內的被告服從於以對人訴訟裁判管轄權爲基礎所爲之判決，『正當程序條款』要求，訴訟之維持，須被告與法院地間存在有無害於『傳統上公平與實質正義概念』的『最低度接觸』」（Due process requires only that in order to subject a defendant to a judgment in personam, if he be not present within the territory of the forum, he have certain minimum contacts with it such that the maintains of the suit does not offend "traditional notions of fair play and substantial justice."）所確立的「最低度接觸法則」與「合理公

二、民事訴訟法第3條射程距離之比較 —— 內國民事訴訟與涉外民事訴訟之類同與差異

　　我國「民事訴訟法」第3條：「（第1項）對於在中華民國現無住所或住所不明之人，因財產權涉訟者，得由被告可扣押之財產或請求標的所在地之法院管轄。（第2項）被告之財產或請求標的如為債權，以債務人住所或該債權擔保之標的所在地，視為被告財產或請求標的之所在地。」規定[11]，以在我國現無住所或住所不明之被告可扣押之財產或請求標的所在地法院具特別審判籍，其立法意旨為「判決實效性」，蓋以被告可扣押財產或請求標的所在地之法院為管轄法院，能方便將來的強制執行，保護債權人之原告，且以此地之法院為管轄法院，亦能便利原告的起訴[12]。「判決實效性」是建構法院管轄制度的重要考量因素，無論內國民事訴訟土地管轄抑或涉外民事訴訟國際裁判管轄皆然，蓋從判決之迅速、經濟觀點，「判決實效性」與原告的利益有極大關係，特別是在給付判決之情形，若為能迅速、經濟地實現給付判決內容之地，對原告的利益有較佳的保障，故而「判決實效性」乃是內國民事訴訟土地管轄與涉外民

平原則」，而有鑑於此等「充分接觸」、「衡量被告、原告、法院地三方之公、私利益」之理念於美國發展已久、討論與判決闡釋亦豐，因此在既有之大陸法系民事訴訟體制上，兼採美國法的經驗，如此即能收相輔相成之效。

[11] 我國「民事訴訟法」第3條之規定乃繼受自「德國民事訴訟法」第23條，其規定如下：
(1) Für Klagen wegen vermögensrechtlicher Ansprüche gegen eine Person, die im Inland keinen Wohnsitz hat, ist das Gericht zuständig, in dessen Bezirk sich Vermögen derselben oder der mit der Klage in Anspruch genommene Gegenstand befindet. (2) Bei Forderungen gilt als der Ort, wo das Vermögen sich befindet, der Wohnsitz des Schuldners und, wenn für die Forderungen eine Sache zur Sicherheit haftet, auch der Ort, wo die Sache sich befindet.

[12] 參閱：陳榮宗、林慶苗，民事訴訟法（上），台北，三民書局，2004年3月修訂3版，頁134；陳計男，民事訴訟法論（上），台北，三民書局，2014年1月修訂6版，頁43；呂太郎，民事訴訟法論，台北，元照出版公司，2016年3月初版，頁11；姜世明，民事訴訟法（上），台北，新學林出版公司，2016年9月5版，頁86。

事訴訟國際裁判管轄皆須考慮者，從而著眼於「判決實效性」之「民事訴訟法」第3條，運用於涉外民事訴訟國際裁判管轄應可肯定，此乃基於內國民事訴訟與涉外民事訴訟之類同性。惟，「民事訴訟法」第3條因內國民事訴訟與涉外民事訴訟之本質上差異，射程距離隨之亦有差異。茲分述如下。

（一）類同性

　　所謂類推適用，乃是將法律針對某構成要件或多數彼此相類的構成要件而賦予之規則，轉用於法律所未規定而與前述構成要件相類的構成要件，轉用的基礎在於二構成要件在與法律評價有關的重要觀點上彼此相類，因此二者須做相同之評價，其核心即在於「與法律評價有關的重要觀點上彼此相類而須做相同之評價」。因此，國際裁判管轄是否類推適用內國土地管轄的相關規定，須視國際裁判管轄與內國土地管轄「與法律評價有關的重要觀點上是否彼此相類而須做相同之評價」。

規範內國土地管轄之「民事訴訟法」第3條的立法意旨乃「判決實效性」，而從國際裁判管轄的角度言，縱然因被告於其可扣押財產或請求標的所在地國無住所或慣常居所[13]（自然人）或主事務所或進行持續性商業活動地[14]（法人）（以下為行文篇幅之故，言及被告住所，即含括自

---

[13] 慣常居所（habitual residence）作為國際裁判管轄依據之妥當性，於現今國際民事訴訟法的趨勢上乃受肯定。以「最低度接觸法則」觀之，基於居住的慣常性，被告於慣常居所地之「出現」（presence）顯較其他居所地頻繁，使慣常居所地於通常情形下與系爭案件具有充分牽連而符合「最低度接觸法則」；復以「合理公平原則」觀之，基於居住的慣常性，被告在其慣常居所地應訴甚為方便，且慣常居所地因亦為被告日常生活、經濟關係之主要發生地，常為訴訟標的原因事實之發生地，此時法院訊問證人、調查證據亦為便利，法院所為之判決亦較易於執行而具實效性。故以慣常居所地為國際裁判管轄依據，應為妥當。我國法則可以法理援用慣常居所地作為國際裁判管轄依據。

[14] 持續性商業活動地（regular business operations）為法人日常商業活動關係之發生地，常為訴訟標的原因事實之發生地，故如同慣常居所地之於自然人，以持續性商業活動

然人被告之住所或慣常居所，以及法人被告之主事務所或持續性商業活動地），使該國法院不具「一般管轄權」，但以被告可扣押財產或請求標的所在地國法院具「特別管轄權」，對進行跨國訴訟的原告而言，由於獲勝訴判決時即可就被告之財產強制執行，此時因裁判國與執行國為同一國，判決自然甚具實效性，此對債權人之原告甚為便利，不必承擔勝訴判決不被承認與執行的風險，故以被告可扣押財產或請求標的所在地作為國際裁判管轄之依據，「法律評價的重要觀點」與「民事訴訟法」第3條之規定完全相同，從而「民事訴訟法」第3條之規定，可類推適用於國際裁判管轄權之決定[15]。職是，被告在我國現無住所或住所不明，而在外國有住所時，我國法院本無「一般管轄權」，惟如可扣押財產或請求標的在我國時，我國法院即具有「特別管轄權」[16]，其中因可扣押財產位於法院地所產生的裁判管轄權，可稱為「扣押管轄」（forum arresti。日文稱「差押管轄」；英文稱「查封管轄」attachment jurisdiction；德文稱「財產的審判籍」Vermögensgerichtsstand）。

（二）差異性

　　雖然基於「判決實效性」，無論是內國民事訴訟抑或是涉外民事訴訟，皆可以被告可扣押財產或請求標的所在地之法院為管轄法院，前者為

地作為國際裁判管轄依據，應屬妥當（以「最低度接觸法則」與「合理公平原則」分析，類同於前揭註對慣常居所地的分析，於此不贅述）。惟持續性商業活動之意義如何，美國法的解釋可供借鏡，端視該法人是否「經常性地及有計畫性地於法院地營業」（regular and systematic dealing），亦即由「繼續性」（continuous）與「計畫性」（systematic）二要素所構成，具體的判斷標準如：是否於法院地有辦公室、代表、職員、財產、銀行帳號、倉庫、廣告電話簿登錄等。我國法則可以法理援用持續性商業活動地作為國際裁判管轄依據。

15 參閱：蘇遠成，前揭註4書，頁134；林秀雄，前揭註4文，頁131；劉鐵錚、陳榮傳，前揭註4書，頁630。

16 但是若被告於我國有住所，而可扣押財產或請求標的亦位於我國時，我國法院同時具有「一般管轄權」與「特別管轄權」，自不待言。

適用「民事訴訟法」第3條，後者為類推適用「民事訴訟法」第3條，但「民事訴訟法」第3條於二者之運用卻有遠近不同之射程距離。按「民事訴訟法」第3條係在決定我國法院的土地管轄，以分配內國民事訴訟之裁判機能為其主要任務，而著眼於保障我國債權人之利益，我國被告於我國現無住所或住所不明者，使原告無法至對被告具有普通審判籍之法院起訴，如此無異於剝奪原告的訴訟權，故基於「程序的保障」，讓原告於被告可扣押財產或請求標的所在地之法院起訴，而此地之法院於訊問證人、收集證據等證據方法上因限於一國之內故不致發生困難，且有利於身為債權人之我國原告[17]迅速、經濟地實現判決內容，對原告利益有較佳的保障，復因內國民事訴訟之訴訟程序與結果涉及的範圍限於一國之內，縱使訴訟對被告有所不便，但終究限於一國之內，故被告之「程序保障」須較遷就於原告（債權人）利益之維護，二者間之緊張關係尚不至於達到架空被告之「程序保障」的程度。

　　但民事訴訟法若運用於國際裁判管轄時，則不能拘泥於內國民事訴訟法僅保障內國或內國人民之利益的國家主義理念，蓋國際社會併存著多樣內容的法秩序，為了確保國際社會之法安定性，各國法院應基於國際間之協力而分擔國際上私法案件之裁判機能，不應偏重程序法的嚴格性與劃一性[18]，故國際裁判管轄應立於普遍主義的觀點[19]，分配國際社會上各國法院之裁判機能，其所重視者乃各國法院在裁判機能能否公平、有效、

---

[17] 須加說明的是，此處之我國原告乃指具有我國國籍之原告，而本文之所以強調我國原告，乃因「民事訴訟法」第3條之立法意旨為「判決實效性」以期能保障我國債權人之利益，故而將「民事訴訟法」第3條運用於涉外案件之場合，保障身為債權人之我國原告自為討論重心。當然，於涉外訴訟之場合，原告有可能為我國人也有可能為外國人，而將「民事訴訟法」第3條運用於決定涉外案件國際裁判管轄權時，並無原告為我國人之前提要件。

[18] 參閱石黑一憲，国際民事訴訟法（1996年），頁134。

[19] 我國學說，參閱：邱聯恭，前揭註4書，頁98；林秀雄，前揭註4文，頁123。日本學說，參閱：澤木敬郎，「国際私法と国際民事訴訟法」国際民事訴訟法の理論（1987年），頁15；山田鐐一，国際私法（1988年），頁396。

經濟地進行國際上私法案件之審理。以「民事訴訟法」第3條運用於國際
裁判管轄言，請求標的所在地國法院之國際裁判管轄與被告可扣押財產所
在地國法院之國際裁判管轄須分別觀察。前者因請求標的所在地乃為原告
對之主張權利之物（例如：請求交付某物）或其主張之權利（例如：確認
屬於原告債權或其他權利）的現在地，此地與訴訟直接相關而具有直接牽
連，故由該國法院為國際裁判管轄應能公平、有效、經濟地進行國際上私
法案件之審理，此時被告之「程序保障」雖亦遷就原告（債權人）利益之
維護，但直接牽連可保證被告被訴之可預測性，故不至於使被告之「程序
保障」被架空，從而「民事訴訟法」第3條於此可完全類推適用。後者允
許原告在被告可扣押財產所在地之法院起訴於我國現無住所或住所不明之
他國被告，雖有利於身為債權人之我國原告，但原告卻不必然能迅速、經
濟地實現判決內容，蓋訴訟當事人多為法律、語言、宗教、倫理觀不同之
國家的人，系爭法律關係、訴訟程序與結果所涉及的範圍亦超越一國，法
院於訊問證人、收集證據等證據方法較為不易，且被告須至地理遠隔的我
國應訴，不但不便且多所勞費，此會對被告造成的極大負擔，致使被告之
「程序保障」有被架空之虞，尤有進者，當勝訴判決於我國法院執行不能
滿足原告之債權時，對被告具「一般管轄權」之外國法院不必然會承認與
執行該判決，此時我國法院的判決根本不具實效性，「民事訴訟法」第3
條「判決實效性」、保障我國債權人利益之功能反而無用武之地。因此，
「民事訴訟法」第3條中由被告可扣押財產所在地法院管轄之規定運用於
國際裁判管轄時，須立基於各國法院在裁判機能公平、有效、經濟地進行
國際上私法案件之審理的普遍主義觀點，藉由「被告於法院地國可扣押財
產之價值須相當於訴訟標的之價值」且「被告於法院地國可扣押之財產須
與原告之請求具有直接牽連」（詳見下三、四所述）之要求，限制「民事
訴訟法」第3條中由被告可扣押財產所在地法院管轄之規定於國際裁判管
轄之運用，以同時確保「判決實效性」功能之發揮及被告「程序保障」之
不被架空，保障原告被告雙方之權益。由此可知，「民事訴訟法」第3條
中由被告可扣押財產所在地法院管轄之規定運用於涉外民事訴訟國際裁判
管轄時，其射程距離顯較其適用於內國民事訴訟土地管轄時為小。

三、被告於法院地國可扣押財產之價值與訴訟標的之價值是否須具有相當性？

由於「法律評價的重要觀點」與內國民事訴訟土地管轄相類，故「民事訴訟法」第3條中由被告可扣押財產所在地法院管轄之規定，可類推適用於國際裁判管轄權之決定，但基於內國民事訴訟與涉外民事訴訟之本質差，須進一步依「最低度接觸法則」與「合理公平原則」加以檢驗，以決定究為完全之類推適用，抑或為修正之類推適用，而首須檢討者，乃被告於我國（法院地）可扣押財產之價值與訴訟標的之價值是否須具有相當性的問題。若答案為肯定，則類推適用「民事訴訟法」第3條時，可不問可扣押財產之價值貴重與否，只要被告可扣押財產位於我國，我國法院即具有國際裁判管轄權；若答案為否定，則須視被告可扣押財產之價值與訴訟標的之價值是否須相當，而修正類推適用「民事訴訟法」第3條。此一問題，由於最高法院93年度台抗字第176號民事裁定採取「逆推知說」作為決定國際裁判管轄之總論上方法，故得出由「民事訴訟法」第3條可推知我國法院具有國際裁判管轄權的結論，此方法無須考量被告可扣押財產之價值與訴訟標的之價值是否須相當。但如此結論，會產生荒謬結果，例如：被告A國人於我國無住所亦未有任何財產，但於過境我國時遺留iPhone一具在我國，我國原告因新台幣5,000萬元之載貨證券（裝貨港或卸貨港非為我國港口）向我國法院起訴，此時逆推知（或單純類推適用）「民事訴訟法」第3條（被告財產iPhone一具於我國）承認我國法院具有國際裁判管轄權，縱我國法院判決原告勝訴，A國法院亦不承認與執行，而該判決於我國執行，亦因iPhone與5,000萬元之載貨證券價值相差懸殊，而對原告之債權無實益，此時我國法院的判決根本不具實效性。

以「合理公平原則」為利益衡量觀之，倘被告於我國可扣押財產之價值與訴訟標的價值不相當，縱使我國法院判決原告勝訴，該勝訴判決於我國執行亦因被告於我國可扣押財產之價值與訴訟標的價值相差懸殊，而對原告之債權無實益，此時我國法院的判決根本不具實效性，我國法院在裁判機能並不能有效、經濟地進行涉外民事訴訟之審理，更何況僅因被告途

經某國時無意間所遺留之價值微不足道的財產，卻使該國法院可爲國際裁判管轄，被告根本無從預測因此被訴，此將使被告須至對其而言不方便的法院應訴，不但不便且多所勞費，致被告可能蒙受程序上不利益（包括因程序之進行所支出的勞力、時間、費用）與可能獲致實體上利益（因抗辯原告權利之主張所可能獲致之利益）失衡而不合採算，此時被告實際上難爲攻擊防禦而未受應有之「程序權保障」，如此裁判機能的分配未免輕重失衡，故無限制地承認此種可扣押財產所在地國際裁判管轄權之情形，實已構成「過度管轄」（exorbitant jurisdiction）。

　　因此，「民事訴訟法」第3條「判決實效性」之立法意旨雖然與內國土地管轄及國際裁判管轄「法律評價的重要觀點」相合，但其中由被告可扣押財產所在地法院管轄之規定適用於內國土地管轄，乃係立足於保障我國債權人利益之國家主義理念，故射程距離較遠，運用於國際裁判管轄時，則須立足於合理分配國際社會上各國法院裁判機能的普遍主義理念，故而須縮短其射程距離。從而，當被告可扣押財產之價值與訴訟標的之價值顯不相當時，將「民事訴訟法」第3條類推適用於國際裁判管轄實已構成「過度管轄」，故應認爲此時即不得類推適用之[20]，如此看法亦爲德國[21]與日本[22]若干學說所贊同。

---

[20] 同一見解請參閱邱聯恭，前揭註19書，頁101-102；李後政，外國法院確定裁判之承認要件及效力之問題，收於國際私法研究會叢書編輯委員會主編，國際私法論文集——慶祝馬教授漢寶七秩華誕，台北，五南書局，1996年9月初版，頁191；林秀雄，前揭註4文，頁132。

[21] Jan Kropholler, Internationale Zuständigkeit, in: Handbuch des Internationalen Zivilverfahrensrechts, Bd. I, 1982, S. 328.

[22] 參閱石黑一憲，前註18，頁136-137。

四、被告於法院地國可扣押之財產與原告之請求是否須具有直接牽連？

其次須檢討者，乃縱使被告於我國（法院地）可扣押財產之價值與訴訟標的之價值相當，被告於我國（法院地）可扣押之財產與原告之請求（訴訟標的）間是否須具有直接牽連之問題。若答案爲肯定，則須被告於我國可扣押財產之價值與訴訟標的之價值相當，且被告於我國可扣押之財產與原告之請求間具有直接牽連者，我國法院方具有國際裁判管轄權，此時爲「民事訴訟法」第3條的修正類推適用；若答案爲否定，則只要被告於我國可扣押財產之價值與訴訟標的之價值相當，縱然被告於我國可扣押之財產與原告之請求間不具有直接牽連，我國法院仍具有國際裁判管轄權，此時亦爲「民事訴訟法」第3條的修正類推適用[23]。關於此一問題（由於最高法院93年度台抗字第176號民事裁定採取「逆推知說」作爲國際裁判管轄之總論上方法，自然得出我國「民事訴訟法」第3條可適用於國際裁判管轄之結論，而無須考量被告於我國可扣押財產之價值與訴訟標的之價值是否須相當，以及被告於我國可扣押之財產與原告之請求間是否具有直接牽連），比較法之發展頗爲成熟，故以下即以比較法的經驗爲檢討與分析，並提出本文的見解。

（一）比較法的經驗

在「扣押管轄」之場合，被告於我國（法院地）可扣押之財產與原告之請求間是否須具有直接牽連，英美法系之美國與大陸法系之德國的態度，巧合地循著同一軌跡發展——從否定到肯定。茲分述如下：

---

[23] 採取此否定見解者，「民事訴訟法」第3條受限制之程度較採取肯定見解時受限制之程度爲輕，其射程距離自較採取肯定見解時爲遠。

1. 美國

(1) 1905年 *Harris v. Balk* 案 [24]

關於裁判管轄權 [25] 的決定，美國法院早期基於著名美國衝突法學者Joseph Story「屬地主義」的觀點，採取「所在權力理論」（presence power theory），只要訴訟標的位於法院地，則法院對該當事人或特定物即具有裁判管轄權，蓋此時法院對當事人或特定物具有「物理上權力」（physical power），故對人訴訟裁判管轄權以1877年 *Pennoyer v. Neff* 案確認「只要被告在法院地能受法院送達者，或基於被告自願出庭者，法院即具有對人訴訟的裁判管轄權」（... determination of the personal liability

---

[24] 198 U.S. 215 (1905).

[25] 英美法系國家之民事訴訟區分為「對人訴訟」（actions in *personam*）、「對物訴訟」（actions in *rem*），而美國法上更有「準對物訴訟」（actions *quasi in rem*），此與大陸法系國家之民事訴訟僅對人有很大的不同。對人訴訟者，法院就當事人間權利義務關係之爭執（controversies involving personal obligations）加以決定，而法院對此爭執之決定並只及於爭執之當事人間的一種訴訟類型；對物訴訟者，法院就位於法院地內之物的所有權（ownership）或控制力（control）加以決定，而法院對此之決定並及於全世界（the whole world）的一種訴訟類型；至於準對物訴訟為美國法所獨有，其為法院決定特定人對於位於法院地特定物的權利（the rights of particular persons in specific property），但與對物訴訟不同的是，法院對於位於法院地特定物之決定只及於當事人間而不及於他人（對物訴訟則及於他人the rights of the entire world in that specific property），其與對人訴訟不同的是，其不能決定當事人間權利義務關係（對人訴訟則為決定當事人間權利義務關係the rights and duties of the parties and the power to bind parties personally）。準對物訴訟有二類：第一類為決定特定人對位於法院地特定物的權利為內容之準對物訴訟（jurisdiction to affect title of particular claimants），此時較類似對物訴訟；第二類為若是因法院無對人訴訟之裁判管轄權，但被告於法院地有財產且原告對被告位於法院地財產聲請假扣押為內容之準對物訴訟（quasi in rem jurisdiction to enforce in personam claim），此時較類似對人訴訟。GENE R. SHREVE & PETER RAVEN-HANSEN, UNDERSTANDING CIVIL PROCEDURE 28-9 (2d ed. 1994); see also RICHARD L. MARCUS, MARTIN H. REDISH & EDWARD F. SHERMAN, CIVIL PROCEDURE: A MODERN APPROACH 698-9 (4th ed. 2005).

of the defendant, he must brought within its jurisdiction by service of process within the state, or his voluntary appearance.），對物訴訟裁判管轄權（in rem jurisdiction）或準對物訴訟裁判管轄權（quasi in rem jurisdiction）則以1905年*Harris v. Balk*案確認只要特定物位於法院地法院就具有裁判管轄權。

　　*Harris v. Balk*案，原告Harris與被告Balk均為北卡羅萊納州（North Carolina，以下簡稱為「北卡州」）人，Harris於1896年向Balk借款180美元，而訴外人Epstein為馬里蘭州（Maryland）人，其主張對Balk有344美元之債權。同年Harris因商務之故至馬里蘭州旅行，Epstein遂向法院聲請對Harris發出扣押Balk對Harris之金錢債權的命令（an order of condemnation）。Harris回到北卡州後，透過律師對該扣押金錢債權之命令認諾，並在Epstein因此取得對第三債務人Harris之勝訴判決後，向Epstein清償其所積欠Balk之180美元。但嗣後Balk則在北卡州法院對Harris起訴請求返還借款180美元，Harris抗辯其在前訴中已履行馬里蘭州法院所命之給付，主張該判決應為北卡州下級審法院所尊重並且拘束Balk。北卡州法院認為由於該筆債權之所在地並未隨著Harris在馬里蘭州之短期滯留而移至馬里蘭州，仍係存在於北卡州，馬里蘭州法院並無管轄權可對該債權加以扣押，從而駁回了Harris之抗辯而判決Balk勝訴。Harris向北卡州最高法院上訴，但北卡州最高法院仍維持原判，Harris因而上訴美國聯邦最高法院。

　　聯邦最高法院認為，當第三債務人（Harris）在該州境界內出現且親自受送達，則債務人（Balk）自己即得在該州法院對其訴請返還借款，而債權人（Epstein）亦得藉由該州所設之扣押程序，就債務人對第三債務人之債權加以扣押並進而收取，故馬里蘭州法院對扣押該筆Balk對Harris之債權具有裁判管轄權，從而北卡州法院之判決應予廢棄。由此可知，聯邦最高法院採取「所在權力理論」來決定裁判管轄權，蓋Balk對Harris之債權（訴訟標的）位於馬里蘭州，馬里蘭州法院對於位於法院地之訴訟標的具有「物理上權力」，自具有裁判管轄權。

(2) 1977年*Shaffer v. Heitner*案 [26]

*Harris v. Balk*案對於對物訴訟裁判管轄權或準對物訴訟裁判管轄權所揭示的「所在權力理論」，維持了超過七十年，但隨著*Pennoyer v. Neff*案對於對人訴訟裁判管轄權所揭示的「所在權力理論」於1945年遭到*International Shoe Co. v. Washington*案（以下簡稱為*International Shoe*案）以「最低度接觸法則」修正後，單以物之所在作為裁判管轄之依據，其合憲性亦隨即為之動搖。直至1977年*Shaffer v. Heitner*案，美國聯邦最高法院將*International Shoe*案所揭示「最低接觸法則」擴張適用於準對物訴訟或對物訴訟，以「所在權力理論」決定對物訴訟裁判管轄權或準對物訴訟裁判管轄權的基準，遭到了修正。

*Shaffer v. Heitner*案，原告Shaffer基於德拉瓦州Greyhound公司之股東身分，以違反忠實義務為由，於德拉瓦（Delaware）州法院對該公司及28名董事及經理人提起股東代表訴訟（shareholder's derivative action），但由於某些被告並非德拉瓦州人，德拉瓦州法院對之並不具有對人訴訟裁判管轄權，而依德拉瓦州法，公司股份之所在地（presence）為公司主事務所所在地，故原告於起訴之同時，對其中21名非德拉瓦州人之董事所有Greyhound公司股票及選擇權聲請發出扣押命令（order of sequestration）。雖該21名遭扣押股票之被告，抗辯依*International Shoe*案所建立之標準，渠等與德拉瓦州並無足夠之接觸得使德拉瓦州法院具有裁判管轄權，但德拉瓦州下級審法院駁回被告無裁判管轄權之抗辯。被告繼續上訴到德拉瓦州最高法院，惟德拉瓦州最高法院，認為由於該州法院對本案的裁判管轄權，乃植基於被告於州境內可扣押財產之準對物訴訟裁判管轄權，而非對人訴訟裁判管轄權，故不受*International Shoe*案所建立標準之拘束，從而維持下級審法院的決定。Shaffer因而上訴美國聯邦最高法院。

聯邦最高法院指出，關於「無須考慮系爭紛爭、該財產所有人與法

---

[26] 443 U.S. 186 (1977).

院地間關係，只要財產在州境內出現，即足以使該州法院對關於該財產之權利行使裁判管轄權」之原則（*Harris v. Balk*案所揭示的「所在權力理論」），下級審法院已開始質疑，絕大多數學者亦主張準對物訴訟裁判管轄權的決定亦應受到*International Shoe*案所揭示「最低度接觸」及「傳統上公平與實質正義的原則」的制約[27]。聯邦最高法院接受此等看法，認為法院於對物訴訟之判決，最終仍將影響被告對該物所有之權益，而憲法第十四修正案「正當程序條款」（Due Process Clause）對被告所賦與之保護，勢不能因訴訟類型之區分而使裁判管轄權之決定有所不同，故為了正當化對物訴訟裁判管轄或準對物訴訟裁判管轄的依據，聯邦最高法院宣示必須具有充足之裁判管轄依據方對特定人在特定物上所有之權益具有裁判管轄權，並進而認定有無此正當性基礎的依據，正係*International Shoe*案所揭示「最低接觸法則」。聯邦最高法院更進一步指出，傳統之對物訴訟裁判管轄權以及決定特定人對位於法院地特定物的權利為內容之準對物訴訟裁判管轄權，由於該特定物與系爭法律關係均有直接之牽連關係，故原則上均可滿足「最低接觸法則」的要求，從而此等訴訟類型裁判管轄之合憲性，仍可於*International Shoe*案所揭示之標準下繼續維持。然而因法院無對人訴訟之裁判管轄權，但被告於法院地有財產且原告對被告位於法院地財產聲請假扣押為內容之準對物訴訟（即本案之情形），其裁判管轄會顯著地受到「最低接觸法則」要求之限制。質言之，當被告在州境內之財產與系爭訴訟完全欠缺任何牽連關係，單以該財產在州境內出現之事實，並不足以使法院對系爭案件為裁判管轄，故而當被告、系爭訴訟及法院地間缺乏其他之牽連，法院將不具有裁判管轄權。由於本案中，訴訟與被告的股份無關，且訴因為非法院地居民於法院地外之行為，故僅股份之所在地於法院地尚不能構成法院主張具有準對物訴訟裁判管轄權之「充分

---

[27] *See*, e.g., Arthur T. von Mehren & Donald T. Trautman, *Jurisdiction to Adjudicate: A Suggested Analysis*, 79 HARV. L. REW. 1121 (1966); Roger Traynor, *Is This Conflict Really Necessary?*, 37 TEXAS L. REW. 657 (1959); Albert A. Ehrenzweig, *The Transient Rule of Personal Jurisdiction: The "Power" Myth and Forum Conveniens*, 65 YALE L. J. 289 (1956).

接觸」（sufficient contact），故而聯邦最高法院以違反憲法「正當程序條
款」爲由，廢棄德拉瓦州法院的判決，如此等於實質上廢止*Harris v. Balk*
案日後之拘束力，確立了此案之後，除了特定物須位於法院地外，尚須與
原告之訴有最低度接觸者，法院方具有裁判管轄權。

2. 德國

(1) Fried. Krupp G.m.b.H.事件

「德國民事訴訟法」（ZPO）第23條相當於我國「民事訴訟法」第3
條，然該條規定已被「布魯塞爾公約」第3條及2000年12月22日舊「布魯
塞爾規則Ⅰ」附件一（Annex Ⅰ）[28] 認定爲「過度管轄」而列入禁止適

---

[28] **ANNEX I**: Rules of jurisdiction referred to in Article 3(2) and Article 4(2)

The rules of jurisdiction referred to in Article 3(2) and Article 4(2) are the following:

- in Belgium: Article 15 of the Civil Code (Code civil/Burgerlijk Wetboek) and Article 638 of the Judicial Code (Code judiciaire/Gerechtelijk Wetboek);
- in Germany: Article 23 of the Code of Civil Procedure (Zivilprozessordnung),
- in Greece, Article 40 of the Code of Civil Procedure (Êþäéêáò Ðïëéôéêþò Äéêïíïìßáò);
- in France: Articles 14 and 15 of the Civil Code (Code civil),
- in Ireland: the rules which enable jurisdiction to be founded on the document instituting the proceedings having been served on the defendant during his temporary presence in Ireland,
- in Italy: Articles 3 and 4 of Act 218 of 31 May 1995,
- in Luxembourg: Articles 14 and 15 of the Civil Code (Code civil),
- in the Netherlands: Articles 126(3) and 127 of the Code of Civil Procedure (Wetboek van Burgerlijke Rechtsvordering),
- in Austria: Article 99 of the Court Jurisdiction Act (Jurisdiktionsnorm),
- in Portugal: Articles 65 and 65A of the Code of Civil Procedure (Código de Processo Civil) and Article 11 of the Code of Labour Procedure (Código de Processo de Trabalho),
- in Finland: the second, third and fourth sentences of the first paragraph of Section 1 of Chapter 10 of the Code of Judicial Procedure (oikeudenkäymiskaari/rättegångsbalken),
- in Sweden: the first sentence of the first paragraph of Section 3 of Chapter 10 of the Code of Judicial Procedure (rättegångsbalken),

用的名單，故與歐盟會員國國民間的訴訟，德國法院即不得依其民事訴訟法第23條為國際裁判管轄。但是若涉及與歐盟以外國家國民間的訴訟，德國法院仍可繼續依其民事訴訟法第23條為國際裁判管轄。但問題是，以被告可扣押財產所在地位於德國作為國際裁判管轄之依據，不但不受國際社會歡迎，更為德國自己帶來外交關係上的困擾。最著名者為1979年的Fried. Krupp G.m.b.H.事件。

1970年代末期因美國在伊朗德黑蘭大使館遭挾持而引發之美伊衝突中，美國與伊朗二國各自凍結其國家管轄可及之他方資產。於1979年，紐約之摩根信託公司（Morgan Guaranty Trust Company）於西德之「鋼鐵之都」埃森（Essen）對伊朗政府起訴，其所主張之國際裁判管轄依據，為伊朗政府對設於埃森之一家西德大型鋼鐵製造公司（Fried. Krupp G.m.b.H.）所握有25%的股權，屬於被告在西德可供扣押之財產，故依「德國民事訴訟法」第23條之規定，德國法院對本件訴訟乃具國際裁判管轄權。儘管該件訴訟與西德並無任何牽連關係，但西德法院認為依「財產的審判籍」（Vermögensgerichtsstand），其對本件訴訟具有國際裁判管轄權。但本事件中伊朗政府被扣押之股權，乃是伊朗為了強化與西德之外交關係而於1970年代支持西德蕭條之鋼鐵業所投資購置，西德法院對本件訴訟為國際裁判管轄的結果，直接引發了西德與伊朗二國外交關係之緊張。為此，西德政府甚至在政府公報中對此事件公開進行說明[29]。

(2) BGH 1991年7月2日判決（塞普勒斯建設公司案）

已有相當多德國學者，對於不論牽連關係而完全以「德國民事訴訟

- in the United Kingdom: rules which enable jurisdiction to be founded on:

(a) the document instituting the proceedings having been served on the defendant during his temporary presence in the United Kingdom; or

(b) the presence within the United Kingdom of property belonging to the defendant; or

(c) the seizure by the plaintiff of property situated in the United Kingdom.

[29] See ANDREAS F. LOWENFELD, INTERNATIONAL LITIGATION AND ARBITRATION 252 (2d ed. 2002).

法」第23條之「財產的審判籍」爲國際裁判管轄，提出批判，認爲此不但對被告不公平、增加德國法院無謂之負擔，同時亦鼓勵原告「任擇法院」（forum shopping）[30]，產生侵擾外交關係之風險[31]，甚至有德國學者主張該條破壞了「以原就被原則」（*actor sequitur forum rei*）、違反德國聯邦基本法應爲無效[32]，惟德國聯邦最高法院（Bundesgerichtshof，簡稱爲BGH）仍於1988年11月24日的判決（奧地利公司案）[33]中支持第23條「財產的審判籍」之合憲性。但於1991年7月2日的判決[34]，德國聯邦最高法院開始限縮第23條「財產的審判籍」運用於國際裁判管轄。

　　該案中，原告爲主事務所位於塞普勒斯首都的一間建設公司（訴外人）的實際負責人，訴外人塞普勒斯之建設公司與利比亞軍方締結價金爲2億2,100萬美金之利比亞的港灣設施建設的承攬契約，並事先收受了3,700萬美金的頭期款。訴外人利比亞之銀行基於訴外人塞普勒斯之建設公司的委任而爲此頭期款之保證人，而主事務所位於土耳其安卡拉，並於德國斯圖加特（Stuttgart）設有事務所之被告土耳其銀行，爲訴外人塞普勒斯之建設公司與訴外人利比亞之銀行間的保證人，爲了擔保被告的共同保證債務，訴外人塞普勒斯之建設公司在被告銀行存放2,000萬美金。1976年，利比亞政府與訴外人塞普勒斯之建設公司解除契約，並要求返還頭期款，訴外人利比亞之銀行基於保證契約而履行了該款項之清償，嗣後由被告以訴外人塞普勒斯之建設公司存放在被告的2,000萬美金支付於訴外人利比亞之銀行。對於被告向訴外人利比亞之銀行的給付，訴外人塞普勒斯之建設公司主張其違反保證契約上之約定，故於英國起訴請求被告返

---

[30] Friedrich Juenger, *Judicial Jurisdiction in the United States and in the European Communities: A Comparison*, 82 MICH. L. REV. 1195, 1204 (1984).

[31] See Kurt H. Nadelmann, *Jurisdictionally Improper For in Treaties on Recognition of Judgment: The Common Market Draft*, 67 COLUM. L. REV. 1014-15 (1967).

[32] Jochen Schröder, Internationale Zuständigkeit, 1971, S. 377, 402, 403.

[33] BGH, NJW 1989, S. 1431.

[34] BGH, NJW 1991, S. 3902, 3903.

還該2,000萬美金。訴外人塞普勒斯之建設公司主張該公司主要的董事或股東大多居住於英國，無法期待在土耳其能獲得公平的審理，故選擇在英國起訴，然被告抗辯土耳其才是審理本件訴訟最適當的法院地。英國高等法院接受被告的抗辯，援用「不便利法庭原則」（forum non *conveniens*）停止（stay）訴訟。後來原告從訴外人塞普勒斯之建設公司接受保證金返還請求權之讓與，於被告的資產所在地德國斯圖加特起訴請求保證金返還訴訟。地方法院（Landgericht）以被告在法院地之德國有可扣押財產為由，依「德國民事訴訟法」第23條「財產的審判籍」肯定德國法院就本件訴訟具有國際裁判管轄權，惟邦高等法院（Oberlandgericht）卻以被告於德國可扣押之財產和本件訴訟及法院地間欠缺牽連關係為由，否定了德國法院的國際裁判管轄權。原告因而上訴至德國聯邦最高法院。

聯邦最高法院指出，「德國民事訴訟法」第23條「財產的審判籍」對於財產額度或內國牽連關係未為任何限制，雖難謂其有違「德國聯邦基本法」與國際法，惟判例上對該條規定之極度擴張解釋，在國際間受到「過度管轄」之批評，尤其是「布魯塞爾公約」第3條已對此加以禁止。此外，回顧「德國民事訴訟法」第23條之立法沿革，該條規定當初之目的，係為保護居住於德國之債權人，故而對於在內國無住所之當事人間的紛爭，完全就第23條之條文解釋，以被告於內國可扣押財產為依據而為國際裁判管轄之結果，將造成「任擇法院」，此有違立法者原意。本案中，雖然被告可扣押之財產位於德國，但被告為土耳其銀行，原告雖有遷居法蘭克福之戶籍為證，惟資料顯示原告在英國以及塞普勒斯亦擁有住居所，原告於德國既無住所亦無慣常居所之事實無庸置疑，本案為在德國無住所之當事人間的紛爭，與德國的直接牽連關係應予否定[35]。因此，聯邦最

---

[35] 但德國聯邦最高法院卻又承認原告於德國之住居，將可填充其所要求之直接牽連關係。惟，德國聯邦最高法院此種看法是否妥當，不無疑義，蓋若是承認原告於法院地國之住居即可正當化以被告可扣押財產所在地作為國際裁判管轄之依據，仍為保護內國原告而罔顧對外國被告「程序保障」之狹隘國家主義，甚且將產生外國原告藉由將該債權讓與在法院地國住居之人，以使該國法院為國際裁判管轄之怪異現象。參閱黃

高法院維持高等法院之判決，認為德國法院對本件訴訟不具國際裁判管轄權，但聯邦最高法院表示雖然德國法院雖不具國際裁判管轄權，原告仍可至塞普勒斯或土耳其對被告進行訴訟。

（二）檢討與分析

　　從美國及德國法院實務的演變，可知「扣押管轄」被告於法院地國可扣押之財產與原告之請求間是否須具有直接牽連，美國及德國法院實務巧合地循著從否定到肯定之相同軌跡發展，而日本學界對此問題，雖否定見解為通說[36]，但肯定見解亦逐漸有力[37]。美國及德國法院實務見解之所以改變，係體認到「扣押管轄」倘被告於法院地可扣押之財產與原告之請求間不具有直接牽連，則無異鼓勵原告「任擇法院」，架空被告之「程序保障」，故透過直接牽連之要求，方能守護被告之「程序保障」。

　　上述美國及德國法院實務見解，實值吾人贊同。而依「最低度接觸法則」與「合理公平原則」為利益衡量，更可證諸要求被告於法院地國可扣押之財產與原告之請求間須具有直接牽連之正確性。按「民事訴訟法」第3條「判決實效性」之立法意旨雖然與內國土地管轄及國際裁判管轄「法律評價的重要觀點」相合，但其中由被告可扣押財產所在地法院管轄之規定，適用於內國土地管轄乃係立足於保障我國債權人利益之國家主義理念，非在為外國人間與我國無關之訴訟提供管轄法院，而該規定運用於國際裁判管轄時，雖亦有保護債權人之目的在其中，但卻必須以國際協調（international harmony）為前提，立足於普遍主義之合理分配國際社會上各國法院裁判機能的理念，蓋涉外私法案件的裁判常須經外國法院承認或

國昌，扣押財產作為行使國際民事管轄權之基礎──評最高法院九十三年度台抗字第一七六號裁定，台北，月旦法學雜誌，第124期，2005年9月，頁246。

[36] 參閱：池原季雄，「国際裁判管轄權」新実務民事訴訟講座（7）──国際民事訴訟、会社訴訟（1985年），頁29；小島武司、石川明編，国際民事訴訟法（1994年），頁46；木棚照一、松岡博、渡邊惺之，前註8，頁253。

[37] 參閱松岡博，国際取引と国際私法（1993年），頁16-18。

執行，若一國法院以保障該國債權人利益之狹隘國家主義理念[38]，就與外國被告於該國可扣押財產無直接牽連的該國原告請求爲國際裁判管轄，則其過度擴張國際裁判管轄權的不合理現象必導致他國反彈，使外國法院對該國法院的裁判以不承認或不執行的方式加以抵制，債權人縱獲得我國法院之勝訴判決，亦無從藉由外國法院對勝訴判決的承認或執行實現其債權，保護債權人之目的反而無從達成，「判決實效性」成爲空言。此外，被告於法院地國可扣押之財產與原告之請求間無直接牽連時，法院於訊問證人、收集證據等證據方法上乃有困難，於該國進行訴訟並無法使紛爭獲得最有效率之解決，所造成司法資源的浪費對法院地國並無利益，而僅以被告可扣押之財產爲基礎即強使被告對與該財產無任何牽連關係之引發訴訟的行爲至財產所在地應訴，此對被告而言實深受突襲且不便、不利，致被告可能蒙受程序上不利益與可能獲致實體上利益失衡而不合採算，此時被告實際上難爲攻擊防禦而未受應有之「程序權保障」，如此之裁判機能分配未免輕重失衡，而已該當「過度管轄」。故正如同美國聯邦最高法院於1980年*World Wild Volkswagen Corp. v. Woodson*案[39]所指出「『最低度接觸法則』具有二個相關但可區別的功能，一是確立被告與法院地間是

---

[38] 國家主義乃以本國或本國人民之利益爲中心，決定其本國之國際裁判管轄權，亦即以國家主義爲基本觀點出發，故其特徵爲擴張本國之國際裁判管轄權，以保護本國或本國國民之利益，亦即內國保護主義。「法國民法」第14條：「外國人，縱未居住於法國境內，就其與法國人在法國境內締結之契約債務，而於法國法院被起訴；而就外國人於法國境外所負對法國人之契約債務案件，亦得移送至法國法院。」（L'étranger, même non résident en France, pourra être cité devant les tribunaux français, pour l'exécution des obligations par lui contractées en France avec un Français; il pourra être traduit devant les tribunaux de France, pour les obligations par lui contractées en pays étranger envers des Français.）與第15條：「法國人民得就其於國外承擔之契約債務，於法國法院被起訴，縱相對人爲外國人亦然。」（Un Français pourra être traduit devant un tribunal de France, pour des obligations par lui contractées en pays étranger, même avec un étranger.）之規定，即屬此主義之展現。

[39] 444 U.S. 286 (1980).

否具有接觸，另一則是保障被告能拒絕去遙遠的或不方便的法院應訴之負擔」（It protects the defendant against the burdens of litigating in a distant or inconvenient forum.）[40]，惟有透過直接牽連之要求，方能爲被告之被訴可預測性提供保證，確保被告之「程序保障」不被架空。職是，我國法院實應參考美國1977年*Shaffer v. Heitner*案所建立「被告財產除了須位於法院地外，尚須與原告之訴有最低度接觸者，法院方具有裁判管轄權」，以及德國1991年7月2日塞普勒斯建設公司案「被告於德國可扣押之財產和本件訴訟及法院地間須具有牽連關係」之見解，限制「民事訴訟法」第3條中由被告可扣押財產所在地法院管轄之規定於國際裁判管轄之運用，以同時確保「判決實效性」功能之發揮以及被告「程序保障」之不被架空，保障原告被告雙方之權益[41]。

肆、結論

「判決實效性」是建構法院管轄制度的重要考量因素，無論內國民事訴訟土地管轄抑或涉外民事訴訟國際裁判管轄皆然，以「判決實效性」爲立法意旨之規範內國土地管轄的「民事訴訟法」第3條，於國際裁判管轄

---

[40] 美國聯邦最高法院於1987年*Asahi Metal Industry Co. v. Superior Court*案中，亦指出：「當最低度接觸建立時，通常原告的利益以及法院具有裁判管轄權將證明加諸於外國被告的訴訟責任爲正當。」（When minimum contacts have been established, often the interests of the plaintiff and the forum in the exercise of jurisdiction will justify even the serious burdens placed on the alien defendant.）480 U.S. 114 (1987).

[41] 國內學說與本文看法相同（肯定說）者尚有：李後政，前揭註20文，頁191；陳長文，外國判決之承認——從歐盟「布魯塞爾判決公約」及美國「對外法律關係整編」評析民事訴訟法第四〇二條，收於劉鐵錚教授六秩華誕祝壽論文集編輯委員會主編，國際私法理論與實踐——劉鐵錚教授六秩華誕祝壽論文集（一），台北，學林文化公司，1998年9月初版，頁236-237；黃國昌，前揭註35文，頁245-246。至於否定說之見解，請參閱林秀雄，前揭註4文，頁132。

法則無明文規定之情形下，運用於涉外民事訴訟國際裁判管轄應可肯定，此乃基於內國民事訴訟與涉外民事訴訟之類同性。

「民事訴訟法」第3條所建立之法院管轄分為請求標的所在地之法院管轄與被告可扣押財產所在地之法院管轄二種情形：前者運用於國際裁判管轄，因請求標的所在之我國與訴訟直接相關而具有直接牽連，由我國法院為國際裁判管轄應能公平、有效、經濟地進行國際上私法案件之審理，「民事訴訟法」第3條於此可完全類推適用；後者運用於國際裁判管轄，雖有利於身為債權人之我國原告，但要求外國被告至地理遠隔的我國應訴，對被告不便且多所勞費，會造成的極大負擔，致使被告之「程序保障」有被架空之虞，且當勝訴判決於我國法院執行不能滿足原告之債權而須至外國法院執行時，若外國法院不承認與執行該判決，我國法院的判決根本不具實效性，「民事訴訟法」第3條「判決實效性」、保障我國債權人利益之功能反無用武之地，「民事訴訟法」第3條於此完全類推適用之不當甚明，此由比較法上，無論是美國1977年*Shaffer v. Heitner*案或德國1991年7月2日塞普勒斯建設公司案，甚至「布魯塞爾公約」第3條以及「布魯塞爾規則Ⅰ」附件一均明確地否定此一國際裁判管轄依據的正當性亦可知悉，故為了確保「判決實效性」功能之發揮以及被告「程序保障」之不被架空，應藉由「被告於法院地國可扣押財產之價值須相當於訴訟標的之價值」且「被告於法院地國可扣押之財產須與原告之請求具有直接牽連」，限制「民事訴訟法」第3條中由被告可扣押財產所在地法院管轄之規定於國際裁判管轄之運用。須注意者，此限制係為修正「民事訴訟法」第3條中，由被告可扣押財產所在地法院管轄之內國土地管轄的規定與涉外民事訴訟本質不合之多餘射程距離，但當外國被告無任何住所或住所不明者，此時因無具「一般管轄權」之國家法院，若仍堅持此限制則無異剝奪原告之訴訟權，成為法官拒絕正義的荒謬窘境，故於此種極端情形應例外去除此限制，完全類推適用「民事訴訟法」第3條中由被告可扣押財產所在地法院管轄之規定[42]，而此時我國法院所具之國際裁判管轄權

---

[42] 相同看法，請參閱黃國昌，前揭註35文，頁246。

爲「國際緊急管轄權」（Internationale Notzuständigkeit，或稱「剩餘管轄權」competence résiduelle、「必要管轄權」jurisdiction of necessity）之性質 [43]。

　　最高法院93年度台抗字第176號民事裁定，裁定理由中未具體斟酌該案件中被告於我國可扣押財產之價值與訴訟標的之價值是否相當，以及被告於我國可扣押之財產與原告之請求間是否具有直接牽連，直接依我國「民事訴訟法」第3條逆推知認定我國法院具有國際裁判管轄權，顯未意識到此一國際裁判管轄依據之不合理性，亦悖離國際上關於此問題之趨勢，其見解之當否，實有斟酌之必要。我國法院採取此一國際裁判管轄權依據，表面上似乎對我國人民有利，蓋如此可便利我國債權人對外國被告在我國行使權利，然而以此一國際趨勢上認爲屬於「過剩管轄」而須禁止之國際裁判管轄依據，不但將使我國法院之此種判決不爲外國法院承認與執行，更將使我國人民面臨於外國遭受此一「過度管轄」之風險。亦即，當外國原告於該外國對我國人民起訴，外國法院以相同依據爲國際裁判管轄者，該外國原告取得勝訴判決而向我國法院請求承認與執行該外國判決時，由於我國「民事訴訟法」第402條第1項第1款採取「基準同一說」，自己亦承認此種不合理之國際裁判管轄權依據的我國法院，將無任何立場指摘該外國法院不具有國際裁判管轄權，而必須容認該外國原告在我國以該判決聲請宣告許可執行，此於我國人民及企業於海外置產或開設銀行帳戶已甚普遍之今日，承認此一國際裁判管轄依據，反而對我國人民更爲不利 [44]。

　　對此，本章提出如下建議供我國法院參考：一、應體認在世界村已形成的今日，各國法院不以僅解決內國案件爲任務，同時亦須分擔起解決世界村所發生涉外案件之任務，因此各國法院不僅是國家的法院，亦是世界村的法院，當受理涉外案件時，即應以世界村法院自居，於決定是否具有

---

[43] 有關「國際緊急管轄權」（或「剩餘管轄權」、「必要管轄權」）之原理，參閱吳光平，前揭註4文，頁105-106。

[44] 參閱黃國昌，前揭註35文，頁246-247。

國際裁判管轄權時，須摒除僅以中華民國法院自居之國家主義的狹隘審理觀，而以世界村法院自居之普遍主義的國際審理觀，實現世界村法院保障世界村私法生活安全之目的；二、決定國際裁判管轄之總論上方法，不宜採取由內國民事訴訟法土地管轄之規定逆推決定國際裁判管轄權的「逆推知說」，以免於逆推的過程中無法為合於國際協調及普遍主義的修正，致使逆推所得出的結論無法依內國民事訴訟與涉外民事訴訟間之本質差，調整內國民事訴訟法土地管轄之規定中不符合涉外民事訴訟本質之規定於國際裁判管轄之運用；三、涉外民事訴訟，須謹慎防止應訴不便削弱對外國被告之「程序保障」，故而國際裁判管轄權之決定應避免內國牽連性嚴格度不足之「過度管轄」，而對於「特別管轄權」管轄連繫因素之解釋，亦須極力避免與原告住所地管轄競合之結果，以防止「以原就被原則」遭到架空。

※本章之內容，主要為「民事訴訟法第三條於涉外案件之運用——最高法院九十三年度台抗字第一七六號裁定評析，台北，月旦法學雜誌，第151期，2007年12月，頁115-137」一文，經修正、刪校而成為本章。

第三章

國際合意管轄之效果
——從最高法院101年度台抗字第259號民事裁定談起

壹、案件事實及裁定要旨概述

一、案件事實

甲公司（我國法人）與訴外人乙公司（日本法人）分別於2007年7月20日及同年月6日分別簽署專利授權契約，乙公司同意免除對甲公司之專利侵權責任，並將相關於美國、德國、日本註冊之專利非專屬授權予原告，並約定於契約生效後分四期給付乙公司權利金，甲公司已給付第一至三期款項及第四期款中之美金250萬。甲公司於2008年間將電腦顯示器業務移轉予丙公司（我國法人），甲公司與乙公司之專利授權契約於2008年12月31日即已終止，但丁公司（盧森堡法人）竟於2010年5月21日主張其受讓乙公司之專利授權契約，以甲公司違約為由向美國北加州聯邦法院起訴請求甲公司給付美金540萬元。甲公司遂向我國智慧財產法院起訴請求確認被告乙公司對於原告甲公司美金540萬元之債權不存在。

原告主張：原告與乙公司簽訂之專利授權契約（以下簡稱為系爭契約）約定原告應將應支付之金額匯至乙公司指定之日本銀行，但原告有權扣抵依我國法應扣繳之稅額，可見系爭契約約定我國為債務履行地，類推適用「民事訴訟法」（以下簡稱為「民訴法」）第12條我國法院具有國際裁判管轄權，又系爭契約中雖有由美國地方法院管轄之合意管轄約定，但因非屬排他管轄，自無排除我國法院國際裁判管轄權之效力；被告在我國

無住居所，原告主張被告對於原告之債權不存在，而原告係被告之債務人，原告之住所係在我國，類推適用「民訴法」第3條我國法院具有國際裁判管轄權。

被告主張：原告於與乙公司之系爭契約中有由美國地方法院管轄之合意管轄約定，此約定有排除我國法院國際裁判管轄權之效力；系爭契約約定原告須將應支付之金額匯至乙公司指定之日本銀行，故債務履行地應為日本而非我國；扣繳稅額不過為納稅義務人依法應辦理之事項，與債務履行地完全無涉，不得因此謂我國為債務履行地而具有國際裁判管轄權。

二、法院裁定要旨

一審之智慧財產法院以99年度民專訴字第212號民事裁定認為，系爭契約中有由美國地方法院管轄之合意管轄約定，且未明文約定美國法院不具有排他之管轄，故應認美國法院有排他之國際裁判管轄權，又我國法院並非系爭契約之債務履行地，且原告既主張被告對其無債權存在，依其所訴之事實，原告即非債務人，不得認為我國法院為債務人住所地之法院，故我國法院不具有無國際裁判管轄權。

原告針對一審判決我國法院不具有無國際裁判管轄權之認定向二審提出抗告，而二審之智慧財產法院以100年度民專抗字第10號民事裁定以及三審之最高法院以101年度台抗字第259號民事裁定皆認為，系爭契約中縱有由美國地方法院管轄之合意管轄約定，但當事人間之合意亦僅存在於專利侵權之爭議，本件係因原告於台灣將電腦顯示器業務及資產全部讓與丙公司所生之爭議，屬單純之契約爭議，與專利無關，故本件債權不存在訴訟並無國際裁判管轄之合意，就原專利侵權所為國際合意管轄之約定，並不適用於本件訴訟。

貳、裁定所涉之國際合意管轄問題

　　涉外民事訴訟之國際合意管轄，除了「海商法」於第78條仿1978年「聯合國海上貨物運送公約」（United Nations Convention on the Carriage of Goods by Sea，簡稱為「漢堡規則」Hamburg Rules）所規定之法院管轄制度，由第1項：「裝貨港或卸貨港為中華民國港口者之載貨證券所生之爭議，得由我國裝貨港或卸貨港或其他依法有管轄權之法院管轄。」法院管轄之規定可推演出「海商法」原則上承認載貨證券「管轄法院條款」之效力[1]，以及「勞動事件法」第5條：「（第1項）以勞工為原告之勞動事件，勞務提供地或被告之住所、居所、事務所、營業所所在地在中華民國境內者，由中華民國法院審判管轄。（第2項）勞動事件之審判管轄合意，違反前項規定者，勞工得不受拘束。」於不違反第1項規定即承認勞動契約「管轄法院條款」之效力，載貨證券及勞動契約以外其他場合國際合意管轄之適用，法院實務乃參酌「民訴法」第24條：「（第1項）當事人得以合意定第一審管轄法院。但以關於由一定法律關係而生之訴訟為限。（第2項）前項合意，應以文書證之。」而容許之，例如最高法院64年度台上字第96號民事判決即為肯認國際合意管轄之早期判決。惟，「民訴法」所規定之合意管轄係適用於僅受一國司法權效力所及之內國民事訴訟，而國際合意管轄係適用於可能發生二或二以上國家司法權競合之涉外民事訴訟，甚至亦有可能生排除一國司法權之效果，故國際合意管轄尚非單純參酌「民訴法」第24條即可解決，國際合意管轄基於其涉外之本質所

---

[1]　「海商法」本項雖未直接對載貨證券「管轄法院條款」之效力為規定，但既規定「得」由我國法院管轄，而非「應」由我國法院管轄，可知我國「海商法」原則上承認載貨證券「管轄法院條款」之效力，僅於裝貨港或卸貨港為我國港口時，賦予原告得不受載貨證券「管轄法院條款」拘束之權利，故載貨證券上無外國法院管轄之「管轄法院條款」者，則得於我國起訴，更無問題。參閱柯澤東，程序正義——國際海運法同化之困境與展望，收於氏著，海商法修訂新論，台北，元照出版公司，2000年11月初版，頁283。

生於內國合意管轄之場合所無之管轄合意成立（實質要件及形式要件）之
準據法、所協議之管轄法院與特定法律關係間是否須有關聯性、管轄之合
意生選定管轄抑或是排除管轄之效果、所協議之管轄法院為外國法院時是
否須以該外國法院亦承認該合意管轄條款或該外國法院依法具有管轄權為
作為承認該合意管轄條款之條件等諸問題，即須特加斟酌，而此等國際合
意管轄須特加斟酌之特有問題，勢必須於「民訴法」第24條之外由法院實
務以判決補充之。以本件最高法院以101年度台抗字第259號民事裁定言，
雖然與二審裁定持相同見解，認為就原專利侵權所為國際合意管轄之約定
與本件債權不存在訴訟無關，故本件訴訟並不存在國際裁判管轄之合意，
然於裁定理由中則共同指摘一審裁定之依國際慣例合意管轄條款具有排他
性之見解，而認為合意管轄條款原則上不具有排他性，除非當事人間另有
專屬外國某一法院管轄或排除我國法院管轄之合意，亦即對於管轄之合意
係生選定管轄抑或是生排除管轄之效果，最高法院及二審法院採取與一審
法院完全不同之看法，單一之「民訴法」第24條自無從解決此一問題，必
須分從國際合意管轄之功能、國際裁判管轄權之積極衝突、對當事人之訴
訟權保障、比較法之趨勢等因素，綜合分析以得出解決方案。因此，本文
乃就最高法院本件裁定所引發國際合意管轄中管轄之合意生選定管轄效果
抑或排除管轄效果之問題，做一分析。

參、國際合意管轄效果之分析

一、國際合意管轄之類型與功能

　　合意管轄制度，無論是內國民事訴訟之合意管轄抑或是涉外民事訴
訟之國際合意管轄，便利性之功能為其受歡迎之主要原因，蓋藉由合意管
轄條款（或稱選擇法院條款forum selection clause）之約定，可以降低將
來訴訟時管轄法院之不確定性，尤其是在涉外民事訴訟之場合，由雙方以

協議定管轄法院，可以排除原告於任何一具有國際裁判管轄權之某國法院起訴之可能，此可大幅提高訴訟之確定性與可預期性，蓋固定管轄法院（forum fixing）之結果，不僅於爭執發生時，當事人可清楚地知悉應至何國法院訴訟，避免了確定國際裁判管轄之困難及爭議，且當事人對於訴訟程序、訴訟成本、應適用之法律甚至是訴訟之結果皆能加以預測，得預先計算訴訟之利益與風險，有助於去除當事人對於在不熟悉法院訴訟之恐懼，尤有進者，訴訟結果之可預期，更是有利於當事人對交易事項之全盤規劃，對國際貿易極有助益，此制度降低風險與成本之功能，對需為劃一交易內容之國際商人而言，非常重要，故國際商人於定型化契約中置入國際合意管轄條款者，屢見不鮮。

　　然上述國際合意管轄制度功能之發揮，會因國際合意管轄類型之差異而有程度上差別。按涉外訴訟事件，當事人以合意定管轄法院者，其合意內容可能會有二種不同面向：合意由某國法院管轄者，為「選定管轄」（porogatio），此即生創設原不具有國際裁判管轄權之某國法院予以國際裁判管轄權使之取得管轄權限之效果；合意排除某國法院管轄者，為「排除管轄」（derogatio），此即生排除原具有國際裁判管轄權之某國法院予以國際裁判管轄權使之喪失管轄權限之效果。此二種不同面向之是否結合運用，使國際合意管轄衍生出二次類型：為選定管轄且同時為排除管轄之合意者，除經選定之某國法院取得管轄權限外，其他依法本具有國際裁判管轄權之他國法院喪失管轄權限，此時僅經合意選定之某國法院具有管轄權限，倘原告向所合意選定之某國法院以外之他國法院起訴，他國法院應以不具國際裁判管轄權為由而駁回原告之訴，此種情形稱為「排他之國際合意管轄」或「專屬之國際合意管轄」，例如台灣人甲與法國人乙約定買賣契約之爭議「僅」由美國加州法院管轄，此一國際合意管轄使原不具有國際裁判管轄權之美國加州法院取得國際裁判管轄權，且因甲乙之合意選定由美國加州法院管轄，使依「以原就被原則」原先具有國際裁判管轄權之台灣法院或法國法院，喪失其國際裁判管轄權；為選定管轄且同時不為排除管轄之合意者，除經選定之某國法院取得管轄權限外，其他依法本具有國際裁判管轄權之他國法院仍具有管轄權限，此時至少二國法院之管

轄權限併存，故原告向所合意選定之某國法院起訴，固無疑義，但若其選擇向原即具有國際裁判管轄權之他國法院起訴，亦無不可，該他國法院仍得合法行使國際裁判管轄權，此種情形稱為「併存之國際合意管轄」或「非專屬之國際合意管轄」，例如台灣人甲與法國人乙約定買賣契約之爭議「得」由美國加州法院管轄，此一國際合意管轄使原不具有國際裁判管轄權之美國加州法院取得國際裁判管轄權，但依「以原就被原則」，台灣法院或法國法院原即具有國際裁判管轄權，此時美國加州法院、台灣法院或法國法院同時具有國際裁判管轄權。由上述可知，於排他之國際合意管轄，由於原告僅能於所合意之某國法院起訴，故管轄法院完全被固定於所合意之某國法院，訴訟之確定性與可預期性非常充分；於併存之國際合意管轄，由於原告仍可就所合意之某國法院以及其他依法本具有國際裁判管轄權之他國法院擇一起訴，故管轄法院僅部分被固定於所合意之某國法院，訴訟之確定性與可預期性較不充分。

二、國際合意管轄之效果及其分析

「排他之國際合意管轄」由於僅受合意選定之某國法院能專屬地行使國際裁判管轄權，原具有國際裁判管轄權之他國法院因當事人之合意選定而喪失其國際裁判管轄權，故原告已不具有起訴法院選擇權，因而能充分地發揮國際合意管轄制度訴訟確定性與可預期性之功能，更不會造成「國際裁判管轄權之積極衝突」（positive conflict of jurisdictions）；相對地，「併存之國際合意管轄」由於原不具有國際裁判管轄權之某國法院經由當事人之合意選定取得了國際裁判管轄權，但原即具有國際裁判管轄權之他國法院並不因之喪失國際裁判管轄權，故原告仍具有起訴法院選擇權，因而僅能部分發揮國際合意管轄制度訴訟確定性與可預期性之功能，且因其他依法本具有國際裁判管轄權之他國法院仍具有管轄權限，致使一方當事人作為原告向所合意選定之某國法院起訴後，他方當事人仍可作為原告向原即具有國際裁判管轄權之他國法院起訴，而造成「原被告逆轉型」之

「國際裁判管轄權之積極衝突」，故而「併存之國際合意管轄」實有造成「國際裁判管轄權之積極衝突」之隱憂也。

　　雖「併存之國際合意管轄」僅能部分發揮國際合意管轄制度訴訟確定性與可預期性之功能且有造成「國際裁判管轄權之積極衝突」之隱憂，但因管轄法院並未被固定在某國法院，原告仍具有起訴法院選擇權，故當事人可就地理遠隔否、語言隔閡之程度、金錢之花費、訴訟制度之差異性、實體法之規定對其有利否等因素綜合考量，決定至所合意選定之某國法院起訴，抑或是至其他依法本具有國際裁判管轄權之他國法院起訴，故而能對當事人提供較充分之訴訟權保障。反之，「排他之國際合意管轄」因管轄法院已被固定在所合意選定之某國法院，原告已不具有起訴法院選擇權，當事人只能至所合意選定之某國法院起訴，但若所合意選定之某國法院為對其較遠、較不便利之某國法院，有可能因起訴不便且多所勞費，致其可能蒙受程序上不利益與可能獲致之選法上利益及實體上利益 [2] 失衡而不合採算，而放棄起訴以主張權利，此形同是以「排他之國際合意管轄」架空當事人之訴訟權。而此種以「排他之國際合意管轄」架空當事人訴訟權之情形，於雙方當事人一方為強勢者而另一方為弱勢者之涉外民事訴訟事件尤為明顯，此乃由於強勢者多富訴訟所需經驗、知識之法務人員或法律顧問，致其可藉由事先擬定契約條款之機會，於契約中置入合意管轄條款，該條款中所定之管轄法院，乃是強勢者依其訴訟經驗或其法律資源所精心選擇，所選擇之管轄法院必然為強勢者較熟悉之法院，例如強勢者住居地（自然人：住所地或慣常居所地；法人：主事務所所在地或法人成立地）國法院，且其選擇法院時必然已就其程序利益、選法利益及實體利益做出精算而得出對其有利之結論；但弱勢者多缺乏訴訟遂行之經驗、知

---

[2] 獲致程序上利益或不利益之因素為：是否因程序之進行而須支出其可負擔或無力負擔之勞力、時間、費用；獲致選法上利益或不利益之因素為：因適用訴訟地衝突法則所擇定之準據法，該準據法為對其實體法上權利之主張是否有利某一國家實體法；獲致實體上利益或不利益之因素為：因實體法上權利之主張所可能獲致之利益或不利益。

識，亦不具充足之法律資源，對於強勢者於合意管轄條款中所定之管轄法院是否對其不利無從加以判斷，且合意管轄條款多係置入於附合契約中，弱勢者對此等契約之內容不具討價還價之能力，而只能附合於該契約之內容，致使對弱勢者不利之合意管轄條款成爲雙方之約定，如此結果形同由強勢者片面決定管轄法院，弱勢者毫無置喙餘地，倘該合意管轄條款更被強勢者定爲具有排除管轄之效果者，則弱勢者欲起訴強勢者，只能至由強勢者利用合意管轄條款所事先指定之對強勢者較近、較便利但對弱勢者較遠、較不便利之某國法院起訴強勢者，而弱勢者於其自身實質之弱勢地位、淺薄之經濟與法律資源的干擾下，利用程序制度本已有所困難，更在與「涉外成分」所帶來地理之遠隔、語言之隔閡、文字之不同、金錢之花費、訴訟制度之歧異等之交互作用下，對弱勢者利用程序制度之干擾將更爲嚴重，弱勢者終因起訴不便且多所勞費，致其可能蒙受程序上不利益與可能獲致之選法上利益及實體上利益失衡而不合採算，故而放棄起訴以主張權利。

三、國際合意管轄之控制

　　「併存之國際合意管轄」雖有造成「國際裁判管轄權之積極衝突」之隱憂，但因尚有解決國際裁判管轄權積極衝突之機制（英美法系採取「不便利法庭原則」forum non *conveniens*，大陸法系多採取「先繫屬原則」*lis abili pendens*）[3]可茲運用，故而無需憂慮，然「排他之國際合意

---

[3] 我國法上國際裁判管轄權積極衝突之解決機制，係「民訴法」第182條之2：「（第1項）當事人就已繫屬於外國法院之事件更行起訴，如有相當理由足認該事件之外國法院判決在中華民國有承認其效力之可能，並於被告在外國應訴無重大不便者，法院得在外國法院判決確定前，以裁定停止訴訟程序。但兩造合意願由中華民國法院裁判者，不在此限。（第2項）法院爲前項裁定前，應使當事人有陳述意見之機會。」之規定。有關本條之分析與評述，請參閱吳光平，涉外財產關係案件的國際裁判管轄權，台北，法學叢刊，第51卷第1期，2006年1月，頁100-105。

管轄」因形同架空當事人之訴訟權，無法有效保障當事人之訴訟權，故對
之不乏疑慮。然，由於「排他之國際合意管轄」甚至是整體之國際合意
管轄制度，一方面係當事人行使實體法上之處分權，合意將系爭標的（實
體私權）交由某一特定國家之法院審理，另一方面係當事人行使程序處分
權，合意借助於某一特定國家之法院訴訟程序的利用，避免蒙受因未爲管
轄合意前原先所應利用之其他國家法院訴訟程序而可能造成之程序上不利
益，再一方面係當事人行使衝突法上之處分權，合意借助於某一特定國家
之法院選法程序的進行，避免蒙受因未爲管轄合意前原先所應利用之其他
國家法院選法程序而可能造成之程序上不利益與實體上不利益，積極表彰
了崇尚私法自治、尊重當事人自由意願、尊重當事人行使處分權之精神，
故無須因相關疑慮即對之加以否定[4]，且實際上絕大多數國家與國際公約
對之亦未加否定，當僅就應以何種方式適當、合理地限制其適用以防止其
濫用爲是。就此以言，晚近立法例即基於保障弱勢當事人之訴訟權，於特
定涉外財產訴訟事件限制國際合意管轄之適用。例如於涉外勞動契約事
件，由於強勢之雇主常於勞動契約中置入合意管轄條款，雇主利用國際合
意管轄將其主導選擇管轄法院之優勢地位發揮至極致，形同架空了弱勢勞
工之訴訟權，故爲防止無限制之國際合意管轄爲雇主所濫用，「2012年
12月12日關於民事及商事事件之裁判管轄權與判決執行的歐洲議會與理

---

[4] 由於家事訴訟程序涉及國家社會之公益，故原則上以職權主義排擠與限制處分權主義
之適用（但此非絕對，仍須視個別事件類型而有所差異），合意管轄制度也因而原則
上被排除適用，從而於涉外家事訴訟事件即原則上排除國際合意管轄之適用，乃爲涉
外家事訴訟事件因原則上處分權主義之適用受職權主義排擠與限制之當然結論。我國
之內國家事訴訟事件乃是藉由「家事事件法」專屬管轄之規定排除合意管轄之適用，
但於適用或類推適用「家事事件法」以決定涉外家事訴訟事件之國際審判管轄時，由
於專屬管轄之規定原則上不在適用或類推適用之列，因此涉外家事訴訟事件之國際審
判管轄即無法以專屬管轄而排除國際合意管轄，而此時應認爲係基於國際民事訴訟法
之法理，涉外家事訴訟事件之國際審判管轄原則上無國際合意管轄之適用。關於家事
訴訟程序之法理支配，參閱姜世明，家事事件法論，台北，元照出版公司，2014年9月
3版，頁210-259。

事會規則」（Regulation (EC) No. 1215/2012 of the European Parliament and of the Council of 12 December 2012 on jurisdiction and the recognition and enforcement of judgments in civil and commercial matters，以下簡稱為「布魯塞爾規則 I」Brussels I bis Regulation）第23條：「本章之規定僅因下列情況之管轄協議而不適用：一、於爭議發生後所約定；或二、允許受僱人於本章所規定法院以外之其他法院起訴。」限制了國際合意管轄之適用，規定國際合意管轄僅於二情形方可排除本具有國際裁判管轄權之某國法院的管轄權限，蓋訴訟提起後，如有情事變更情形，雙方可協議由其他較為便利之國家法院管轄，或是勞動契約中之合意管轄條款反而給予勞工（／受僱人）更多選項選擇管轄法院，此二情形對受勞工（／受僱人）乃為有利，不致有雇主（／僱用人）利用國際合意管轄制度架空勞工（／受僱人）訴訟權之疑慮，故無禁止之理，而2004年「比利時國際私法」第97條第3項，對國際合意管轄之限制更大，僅於訴訟發生後所約定之合意管轄條款方生效力。又於涉外消費契約事件，由於強勢之企業經營者常於消費契約中置入合意管轄條款，企業經營者利用國際合意管轄將其主導選擇管轄法院之優勢地位發揮至極致，形同架空了弱勢消費者之訴訟權，故為防止無限制之國際合意管轄為企業經營者所濫用，「布魯塞爾規則 I」第19條：「本章之規定僅因下列情況之管轄協議而不適用：一、於爭議發生後所約定；或二、允許消費者於本章所規定法院以外之其他法院起訴；或三、由消費者與契約他方當事人所約定，而雙方於締結契約時有住所或慣常居所於同一成員國，且管轄協議之約定並不違反所約定具有管轄權之該雙方於締結契約時有住所或慣常居所之同一成員國法律。」限制了國際合意管轄之適用，規定國際合意管轄僅於三情形方可排除本具有國際裁判管轄權之某國法院的管轄權限，蓋訴訟提起後，如有情事變更情形，雙方可協議由其他較為便利之國家法院管轄，或是消費契約中之合意管轄條款反而給予消費者更多選項選擇管轄法院，抑或是雙方締結契約時之共同住所地國法院或共同慣常居所地國法院應為消費者可預期之法院，消費者於該國法院起訴或應訴應為方便，此三情形對消費者乃為有利，不致有企業經營者利用國際合意管轄制度架空消費者訴訟權之疑慮，故無禁止之理，而

2004年「比利時國際私法」第97條第3項，對國際合意管轄之限制更大，僅於訴訟發生後所約定之合意管轄條款方生效力。以上於涉外勞動契約事件限制國際合意管轄適用之情形，我國「勞動事件法」雖未採取與「布魯塞爾規則Ⅰ」第23條或2004年「比利時國際私法」第97條第3項相同之於訴訟發生後所約定之合意管轄條款方生效力的限制方式，但第5條限制了國際審判管轄之合意不得違反本法就我國法院於涉外勞動事件國際審判管轄之規定，一定程度上基於保護弱勢勞工之訴訟權而對國際合意管轄制度產生了限制；於涉外消費契約事件限制國際合意管轄適用之情形，由於我國尚無法律明文規定且「民訴法」亦無相關規定可資類推適用，故不妨將之採納以國際民事訴訟法之法理而加以適用。

四、當事人意思不明之解決

當事人為選定管轄且同時為排除管轄之合意者，例如「雙方當事人同意關於本契約之爭議，僅由美國加州法院管轄」之合意管轄條款，為「排他之國際合意管轄」甚為明確，而當事人為選定管轄且同時不為排除管轄之合意者，例如當事人約定「雙方當事人同意關於本契約之爭議，得由美國加州法院管轄」之合意管轄條款，為「併存之國際合意管轄」亦為明確。惟，當事人為選定管轄之合意，但是否同時為或不為排除管轄之合意不明，例如「雙方當事人同意關於本契約之爭議，由美國加州法院管轄」之合意管轄條款，則此一合意管轄條款究應解為「排他之國際合意管轄」抑或「併存之國際合意管轄」？對此問題：美國、澳洲等英美法系國家多解為「併存之國際合意管轄」[5]，我國法院實務自最高法院91年度台抗字

---

[5] *See* Peter Nygh & Fausto Pocar, *Report on Preliminary Draft Convention on Jurisdiction and Foreign Judgments in Civil and Commercial Matters*, Preliminary Document No 11 of August 2000 for the attention of the Nineteenth Session of June 2001, at 44; *see also* Avril D. Haines, *Choice of Court Agreements in International Litigation: Their Use and Legal Problems to Which They Give Rise in the Context of the Interim Text*, Preliminary Document No 18 of February 2002 for the attention of Commission I, at 9.

第268號民事裁定「國際裁判管轄之合意，除當事人明示或因其他特別情事得認為具有排他亦即專屬管轄性質者外，通常宜解為僅生該合意所定之管轄法院取得管轄權而已，並不當然具有排他管轄之效力」之代表性見解以來，亦多解為「併存之國際合意管轄」；法國等大陸法系國家多解為「排他之國際合意管轄」[6]，「布魯塞爾規則Ⅰ」第23條第1項：「……除非當事人另有約定，此之管轄權為排他之管轄權……」、2005年海牙「合意選擇法院公約」（Convention on Choice of Court Agreements, The Hague 2005。以下簡稱為「海牙選擇法院公約」）第3條第2款：「除非當事人另有約定，選定一締約國之法院或一締約國中其一或某些特定法院之選擇法院合意應被視為排他的。」等國際公約亦規定為「排他之國際合意管轄」，而我國亦有學者以「在國際商務訴訟之脈絡下，當事人合意之目的係側重於由其所合意選擇之該國法院審判系統進行紛爭解決，而非僅在於使當事人多一個管轄法院的選擇可能」為由解為「排他之國際合意管轄」[7]。

主張「併存之國際合意管轄」者，顯然係考慮當事人訴訟權之保障，而主張「排他之國際合意管轄」者，則應係考慮防止「國際裁判管轄權之積極衝突」，二者皆有所本。揆諸國際合意管轄制度所提供訴訟確定性與可預期性之最重要功能，將究否為排除管轄有所不明之合意管轄條款解為「排他之國際合意管轄」方能完全展現此功能，且對著重快速與節省成本之國際商業而言，解為「排他之國際合意管轄」更是具有積極意義，蓋解為「併存之國際合意管轄」所可能造成「國際裁判管轄權之積極衝突」會帶來之時間浪費與成本花費，此絕非國際商人所樂見，故解為「排他之國際合意管轄」也正是基於國際商業之需求。或許有認為合意管轄條款多被置入定型化契約中，定型化契約中之合意管轄條款是否即為當事人定管轄法院之合意，不無疑義，此時若將究否為排除管轄有所不明之合意

---

[6] *See* Avril D. Haines, *id.* at 9-10.

[7] 參閱黃國昌，國際訴訟合意管轄條款排除效果之有效性要件——最高法院九十八年度台上字第一九三三號判決評釋，台北，月旦裁判時報，第1期，2010年2月，頁86-87。

管轄條款逕解爲「排他之國際合意管轄」，未必符合當事人之利益，故除非合意管轄條款係經過當事人之實質交涉，否則逕解爲「排他之國際合意管轄」實有所疑慮[8]。惟，於國際商業中國際商人使用定型化契約本就是基於節省時間與成本之目的，倘將定型化契約中究否爲排除管轄有所不明之合意管轄條款解爲「併存之國際合意管轄」，則可能造成之「國際裁判管轄權之積極衝突」即會帶來時間浪費與成本花費，此實牴觸使用定型化契約之目的，故將定型化契約中究否爲排除管轄有所不明之合意管轄條款解爲「排他之國際合意管轄」，應爲國際商人基於節省時間與成本之目的而使用定型化契約所應承受之風險。因此，除非是如上述於涉外勞動事件以及於涉外消費契約事件須限制國際合意管轄適用之情形，否則於國際合意管轄絕大部分發生於國際商業之情形下，倘當事人爲選定管轄之合意但是否爲排除管轄之合意有所不明時，應解爲「排他之國際合意管轄」，而此一將「排他之國際合意管轄」與國際商業相結合之結論，更可由「布魯塞爾規則 I」第23條第1項明文規定僅限適用於國際貿易或商業之場合以及「海牙選擇法院公約」第2條第1、2項明文排除非商人間財產事件之適用得到證明。

伍、裁定評釋及結語

綜上所言，關於國際合意管轄之效果，可得以下四點結論：一、「排他之國際合意管轄」除經選定之某國法院取得管轄權限外，其他依法本具有國際裁判管轄權之他國法院喪失管轄權限；二、「併存之國際合意管轄」除經選定之某國法院取得管轄權限外，其他依法本具有國際裁判管轄權之他國法院仍具有管轄權限；三、於涉外勞動契約事件中，爲了防止無限制之國際合意管轄爲強勢之雇主所濫用因而架空了弱勢勞工之訴訟

---

[8] 澤木敬郎、青山善充編，国際民事訴訟法の理論（1987年），頁111。

權，「勞動事件法」第5條限制了國際審判管轄之合意不得違反該法就我國法院於涉外勞動事件國際審判管轄（以勞工為原告之勞動事件，勞務提供地或被告之住所、居所、事務所、營業所所在地在我國境內者，由我國法院審判管轄）之規定；四、於涉外消費契約事件中，為了防止無限制之國際合意管轄為強勢之企業經營者所濫用因而架空了弱勢消費者之訴訟權，應限制國際合意管轄僅於訴訟發生後或合意管轄條款給予消費者更多選項選擇管轄法院之情形，方可允許；五、基於國際商業快速與節省成本之需求，於當事人為選定管轄之合意但是否同時為或不為排除管轄之合意不明的情形，解為「排他之國際合意管轄」。

回歸至本章所關懷之最高法院以101年度台抗字第259號民事裁定，裁定理由仍然採取延續自最高法院91年度台抗字第268號民事裁定以來國際合意管轄以「併存之國際合意管轄」為原則之看法，而認為「……國際管轄權之合意規定，並非當然絕對具有排他之效力……如當事人意在排除我國法院之民事審判管轄權，必以另有專屬外國某一法院管轄或排除我國法院管轄之合意……」，雖系爭訴訟事件為涉外專利授權契約事件，並非屬於涉外消費契約事件有以國際民事訴訟法之法理限制國際合意管轄適用之場合，但系爭涉外專利授權契約乃為商人間所締結之契約，基於國際商業快速與成本節省之需求，系爭契約中雖有由美國地方法院管轄之合意，但是否有排除我國法院管轄之合意有所不明，此時之合意管轄條款即應解為「排他之國際合意管轄」而由美國法院專屬管轄，以免解為「併存之國際合意管轄」時造成美國法院與我國法院「國際裁判管轄權之積極衝突」。因此，一審之智慧財產法院99年度民專訴字第212號民事裁定解為「排他之國際合意管轄」之見，自較二審之智慧財產法院100年度民專抗字第10號民事裁定以及三審之最高法院本件裁定解為「併存之國際合意管轄」之見，更符合國際商業快速與成本節省之需求，且更能與「布魯塞爾規則I」、「海牙選擇法院公約」等國際公約所形成國際潮流同步接軌。

※本章之內容，主要為「國際合意管轄之效果──從最高法院一○一年度台抗字第二五九號裁定談起，台北，月旦法學雜誌，第220期，2013年9月，頁289-300」一文，經修正、刪校而成為本章。

第二部分

衝突法總論

|第四章|
定性、先決問題及其界限
——台灣高等法院103年度上字
第493號民事判決評析

壹、案件事實及判決要旨概述

一、案件事實

　　A公司（英屬維京群島公司）於2011年10月5日經我國認許其核准報備。A公司設立時，股東為A公司法定代理人甲之叔，即被告乙之父、訴外人丙，同日指定丙、被告乙及被告之弟丁三人為董事，並為訴外人B公司（我國公司）之股東。丙於2010年6月12日去世，被告乙以A公司代表之名義，派人參與B公司股東會，並於股東會提議出售B公司資產，定於2012年6月12日解散B公司。訴外人戊以原告A公司原股東及董事丙配偶之身分，於2011年8月10日以被告乙損及其在英屬維京群島遺產即原告A公司股東權利為由，向英屬維京群島法院聲請指定自己為限制性遺產管理人，英屬維京群島法院於同年8月11日裁決准許戊為限制性（保存性）遺產管理人，戊遂於2011年8月12日以原告A公司唯一股東身分召開股東會，決定解除被告乙之董事職位，並指定自己為原告A公司董事，並於同年8月13日與另董事丁召開董事會，決議確認被告乙已非A公司董事，無法代表或授權第三人代表該公司行使職權，之前未經董事會決議之事務均非董事會所授權，對該公司不生效力。復以原告A公司名義通知被告乙後，原告A公司再於同年8月15日、10月31日召開股東會、董事會，決議由丁行使原告A公司股東權，並指派原告甲行使B公司股東權，同時英屬

維京群島公證人於同年8月17日作成公證書，公證原告A公司股權自同年8月11日登記為訴外人戊所有。然被告乙認為戊向英屬維京群島法院聲請登記為臨時性遺產管理人後，逾越臨時管理人權限，並違反我國繼承法及原告A公司章程等相關規定，違法解任其在原告A公司之董事職位，並選任戊為董事，故由戊及丁以原告A公司名義所為之一切行為，均屬無效，且雖戊曾依英屬維京群島法院核發系爭裁決准許為遺產管理人，惟函詢外交部後回復英屬維京群島不承認我國判決，則依民事訴訟法第402條第2項準用同條第1項第4款相互承認原則之規定，應不承認英屬維京群島裁定之效力，英屬維京群島法院裁決戊為遺產管理人於我國亦不生任何效力。故原告A公司及甲遂向台北地方法院起訴確認原告A公司與被告乙間之董事委任關係自2011年8月12日起不存在，並確認被告乙於同年10月31日代表原告A公司出席B公司臨時股東會之代表關係不存在。

原告主張：本件所涉及者為外國法人內部管理事項，屬法人準據法之問題，故與我國法院是否承認已確定之英屬維京群島法院以戊為遺產管理人之裁決無涉，且英屬維京群島法院所為確定裁判，依最高法院見解及我國法院實務，係自動承認並採實質再審查禁止原則，就該裁決而言，我國法院自應承認原告A公司唯一股東自2011年8月11日起為戊，董事自同年8月12日起為戊及丁，且戊已依民法第1152條規定，於同年9月21日經多數決推為丙之遺產管理人，有權為遺產之管理事項，並未侵害被告乙之繼承權，則被告乙從非原告A公司之股東，且自同年8月12日起非原告A公司之董事，亦經英屬維京群島公司登記在案，被告乙與原告A公司之間董事委任關係不存在，且無代表原告A公司出席B公司之權限。

被告主張：本件為丙死亡後遺產權利之行使及最後歸屬之問題，而丙之法定繼承人，有其配偶戊、其子丁及乙，均尚生存，顯有法定繼承人存在，並無繼承人有所不明，而應選任遺產管理人之情形，又公同共有之遺產管理，依民法第1152條規定應由全體繼承人互推一人管理之，是依我國法，僅在繼承不明時，始有選任遺產管理人之適用，又在無遺囑之情況下，繼承人如欲單獨處分遺產或行使遺產權利，需經全體繼承人同意後，始得為之，本件既無繼承人不明之情事，戊未經全體繼承人即戊、丁及乙

三人同意推派爲公同共有遺產之管理，戊即非被繼承人丙之遺產管理人，不得單獨以丙遺產管理人身分自居，於國內外執行遺產管理人之職務，在未經全體繼承人同意下，單獨以遺產管理人身分行使屬於遺產之原告A公司股東權利，逕自將原告A公司股東變更登記在其名下，更無從單獨行使原告A公司之股東權，解任乙之董事身分並改選其本人及丁爲董事，是以縱然戊已依英屬維京群島法院裁決指派戊爲被繼承人丙之遺產管理人，但違反我國民法繼承之相關規定，侵害乙之遺產繼承權，且戊以遺產管理人身分登記爲唯一股東，進而解任乙在原告A公司之董事身分並選任自己爲董事之行爲，亦已違反A公司章程，應屬無效，乙代表原告A公司對外處理事務及簽名權限，迄未經原告A公司合法董事會予以變更，仍爲唯一合法有權對外代表原告A公司處理事務與簽名之董事。

二、法院判決要旨

　　一審之台灣台北地方法院以100年度訴字第322號民事判決認爲：本件係被繼承人丙死亡後，其所有原告A公司之股東權應如何處置，涉及本國人死亡後在外國之遺產，應由何人繼承並行使權利之問題，性質屬於涉外繼承事件，而非原告所主張外國法人內部管理事項問題，故而無論依修正前之舊「涉外民事法律適用法」第22條前段或修正後之新「涉外民事法律適用法」第58條前段，乃以被繼承人死亡時之本國法，亦即我國法爲準據法，以決定丙死亡時財產包括原告A公司之股東權，應由何人繼承及應由何人並如何行使繼承權之兩造間爭執事項；英屬維京群島法院不承認我國判決，故我國法院亦不受英屬維京群島法院裁決指派戊爲被繼承人丙之遺產管理人之拘束，且依我國民法，僅在繼承開始時繼承人之有無不明時，始有選任遺產管理人之必要，而本件被繼承人丙死亡時，有其配偶戊、子丁及被告乙等三人均尚生存自無爲被繼承人丙之遺產選任遺產管理人之必要，而戊縱經繼承人多數決同意推舉爲被繼承人丙遺產之管理人，亦不得將屬公同共有之遺產即原告A公司之股東權全部登記爲自己所有；原告訴請確認原告A公司與被告乙間之董事委任關係不存在，並確認被告

乙代表原告A公司出席B公司臨時股東會之代表關係不存在，均無理由，乃予駁回。

　　二審之台灣高等法院以103年度上字第493號民事判決認為：上訴人雖主張本件所涉及者僅為外國法人內部管理事項問題，應定性為公司登記或管理事件，但丙所遺留之系爭A公司股權應如何處置、原非屬A公司股東之戊、丁、被上訴人乙如何承受取得系爭股權，乃涉及本國人死亡後在外國之遺產，應由何人繼承並行使權利之範疇，且戊係以丙之繼承人身分，向英屬維京群島法院聲請取得指派戊為被繼承人丙之遺產管理人之裁判後，以遺產管理人身分登記為A公司唯一股東，屬遺產之處分或權利行使，自屬繼承事件，故應以被繼承人死亡時之本國法，亦即我國法為準據法；依「非訟事件法」第49條第1款及第4款規定，英屬維京群島法院指派戊為被繼承人丙之遺產管理人之裁判在我國不認其效力，無法拘束我國法院，無從承認戊因該裁判而基於限制性遺產管理人身分所為行為之效力；戊向英屬維京群島聲請取得指派戊為被繼承人丙之遺產管理人之裁判後，將系爭股權全部登記為自己所有，並以A公司唯一股東身分自行召開系爭股東會行使股東權，決議解任被上訴人乙之董事職務，涉及該遺產即系爭股權之得喪變更，屬處分及權利之行使行為，而非對該股東權之保存、改良及用益之管理行為，且因其已變更系爭股權現狀，更非對全體共有人均屬有利無害，非民法第820條第5項之共有物簡易修繕及其他保存行為，應得公同共有人全體之同意，始得為之戊未經全體繼承人同意，即逕將系爭股權全部登記為其所有，並以唯一股東身分召開系爭股東會，決議解任被上訴人乙之董事身分，同時選任自己為董事，戊之上開行為，與「民法」第828條第3項規定有違，侵害被上訴人乙對公同共有遺產之權利，戊就系爭股權所為之處分及權利行使（即召開系爭股東會，並行使股東權，決議解任被上訴人董事職務），對被上訴人乙不發生效力，被上訴人乙原於A公司之董事身分，自不因此即遭剝奪。從而上訴人訴請確認被上訴人乙與A公司間之董事委任關係自100年8月12日起不存在，並無理由。

貳、評析

一、定性於國際私法上之功能

　　民商事件具有涉外成分（foreign elements）者，為涉外民商事件。我國法院面臨涉外民商事件，需先類推適用「民事訴訟法」土地管轄之規定或適用「家事事件法」第53條涉外婚姻事件國際審判管轄、「海商法」第78條第1項涉外載貨證券事件國際裁判管轄或「勞動事件法」第5條第1項涉外勞動事件國際審判管轄之規定，決定我國法院就該涉外民商事件是否具有國際裁判管轄權，若我國法院就該涉外民商事件不具有國際裁判管轄權，則我國法院應以裁定駁回原告之起訴，若我國法院就該涉外民商事件具有國際裁判管轄權，則應進入準據法選法之程序，依「涉外民事法律適用法」（以下簡稱為「涉民法」）之規定決定系爭涉外民商事件應適用之法律，並適用所選擇出之準據法做出實體判決[1]。

　　「涉民法」係採取以衝突法則用以決定涉外民商事件應適用之法律，衝突法則係規定於「涉民法」第9條至第61條，無論是由義大利學者Bartolus de Saxoferrato（巴特魯斯，1314-1357 A.D.）所提倡「法則區別說」（la théorie italienne des statuts）演變而來、以劃定內國法地理上適用範圍為功能之「單面衝突法則」（unilateral conflicts rules、einseitige kollisionsnormen；又稱「單面法則」one-sided rules或「單面方法」méthode unilatérale或「不完全衝突法則」unvollkommene Kollisionsnorme），抑或是由德國學者Friedrich Carl von Savigny（薩維尼，1779-1861 A.D.）所提倡「法律關係本據說」（Sitz des

---

[1] 關於涉外民商事件處理流程之詳細說明，參閱（依出版時間近至遠排列，下同）：李後政，國際民事訴訟法論，台北，五南書局，2017年3月2版，頁1-16；馬漢寶，談國際私法案件之處理，收於馬漢寶主編，國際私法論文選輯（上），台北，五南書局，1984年2月，頁82-95。

Rechtsverhältnisses）所形成、以連繫因素所指向地域之法律爲功能之「雙面衝突法則」（bilateral conflicts rules、zweiseitige Kollisionsnormen；又稱「雙面法則」two-sided rules或「雙面方法」méthode bilatérale或「完全衝突法則」vollkommene Kollisionsnormen），皆依法律關係爲之，亦即衝突法則中指定原因之法律關係以內國既存民商實體法體系中所規範的各法律關係爲本，例如「涉民法」第20條之法律行爲之債、第23條之無因管理、第24條之不當得利、第25條之侵權行爲、第32條之債權讓與、第33條之債務承擔等。因此，涉外民商事件依衝突法則決定應適用之法律者，必先確定該涉外民商事件所起訴者係涉及何法律關係之爭執，如此方能依規範該法律關係之衝突法則決定應適用之法律，而確定涉外民商事件所起訴者係涉及何法律關係以適用規範該法律關係衝突法則之步驟，即爲國際私法上之「定性」（英文：characterization；法文：Qualification；德文：Qualifikation）。質言之，國際私法上之「定性」係將某涉外民商事件歸類至某衝突法則之步驟。「定性」乃是依衝突法則決定應適用法律之前提步驟，未經此步驟，則無從得知應依何條衝突法則決定系爭涉外民商事件應適用之法律，此乃衝突法則係依法律關係之分類而加以制定有關，倘涉外民商事件係依「選法方法」決定應適用之法律，即無須經「定性」之步驟，而直接採行該方法決定應適用之法律。

　　按國際私法上之「定性」自19世紀末、20世紀初由德國學者Franz Kahn（亢恩）與法國學者Etienne Bartin（巴丹，1860-1948 A.D.）發現以來，即成爲國際私法上之重要課題，學者討論不斷，陸續發展出法院地法（*lex fori*）說、原因關係準據法（*lex causae*）說、分析法理學及比較法（analytical jurisprudence and comparative law）說、初步及次步定性（primary and secondary characterization）說、個案定性說、功能定性說（Funktionelle Qualifikation）等六說[2]，至今仍未見定論，目前以法院地

2　關於「定性」標準之一般性介紹，參閱（依出版時間由先至後，以下註釋參考文獻有二以上者，亦同）：施啓揚，國際私法上定性問題之歷史發展及其解決方法，收於馬漢寶主編，國際私法論文選輯（上），台北，五南書局，1984年7月初版，頁370-384；

法說爲通說，理由不外：受理案件之法官，對法院地之法律知之最稔，以
此決定系爭涉外民商事件所起訴者係涉及何法律關係之爭執最爲妥切；法
院地受理涉外民商事件，由法院地司法權控制，由法官行使國家主權，解
釋系爭涉外民商事件所起訴者係涉及何法律關係，方能合乎立法之目的，
確保法院地其立法政策及運用衝突法則之功能；避免如原因關係準據法說
般陷入循環論之矛盾。

二、國際私法上先決問題解決之必要

　　法院審理涉外民商訴訟，應依系爭涉外民商事件所起訴者所涉及法
律關係之爭執，依規範該法律關係之衝突法則擇定系爭涉外民商事件之準
據法，但於此過程中，另一也具涉外成分的法律關係之爭執隨之附帶地被
提出，且此附帶被提出之法律關係之爭執，爲系爭涉外民商事件所爭執法
律關係存在之前提條件，其準據法之擇定對系爭涉外民商事件所爭執法律
關係有絕對之影響，亦即爲先決法律關係，故必須先擇定該附帶被提出之
法律關係之爭執的準據法並適用之得出實體結果後，方能解決系爭涉外民
商事件當事人所爭執之法律關係，該附帶被提出之法律關係與系爭涉外民
商事件當事人所爭執之法律關係爲先決法律關係與該本訴法律關係，先決

陳隆修，論國際私法有關定性之問題，收於氏著，比較國際私法，台北，五南書局，
1989年10月初版，頁6-16；賴來焜，海事國際私法學——比較海商法與國際私法學之交
會爲中心（上），台北，神州圖書公司，2002年8月初版，頁344-354；曾陳明汝，國
際私法原理（上）——總論篇，台北，新學林出版公司，2003年6月改訂7版，頁324-
427；李後政，涉外民事法律適用法，台北，五南書局，2010年10月初版，頁23-43；
林益山，國際私法與實例精解，台北，翰蘆圖書公司，2014年6月初版，頁152-158；
馬漢寶，國際私法——總論各論，台北，翰蘆圖書公司，2014年9月3版，頁237-247；
陳榮傳，國際私法實用——涉外民事案例研析，台北，五南書局，2015年10月初版，
頁101-112；劉鐵錚、陳榮傳，國際私法論，台北，三民書局，2018年8月修訂6版，頁
540-558；柯澤東著、吳光平增修，國際私法，台北，元照出版公司，2020年10月6版，
頁45-53。

法律關係為「先決問題」或「附隨問題」（英文：preliminary question；法文：question préalable；德文：die Vorfrage。英文亦有稱為incidental question），本訴法律關係為「主要問題」或「本問題」（英文：principal question；法文：question principale；德文：die Hauptfrage）。

　　國際私法上「先決問題」之解決，係解決「主要問題」之前提步驟，未經此步驟，則無從確認或形成系爭涉外民商事件當事人所爭執本訴法律關係之權利義務。本來「先決問題」不惟涉外民商事件所獨有，處理內國民商事件時同樣會發生「先決問題」，例如於夫妻之一方對於他方所留遺產有無繼承權之內國民商事件中，夫妻之婚姻是否為有效婚即為「先決問題」，然涉外民商事件之「先決問題」之所以特殊，而為國際私法所關注與討論，乃是因為於系爭涉外民商事件中「主要問題」與「先決問題」皆為具有涉外成分之法律關係，故而皆有依衝突法則選擇準據法之必要，致使國際私法上「先決問題」之解決即有別於內國民商事件之「先決問題」直接適用內國法解決即可。

　　事實上，國際私法上「先決問題」早已存在，但各國法院並未特別注意其間之特殊性即以法院地衝突法則選擇其準據法，直至德國學者George Melchior（梅爾薛爾）與Wilhelm Wengler（凡格勒，1907-1995 A.D.）分別於1932年及1934年所發表著作提出主要問題準據法國衝突法則說的主張，開啟了主要問題準據法國衝突法則說與法院地衝突法則說之對立[3]，國際私法上「先決問題」開始廣受注意與討論。主要問題準據法國衝突法則說與法院地衝突法則說之長期對立，乃是肇因於對「先決問題」與「主

---

[3]　關於「先決問題」解決標準之一般性介紹，參閱：林秀雄，論國際私法上先決問題，收於馬漢寶教授八秩華誕祝壽論文集編輯委員會，法律哲學與制度（國際私法卷）——馬漢寶教授八秩華誕祝壽論文集，台北，元照出版公司，2006年1月初版，頁255-270；李後政，前揭註書，頁109-122；林益山，前揭註書，頁375-377；陳榮傳，前揭註書，頁117-121；劉鐵錚、陳榮傳，前揭註書，頁571-583；賴淳良主編、吳光平增修，國際私法裁判選析，台北，元照出版公司，2020年9月3版，頁165-178；柯澤東著、吳光平增修，前揭註書，頁53-61。

要問題」間關係之性質，以及解決「先決問題」所應秉持原則之設定，二者有根本上差異所致：主要問題準據法國衝突法則說認為「先決問題」係附屬於「主要問題」，蓋「先決問題」乃因「主要問題」所生，自應受主要問題準據法國法律體系之規制，且若「先決問題」之解決採取主要問題準據法國衝突法則，則與該「先決問題」於主要問題準據法國起訴時之判決結果相同，而能符合國際判決一致之原則；法院地衝突法則說認為「先決問題」係獨立於「主要問題」，蓋「先決問題」雖因「主要問題」所生，但「先決問題」乃是受獨立於「主要問題」所應適用衝突法則之外的其他衝突法則所規範，為獨立於「主要問題」之外的問題，與「主要問題」之外另一於法院地起訴之案件無異，自應受法院地法律體系之規制，且若「先決問題」之解決採取法院地衝突法則說，則無論應適用同一衝突法則之「主要問題」因案情事實之不同而導致具體準據法的不同，同一法律關係之「先決問題」都適用同一衝突法則，而能符合內國判決一致之原則。目前學說上採主要問題準據法國衝突法則說相對多數，但法院地衝突法則說亦漸有力，且亦有調合二說的分別處理說之提出[4]。

---

[4] 本書作者即提出應以平衡涉外民事訴訟實體利益與程序利益之觀點，調合主要問題準據法國衝突法則說與法院地衝突法則說：一、單一的主要問題準據法國衝突法則說及法院地衝突法則說，皆有可能使涉外民事訴訟實體利益與程序利益失去平衡，故而對於「先決問題」之解決，不宜絕對地以同一標準為之，而應視不同情況，彈性運用二說，亦即應以分別處理說為宜；二、應以牽連性作為彈性運用主要問題準據法國衝突法則說及法院地衝突法則說之依據，至於密切牽連，則以是否具有國際裁判管轄權作為判斷標準；三、法院地國對於若將來以「先決問題」為本訴法律關係而單獨起訴之訴訟具有國際裁判管轄權，而主要問題準據法國對於若將來以「先決問題」為本訴法律關係而單獨起訴之訴訟不具有「國際裁判管轄權」，此時「先決問題」即依法院地衝突法則選擇準據法；四、主要問題準據法國對於若將來以「先決問題」為本訴法律關係而單獨起訴之訴訟具有國際裁判管轄權，而法院地國對於若將來以「先決問題」為本訴法律關係而單獨起訴之訴訟不具有國際裁判管轄權，此時「先決問題」即依主要問題準據法國衝突法則選擇準據法；五、法院地國以及主要問題準據法國對於若將來以「先決問題」為本訴法律關係而單獨起訴之訴訟皆不具有國際裁判管轄權或皆具有國際裁判管轄權，此時「先決問題」即依法院地衝突法則選擇準據法。詳細內容請

三、定性與先決問題之界線

　　嚴格言之，「定性」與「先決問題」之解決並非無所關聯，「先決問題」之解決也需要「定性」，因涉外民商事件中倘發生「先決問題」需解決時，「先決問題」之解決乃依法院地衝突法則或主要問題準據法國衝突法則擇定該先決法律關係之準據法，適用衝突法則擇定準據法就必須要進行「定性」之步驟，否則無從得知要適用法院地國際私法或主要問題準據法國國際私法中之何一衝突法則擇定準據法。但就涉外民商訴訟之審理言，必先就系爭涉外民商事件所起訴者涉及何法律關係之爭執加以「定性」，而涉外民商訴訟之審理不一定會發生「先決問題」，故「定性」之通常且必要功能，係針對系爭涉外民商事件所起訴者涉及之法律關係，從此角度言，「定性」與「先決問題」之解決於涉外民商訴訟之審理為二個步驟，不可混為一談。

　　「定性」之客體，亦即「定性」之通常且必要功能所針對的對象，向有請求說、法律關係說、生活關係說、法律問題說、實體規範說與案例事實說之爭議[5]，但有鑑「涉民法」中衝突法則中指定原因之法律關係以我國既存民商實體法體系中所規範的各法律關係為本，且基於程序依法院地法之原則，我國法院審理之涉外民商訴訟須依我國民事程序法為之，而訴訟標的乃為我國民事程序法所採行，且「涉民法」為我國整體法律體系之一環，而與民法、民事訴訟法關係密切，共同構築作為民商訴訟之運作機制，故本章採取法律關係說，亦即「定性」係針對系爭涉外民商事件所起訴者涉及之法律關係，而應依訴訟標的為斷。訴訟標的者，原告為確定其私權之請求，或所主張或所不承認之法律關係是否存在，欲法院對之加以裁判之謂[6]。由於民事訴訟採取處分權主義，於處分權主義之支配下，

　　參閱本書第五章。

[5] 參閱賴淳良，跨國侵權行為法論叢，台北，新學林出版公司，2019年5月初版，頁1-26。

[6] 參閱陳計男，民事訴訟法（上），台北，三民書局，2014年1月6版，頁233。

原告起訴狀所表示之訴訟標的具有限定法院審判範圍之功能，於訴訟程序進行中，訴訟標的係法院審理及當事人進行攻擊防禦之目標，法院不可超越訴訟標的而為裁判，否則有訴外裁判之問題[7]。訴訟標的之範圍大小應由起訴之原告（若為反訴，則係被告）加以決定，屬於其權能及責任範圍[8]，而法院之闡明義務亦應自原告訴之聲明探詢原告起訴之目的，並配合訴訟標的之範圍，於不突襲當事人下進行合於處分權主義之闡明，並於審理活動終結後，就訴訟標的加以判決，於判決主文中處理兩造對於訴訟標的之爭執，而為既判力之客觀範圍[9]。從而，吾人可理解為，「定性」之通常且必要功能，係就涉外民商訴訟之訴訟標的為之。

於發生「先決問題」須解決之涉外民商事件中，「主要問題」為系爭涉外民商事件當事人所爭執之法律關係，此主訴法律關係為訴訟標的之範圍，為既判力所及，「先決問題」雖然作為先決法律關係須先加以解決後，方能解決「主要問題」之主訴法律關係，但「先決問題」並非訴訟標的之範圍，故法院對於「先決問題」之解決係於判決理由中敘明，並無既判力，蓋既判力之客觀範圍僅限於經裁判之訴訟標的，亦即判決主文之判斷及原告請求之訴訟標的與被告反訴之訴訟標的[10]。故而法院審理涉外民商訴訟，必須正確界定、劃分「主要問題」及「先決問題」，因為這會關乎既判力之範圍，倘將應屬「先決問題」之先決法律關係作為「主要問題」加以處理，不但於內國民事訴訟法上會有訴外裁判之問題，於國際民事訴訟法上更有不當剝奪先決法律關係當事人就該先決法律關係之爭執單獨起訴之權利、不當架空先決法律關係當事人就該先決法律關係之爭執起訴之原告管轄法院選擇權、不當竊取主要問題準據法國對於該先決法律

---

[7] 參閱姜世明，民事訴訟法（上），台北，新學林出版公司，2016年9月5版，頁294。

[8] 參閱許士宦，口述講義民事訴訟法（上），台北，新學林出版公司，2016年9月初版，頁32。

[9] 參閱姜世明，前揭註7書，頁294。

[10] 參閱姜世明，民事訴訟法（下），台北，新學林出版公司，2016年8月4版，頁312-315。

關係之涉外民商事件國際裁判管轄權等之疑慮，蓋：一、先決法律關係本非系爭涉外民商訴訟訴訟標的之範圍，先決法律關係當事人就該先決法律關係之爭執本就可以一單獨之訴訟起訴，倘將「先決問題」作為「主要問題」處理而受既判力所及，於先決法律關係之爭執僅能於法院地國起訴之情形（先決法律關係之爭執僅與法院地國有關聯而與主要問題準據法國無關聯，僅法院地國法院對之有國際裁判管轄權），先決法律關係當事人無法就該先決法律關係之爭執於法院地國法院起訴，無法利用國際裁判管轄制度以主張權利或防衛權利，其訴訟權無疑被剝奪；二、於先決法律關係之爭執能於法院地國起訴亦能於主要問題準據法國起訴之情形（先決法律關係之爭執與法院地國有關聯亦與主要問題準據法國有關聯，法院地國法院與主要問題準據法國法院對之皆具有國際裁判管轄權），先決法律關係當事人就該先決法律關係之爭執本有選擇於法院地國法院抑或主要問題準據法國法院單獨起訴之原告管轄法院選擇權，倘將「先決問題」作為「主要問題」處理而受既判力所及，則該先決法律關係之爭執無法於法院地國法院單獨起訴，而僅能至遙遠的主要問題準據法國法院單獨起訴，架空了先決法律關係當事人之原告管轄法院選擇權；三、於先決法律關係之爭執僅能於主要問題準據法國起訴之情形（先決法律關係之爭執僅與主要問題準據法國有關聯而與法院地國無關聯，僅主要問題準據法國法院對之有國際裁判管轄權），倘將「先決問題」作為「主要問題」處理而受既判力所及，則形同竊取了主要問題準據法國法院對於該先決法律關係之涉外民商事件國際裁判管轄權。此外，縱未將應屬「先決問題」之先決法律關係作為「主要問題」加以處理，但倘主要問題準據法國接受爭點效理論[11]，

---

[11] 爭點效，係指法院於確定判決理由中，就訴訟標的以外當事人所主張之重要爭點，本於當事人辯論之結果已為判斷時，除有顯然違背法令，或當事人已提出新訴訟資料足以推翻原判斷、或原確定判決之判斷顯失公平之情形外，於同一當事人就與該重要爭點有關所提起之他訴訟，不得再為相反之主張，法院亦不得做相反之判斷，其乃源於訴訟上之誠信原則及當事人公平之訴訟法理而來。故爭點效理論之適用，必須該重要爭點，在前訴訟程序已列為足以影響判決結果之主要爭點，經兩造各為充分之舉證及

則「先決問題」雖非訴訟標的之範圍，但「先決問題」之解決除非有顯然
違背法令，或當事人已提出新訴訟資料足以推翻原判斷、或原確定判決之
判斷顯失公平之情形外，否則同一當事人就該「先決問題」之先決法律關
係作為主訴法律關係而於主要問題準據法國法院提起之訴訟，不得再為相
反之主張，主要問題準據法國法院亦不得做出相反之判斷，則此時即會發
生不當架空主要問題準據法國對於該先決法律關係之涉外民商事件為實體
審理權限之國際民事訴訟法上疑慮[12]，此顯示出，縱於內國民事訴訟，
因前訴訟主要爭點已經兩造當事人攻防且法院亦加審理判斷，以免當事人
於後訴訟就經裁判之爭點再加攻防使法院重複審理判斷，而影響到當事人
及法院勞力、時間、費用，且不足維持公益層面之訴訟經濟及保護私益層
面之程序利益，並違反兩造間之公平，而採取爭點效理論[13]，但於涉外
民商訴訟之場合，因前訴訟與後訴訟有可能係於不同國家之法院審理，國
際禮讓與協調、合作應特加著重，爭點效理論之採取無疑會違背並破壞於
此，故於涉外民商訴訟之場合，似應排除爭點效理論之適用。

　　就本件台灣高等法院103年度上字第493號民事判決言，原告A公司及
甲起訴確認原告A公司與被告乙間之董事委任關係自2011年8月12日起不

盡攻擊防禦之能事，並使當事人適當而完全之辯論，由法院為實質上之審理判斷，前
後兩訴之標的利益大致相同者，始足當之。我國審判實務上，越來越多最高法院判決
承認爭點效，而學說亦有認為，「民事訴訟法」於2000年修正後，已採取集中審理制
度，特別是爭點集中審理，法院在訴訟前階段須整理爭點、為爭點曉諭、爭點確定，
甚至促使當事人成立爭點簡化協議，且擴大事證收集制度，保障當事人之證明權、辯
論權，故於不會造成突襲性裁判之情況下，承認爭點效有其正當性與必要性。參閱許
士宦，口述講義民事訴訟法（下），台北，新學林出版公司，2017年1月初版，頁526-
527。

[12] 主要問題準據法國對於該先決法律關係之涉外民商事件雖具有國際裁判管轄權，倘主
要問題準據法國接受爭點效理論，則主要問題準據法國法院似不得就該先決法律關係
之涉外民商事件作出與法院地國對該先決法律關係之「先決問題」相反之判斷，此無
異於主要問題準據法國對於該先決法律關係之涉外民商事件雖形式上具有國際裁判管
轄權，但因不得為相反之判斷而實際上無從為實體審理。

[13] 參閱許士宦，前揭註11書，頁527。

存在並確認被告乙於同年10月31日代表原告A公司出席B公司臨時股東會之代表關係不存在，乃為確認之訴之提出，確認之訴之訴訟標的乃為原告於訴之聲明所表示「一定權利或法律關係存否」之主張[14]，本件之訴訟標的應為「董事委任關係之不存在及臨時股東會代表關係之不存在」，故我國法院應就此件涉外民商事件所爭執之「董事委任關係之不存在及臨時股東會代表關係之不存在」加以「定性」，「定性」以法院地法為原則，依我國法應就此定性為法人內部事項，而依「涉民法」第13、14條法人衝突法則選擇應適用之法律，雖「遺產權利之行使及最後歸屬」為本件之「先決問題」而須先加解決，但終非本訴法律關係而非訴訟標的之範圍，但一、二審法院卻皆將本件定性為繼承問題，將應屬「先決問題」之繼承作為「主要問題」加以處理，顯然誤解了國際私法上「定性」與「先決問題」之界線與分野，實有待商榷。

參、結語

綜上所言，關於國際私法上「定性」與「先決問題」之界線，可得以下五點結論：一、「定性」乃是依「涉民法」決定涉外民商事件應適用法律之前提步驟，未經此步驟，則無從得知應依「涉民法」何條衝突法則決定系爭涉外民商事件應適用之法律；二、「先決問題」之解決，係解決「主要問題」之前提步驟，未經此步驟，無從確認或形成系爭涉外民商事件當事人所爭執本訴法律關係（「主要問題」）權利義務；三、「主要問題」為系爭涉外民商事件當事人所爭執之法律關係，此主訴法律關係為訴訟標的之範圍，為既判力所及；四、「先決問題」並非訴訟標的之範圍，故法院對於「先決問題」之解決，並無既判力；五、將應屬「先決問題」之先決法律關係作為「主要問題」加以處理，於內國民事訴訟法上會有訴

---

[14] 參閱：姜世明，前揭註7書，頁308-309；陳計男，前揭註6書，頁237-238。

外裁判之問題，於國際民事訴訟法上更有不當剝奪先決法律關係當事人就該先決法律關係之爭執單獨起訴之權利、不當架空先決法律關係當事人就該先決法律關係之爭執起訴之原告管轄法院選擇權、不當竊取主要問題準據法國對於該先決法律關係之涉外民商事件國際裁判管轄權等之疑慮。

　　回歸至本章所評釋之台灣高等法院103年度上字第493號民事判決，本件應是訴訟標的為「董事委任關係之不存在及臨時股東會代表關係之不存在」之涉外民商訴訟，法院應就此定性，但一、二審法院卻皆將本件定性為繼承問題，顯然係屬於「先決問題」之繼承作為「主要問題」加以處理，恐誤解了國際私法上「定性」與「先決問題」之界線與分野，此顯示出法院實務對於國際私法之運用，尤其是「定性」、「先決問題」等適用衝突法則之技巧等衝突法總論之部分，仍有待釐清。

※本章之內容，主要為「定性、先決問題及其界限——台灣高等法院103年度上字第493號民事判決評析，台北，台灣法學雜誌，第349期，2018年8月，頁94-104」一文，經修正、刪校而成為本章。

|第五章|

從平衡涉外民事訴訟實體利益與程序利益之觀點探討國際私法上先決問題之解決標準——由最高法院85年度台上字第2423號民事判決談起

壹、案件事實及判決要旨概述

一、案件事實

　　訴外人乙女（作者按：以下之當事人名稱以甲、乙、丙、丁之代稱改寫之，判決中之當事人名稱亦同）於1984年11月25日與另一訴外人、具日本國籍之丁結婚，但乙丁二人於1989年6月16日離婚。而乙女與甲男於1989年初同居，並於1990年1月4日生子即被告丙，且由甲男支付生活費。甲男主張其支付生活費，依「民法」第1065條第1項規定，視為丙已由其認領，但乙女（丙之法定代理人）拒絕為認領登記，並為以下之抗辯：甲男僅將房屋出租與乙女，未與乙女同居，且丙係乙女與丁男婚姻關係存續中受胎所生之子，依法應推定為丁男之婚生子，且事實上亦為丁男。故而甲男遂向法院提起確認其與丙父子關係存在之訴。

二、法院判決要旨

　　一審法院、二審法院都駁回了原告之請求，而三審的最高法院則亦以85年度台上字第2423號民事判決駁回了原告之請求，其於判決理由中謂：

「……（前略）按子女之身分，依出生時其母之夫之本國法，如婚姻關係於子女出生前已消滅者，依婚姻關係消滅時其夫之本國法，涉外民事法律適用法第16條第1項定有明文。被上訴人丙之母乙於75年11月25日與日本人丁結婚，78年6月16日離婚，丙則於79年1月4日出生，爲兩造不爭之事實，且有出生證明書、戶口名簿、戶籍謄本、離婚登記申請書、護照等影本在卷可稽，依首開規定，丙之子女身分，應依丁之本國法即日本法律定之。而日本民法第772條規定：『妻於婚姻關係受胎之子女，推定爲其夫之子女。自婚姻成立之日起二百日後或自婚姻解除或撤銷之日起三百日內所生之子女，推定爲婚姻中受胎之子女』。丙出生時間既在乙與丁離婚之日起三百日以內，自應推定爲其等婚姻關係中受胎之子女，即爲丁之子。又涉外民事法律適用法第17條（原判決誤書爲18條）第1項規定：『非婚生子女認領之成立要件，依各該認領人被認領人認領時之本國法』，亦即認領者須具備認領者本國法之認領成立要件，被認領者須具備被認領者本國法被認領成立要件，雙方各應具備認領成立要件，認領始能成立。查上訴人爲中華民國國民，則無論丙是否爲日本人或是否具有中華民國國籍，上訴人認領丙須合於我國法律所規定之認領要件，其認領始能有效成立。依我國民法規定，妻之受胎，係在婚姻關係存續中者，推定其所生之子女爲婚生子女，亦即推定爲夫之子女，受此推定之子女，惟該夫妻之一方得以訴否認之，如夫妻雙方未提起否認之訴，或雖提起而未受有勝訴之確定判決，則該子女在法律上不能不認爲夫之婚生子女，無論任何人均不得爲反對之主張，縱係該子女事實上之生父，亦不得予以認領。被上訴人丙係受推定爲乙與丁婚姻關係中受胎者，爲丁之婚生子，而丁及丙均未提起否認丙爲丁之子之訴，上訴人自不得認領丙，則其與丙間自無父子關係存在，是其訴請確認其與丙有父子關係存在，即非有據。爰維持第一審所爲上訴人敗訴之判決，駁回其上訴，經核於法並無違背，上訴論旨，指摘原判決爲不當，聲明廢棄，非有理由。……（下略）。」

三、本判決所涉及的國際私法問題

　　本件最高法院85年度台上字第2423號民事判決雖為確認父子關係存在事件，但其中卻涉及一重要的國際私法問題，即「先決問題」或「附隨問題」（英文：preliminary question；法文：question préalable；德文：die Vorfrage。英文亦有稱為incidental question）。於本案中，當事人對於其間是否已成立認領有所爭執，但認領是否成立須先就子女婚生性之有無加以判斷，亦即認領為「主要問題」或「本問題」（英文：principal question；法文：question principale；德文：die Hauptfrage），而子女婚生性為「先決問題」。按國際私法上「先決問題」之解決標準，長期以來存有主要問題準據法國衝突法則說與法院地衝突法則說之對立，但我國最高法院於此之前尚未見有判決對此一問題表示意見，而本案中最高法院雖未於判決中明確表示此為國際私法上「先決問題」，但關於子女婚生性則依「涉外民事法律適用法」選擇日本法為準據法，亦即觸及首度國際私法上「先決問題」並採取法院地衝突法則說作為解決標準，故而此一判決不僅殊值吾人關注，更有深入探究之必要。

　　按國際私法上「先決問題」，係因德國學者George Melchior（梅爾薛爾）於1932年所出版之「德國國際私法基礎理論」（Die Grundlagen des deutschen internationals Privatrechts）一書[1]、德國學者Wilhelm Wengler（凡格勒）於1934年在「外國與國際私法期刊」（Zeitschrift für ausländusches und internationales Privatrecht）上發表了一篇名為「論法律衝突中的先決問題」（*Die Vorfrage im Kollisionenrecht*）之文章所[2]提出，並因當時德國法院所發生若干案例，開始引起了關注與討論，並進而發展成為重要的國際私法總論上制度。本來「先決問題」不惟涉外案件所獨

---

[1] George Melchior, Die Grundlagen des deutschen internationals Privatrechts, Berlin, 1932, S. 245-265.

[2] Wilhelm Wengler, Die Vorfrage im Kollisionenrecht, in: Zeitschrift für ausländusches und internationales Privatrecht (RabelsZ), 1934, S. 148-251.

有，處理內國案件時一樣會有「先決問題」，例如於夫妻之一方對於他方所留遺產有無繼承權之內國案件中，夫妻之婚姻是否為有效婚即為「先決問題」，然涉外案件之「先決問題」之所以特殊，而為國際私法所關注與討論，乃是因為於該案件中「主要問題」與「先決問題」皆為具有「涉外成分」（foreign elements）之涉外案件，例如最高法院本件判決中，甲丙對於是否已成立認領有所爭執，丙婚生性之有無乃「先決問題」，而丙婚生性有無之「先決問題」因丁為日本人而為涉外案件，甲丙之認領是否成立亦因丙可能為丁之婚生子女使丙具有日本國籍進而為涉外案件，由於皆為涉外案件故而皆有依國際私法衝突法則（亦即我國「涉外民事法律適用法」）選擇準據法之必要，致使國際私法上「先決問題」之解決即有別於內國案件之「先決問題」直接適用內國法解決即可。

　　國際私法上「先決問題」，可定義為：法院審理涉外案件，本應依系爭案件當事人所爭執之本訴法律關係，依所歸類之指定原因適用衝突法則以確定準據法，但在此過程中，另一也具涉外成分之法律關係隨之附帶地被提出，且此附帶被提出之涉外法律關係為本訴法律關係存在之前提條件，其準據法之擇定對本訴法律關係有絕對之影響，亦即為先決法律關係，故必須先擇定該先決法律關係之準據法後，方能解決系爭案件當事人所爭執之本訴法律關係，而該先決法律關係即為「先決問題」，該本訴法律關係即為「主要問題」。如前所述，內國案件之「先決問題」直接適用內國實體法解決，但國際私法上「先決問題」因為其為涉外案件之故，故依大多數國家學說與實務以國際私法衝突法則為強行性法律之見，即無法直接適用法院地實體法解決，而必須依國際私法衝突法則選擇「先決問題」之準據法，然因對「先決問題」之本質究係附屬於「主要問題」抑或係獨立於「主要問題」之觀點上差異，對於用以選擇國際私法上「先決問題」準據法之衝突法則，長期以來即有主要問題準據法國衝突法則說與法院地衝突法則說之對立，至今尚未見定論，而本件最高法院85年度台上字第2423號民事判決即採取法院地衝突法則說，亦即依我國「涉外民事法律適用法」選擇子女婚生性之準據法，但為何採取法院地衝突法則作為國際私法上「先決問題」之解決標準，卻未進一步說明。因此，本章即先從國

際私法上「先決問題」解決標準之眾說出發，分別說明各說之主張理由，之後再就各說之論點加以檢討且提出本章見解，並據以評析本件最高法院85年度台上字第2423號民事判決。

貳、紛紜眾說之先決問題解決標準

國際私法上「先決問題」其實早已存在，但各國法院並未特別注意其間之特殊性即以法院地衝突法則選擇其準據法，直至德國學者George Melchior與Wilhelm Wengler分別於1932年及1934年所發表的著作提出主要問題準據法國衝突法則說的主張，開啓了主要問題準據法國衝突法則說與法院地衝突法則說之對立[3]，國際私法上「先決問題」開始廣受注意與討論。以下即述主要問題準據法國衝突法則說與法院地衝突法則說，以及調合二說的分別處理說。

一、主要問題準據法國衝突法則說

主要問題準據法國衝突法則說，在德國稱爲「非獨立連繫說」（unselbständige Anknüpfung）或「附屬原則」（abhängige Prinzip），乃主張先決問題應以主要問題準據法國衝突法則爲解決標準，其理由有四：（一）若法院可運用「反致」而適用外國衝突法則以達到國際判決一致之目的，則法院對於「先決問題」，亦應依主要問題準據法國衝突法則選擇準據法，而不應適用法院地衝突法則，以求得與該外國法院判決相同之國際判決一致所生外部判決一致之利益（Interessen am inneren

---

[3] 主要問題準據法國衝突法則說與法院地衝突法則說長期以來之對立，主要源於自國際判決一致與內國判決一致之理念差異，故而有學者即認爲「先決問題」是介乎「定性」與「反致」間的問題。參閱陳隆修，比較國際私法，台北，五南書局，1989年10月初版，頁32。

Entscheidungseinklang）[4]，蓋若是「先決問題」之涉外案件於主要問題
準據法國起訴，自依該國衝突法則決定準據法，而該涉外案件在法院地
作爲「先決問題」，若能適用準據法國衝突法則決定準據法，其結果適
相同；（二）「先決問題」先於「主要問題」存在，且其受成立時之外
國法所發生，而由外國法所創制之私法上權利義務關係，故對於該作爲
一個整體的外國法律體系應當予以尊重，若法院地衝突法則就某一問題
（「主要問題」）指向某一法律體系，那相關的一切問題，包括相關規範
的適用條件（「先決問題」），都是該法律體系的任務，應從該法律體
系的角度出發去解決[5]；（三）法院地與「先決問題」已被「主要問題」
加以間隔，二者無直接關係，亦無利益連繫，故「先決問題」不應適用
法院地衝突法則，而應適用主要問題準據法國衝突法則[6]；（四）「先決
問題」係因處理「主要問題」時偶然地、附帶地被提出，原不在該衝突
法則預定的適用範圍內，且其爲適用本案準據法所生之問題，自應依主
要問題準據法國衝突法則來決定其準據法。主要問題準據法國衝突法則
說爲開啓對「先決問題」討論的德國學者Melchior與Wengler所採，其他
德國學者如Paul Heinrich Neuhaus（諾伊豪斯）、Karl H. Neumayer（努
梅耶）、Erik Jayme（耶姆）、Rainer Hausmann（豪斯曼）等亦採此說，
另法國學者Paul Lagarde（拉嘉德）與英美學者A.E. Anton（安頓）、Kurt
Lipstein（利普斯坦）、F.A. Mann（曼恩）、A.H. Robertson（羅伯森）、
Martin Wolff（沃爾夫）等[7]，以及我國學者劉鐵錚、陳榮傳[8]、林益山
等[9]皆採此說。外國法院實務上，採此說者算是較爲少數，諸如1927年美

---

[4]　George Melchior, Fn. 1, S. 245ff.

[5]　Wilhelm Wengler, Fn. 2, S. 213.

[6]　Toben Svennè Schmidt, *The Incidental Question in Private International Law*, 233 RECUEIL
　　DES COURS 359 (1992).

[7]　*Id* at 342-50.

[8]　參閱劉鐵錚、陳榮傳，國際私法，台北，三民書局，2018年8月修訂6版，頁577。

[9]　參閱林益山，國際私法與實例精解，台北，翰蘆圖書公司，2014年6月初版，頁380。

國*Meisenhelders v. Chicago N. W. Railway*案 [10]、1962年澳洲*Hague v. Hague*案 [11]、1963年加拿大*Schwebel v. Ungar*案 [12]、1968年英國*R. V. Brentwood Marriage Registrar*案 [13] 等。

　　以1963年加拿大名案*Schwebel v. Ungar*爲例：Ungar與前夫於1945年於匈牙利依猶太教之方式結婚，婚後並設住所於匈牙利。該猶太夫婦Ungar與前夫後擬移民以色列，二人於移民途中在義大利以猶太教之方式（*ghet*）離婚，此離婚依住所地法之匈牙利法以及行爲地法之義大利法皆爲無效，但爲本國法之以色列法所承認。雙方於1948年12月到達了以色列，並設住所於當地。之後Ungar於1957年在加拿大的多倫多與其加拿大籍的表兄Schwebel結婚，但Schwebel之後卻於安大略法院以重婚爲理由，提起確認第二次婚姻無效之訴。安大略法院未認知「先決問題」，而以Ungar之住所地爲匈牙利，依匈牙利法前婚之離婚無效，判決Schwebel勝訴；上訴法院則認爲，「主要問題」爲再婚能力，但依加拿大衝突法Ungar之住所地應爲以色列，故Ungar之再婚能力應依以色列法判斷，然Ungar之前婚離婚是否有效乃爲「先決問題」，故應依以色列衝突法則作爲「先決問題」之解決標準，而依以色列衝突法則離婚依本國法，亦即以色列法，依以色列法前婚之離婚有效，故Ungar具有再婚能力，其再婚有效；加拿大最高法院則支持上訴法院之見解。由此可知，本案中，對「先決問題」乃是採取主要問題準據法國衝突法則說。

二、法院地衝突法則說

　　法院地衝突法則說，在德國稱爲「非附屬連繫說」（unabhängig Anknüpfung）或「獨立原則」（selbständig Prinzip），乃主張「先決問

---

[10]　170 Minn. 317, 213 N.W. 32 (1927).

[11]　(1962) 108 C.L.R. 230.

[12]　(1963) 42 D.L.R. (2d.) 622; (1964) 48 D.L.R. (2d.) 644.

[13]　(1968) 2 Q. B. 956.

題」應依法院地衝突法則解決，理由有六：（一）爲使法院地能達到判決一致，「先決問題」不應受到「主要問題」之介入，否則隨著「主要問題」變動，「先決問題」跟著變動，法院就會因爲相同事實，卻以不同法律適用，而無法達到內國判決一致，況國際判決一致只有衝突法則統一方有可能達到，如果各國衝突法則不統一，只有內國判決一致才是現實的，而應當優先被考慮[14]；（二）各國的衝突法則均有其適用對象範圍，彼此不互相矛盾、衝突，構成一完整體系，要適地處理全部的涉外案件，乃衝突法則在理論上應係如此，如將部分涉外案件認係「先決問題」，而改適用主要問題準據法國衝突法則，則在體系上，將破壞衝突法則適用的完整性，而失內部判決一致之利益（Interessen am äussere Entscheidungseinklang）；（三）「主要問題」與「先決問題」都是獨立的法律問題，需要獨立地適用法院地衝突法則選擇準據法，無須分別處理[15]；（四）從法院地立法者之所以爲某法律關係制定某衝突法則，其只不過是想把涉及該法律關係之涉外案件交由該衝突法則所指向的法律體系處理，並無將「先決問題」交由主要問題準據法國法律體系處理之意圖[16]，故基於對法院地衝突法則之尊重，不應採取主要問題準據法國衝突法則說，否則將使法院地衝突法則失去作用；（五）「反致」之採用與否本有疑義，若更以「反致」肯定論作爲處理先決問題之依據將更有疑義，且肯定「反致」不必然可獲致判決一致，故「先決問題」依「反致」之原理適用主要問題準據法國衝突法則，亦未能獲致判決一致[17]；（六）法院地之法律政策應優先於外國法，法院決定適用何法

---

[14] Verena Füllermann-Kuhn, Die Vorfrage im internationalen Privatrecht, Diss. Zürich, Zürich,1977, S. 19-25, 轉引自王葆蒔，國際私法中的先決問題研究，北京，法律出版社，2007年4月1版，頁145-146。

[15] R.H. GRAVESON, CONFLICT OF LAWS 79 (7th ed. 1974).

[16] Werner Niederer, Einführung in die allgemeinen Lehren des internationalen Privatrecht, 3.Auflage, Zürich, 1961, S. 217, 轉引自王葆蒔，前揭註書，頁147。

[17] 參閱林秀雄，論國際私法上先決問題，收於馬漢寶教授八秩華誕祝壽論文集編輯委員會，法律哲理與制度（國際私法卷）——馬漢寶教授八秩華誕祝壽論文集，台北，元

就適用何法，不應使內外國人之身分或狀態問題，受制於主要問題準據法[18]。此說爲德國學者Leo Raape（拉普）、Gerhard Kegel（克格爾）、Jan Kropholler（寇輔勒）、Klaus Schurig（舒里希）等所採，另英美學者Brainerd Currie（克里）、R.H. Graveson（葛雷夫森），日本學者久保岩太郎、出口耕自、佐野寬、石黑一憲、溜池良夫[19]、櫻田嘉章[20]，以及我國學者林秀雄[21]、蘇遠成[22]、游啓忠[23]亦採此說。外國法院實務上，採此說者算是較爲多數，德國、瑞士、法國、日本法院之多數判決皆採此說，而英美法系法院方面諸如1979年英國*Perrini v. Perrini*案[24]與1985年英國*Lawrence v. Lawrence*案[25]等亦採此說。

以1985年英國名案*Lawrence v. Lawrence*爲例：妻Lawrence設有住所於巴西，於1970年在美國內華達州獲得離婚判決，與其第一任丈夫離婚，並隨後在美國內華達州再婚，與其第二任丈夫Lawrence移居至其第二任丈夫之住所英格蘭。但於1972年二人婚姻破裂，妻Lawrence回到了巴西，但妻Lawrence主張依其再婚時之住所地法巴西法，其不能再婚，故後婚無效，而第二任丈夫Lawrence則主張後婚有效。本案中，「主要問題」爲後婚有效否，而前婚之離婚有效否則爲「先決問題」，法院對於前婚之離婚有效否，以住所地法之英國法爲斷，而認爲前婚之離婚有效，故而再婚有效。由此可知，本案中，對「先決問題」乃是採取法院地衝突法則說。

照出版公司，2006年1月初版，頁266-267。

[18] Allen Ezra Getlieb, *The Incidental Question Revisited-Theory and Practice in the Conflict of Laws*, 26 INT'L COMP. L. Q. 755 (1977).

[19] 參閱林秀雄，前揭註17文，頁258。

[20] 參閱櫻田嘉章，国際私法（2001年），頁138。

[21] 參閱林秀雄，前揭註17文，頁264-269。

[22] 參閱蘇遠成，國際私法，台北，五南書局，2002年10月5版，頁362-367、334。

[23] 參閱游啓忠，論定性概念於我國最高法院判決之運用研析，嘉義，中正大學法學集刊，第3期，2000年7月，頁90。

[24] (1979) Fam. 84.

[25] (1985) 101 L.Q.R. 496.

三、分別處理說

由於主要問題準據法國衝突法則說與法院地衝突法則說的長期對立，因此開始有調合二說的分別處理說之主張，認為「先決問題」的解決，不應定於一尊，茲分述如下。

（一）以主要問題準據法國衝突法則說為原則，但例外採法院地衝突法則說

德國有學說認為，「先決問題」並無完全一體適用之原則存在，多數說及判例均認為如為國際判決一致而犧牲內國判決一致，實非妥當，故有主張原則上採主要問題準據法國衝突法則說，但若為正義則應例外採法院地衝突法則說[26]。例如，德國女子A依德國法合法離婚（但依西班牙法為無效）後，與西班牙男子B在德國結婚，其婚姻是否有效在德國發生問題，並以該A之離婚是否有效為先決問題。依德國「民法施行法」第13條第1項，結婚之要件依各婚約人之本國法，故B在德國是否得有效結婚，應適用西班牙法，依西班牙法，與已結婚者不得結婚，則B的婚姻實質成立要件問題（主要問題）係以A之前婚是否消滅為先決問題。此時如主要問題準據法國衝突法則說，則以西班牙法為準據法，而生A離婚為無效且AB婚姻無效之結果；若採法院地衝突法則說，則以離婚時之本國法即德國法為準據法，而生AB婚姻有效之結果。由此例可知，主要問題準據法國衝突法則說固可獲得國際判決一致（與西班牙法院處理該事件之結果相同），但此將拒絕內國婚姻之成立，而剝奪憲法上結婚自由之基本人權，故此時應例外改採法院地衝突法則說[27]。

---

[26] 參閱石黑一憲，國際私法の解釋論的構造（1980年），頁128-129。

[27] 但亦有學者批評此看法，認為此說在採取主要問題準據法國衝突法則說之同時，又不得不承認於例外情形採取法院地衝突法則說，且此等例外多係關於婚姻成立與否之先決問題，而影響婚姻之身分效力、夫妻財產制、離婚、子女婚生性、準正等主要問題，否則將導致「跛行婚」的發生，既然如此，何不直接改採法院地衝突法則說。參

另日本學者木棚照一、松岡博、渡邊惺之於所合著「國際私法概論」一書中主張，原則上採主要問題準據法國衝突法則說最為妥當，但應以國際私法上的利益衡量作為解釋論之限制，若「先決問題」的內國關聯性強時，則應重視判決的內國調合，此時應例外採法院地衝突法則說[28]。

（二）以法院地衝突法則說為原則，但例外採主要問題準據法國衝突法則說

英國學者Peter North（諾斯）及J. J. Fawcett（福塞特）於「戚希爾與諾斯國際私法」（Cheshire & North Private International Law）一書中提出，「先決問題」應大致區別為適用雙重反致（double renvoi）之法律關係與不適用雙重反致之法律關係，前者因適用雙重反致時，外國國際私法亦一併予以反致，此時由於「先決問題」與「主要問題」一併反致，故採主要問題準據法國衝突法則說，後者則原則採法院地衝突法則說，但於例外情形，仍得採主要問題準據法國衝突法則說以獲得具體妥當性[29]。例如於*Schwebel v. Ungar*案中，依據安大略（法院地）衝突法則，Schwebel與Ungar婚姻法律關係（主要問題）成立合法否，以結婚時之住所地法以色列法律為準據法，但Schwebel與Ungar婚姻的合法成立卻以Ungar與前夫婚姻是否合法解消為先決問題，離婚法律關係為不適用雙重反致之法律關係，故理應採院地衝突法則說，亦即依安大略衝突法則，以離婚時住所地法即匈牙利法為準據法，結果為該離婚為無效。但加拿大最高法院支持上訴法院的見解，認為Schwebel與Ungar結婚時Ungar實際上已為單身婦女，故應採主要問題準據法國衝突法則說，適用準據法國以色列之衝突法則，以現在住所地法即以色列法為準據法，結果為離婚有效，蓋本件先決

閱石黑一憲，前註26，頁129。

[28] 參閱木棚照一、松岡博、渡邊惺之，国際私法概論（2005年），頁77。

[29] *See* P. M. NORTH & J. J. FAWCETT, CHESHIRE AND NORTH PRIVATE INTERNATIONAL LAW 47-9 (13th ed. 1999).

問題，如採法院地衝突法則說適用安大略衝突法則，則以匈牙利法為準據法而離婚無效，但此種結果令人無法接受，因而在不適用雙重反致的情形，法院仍基於個案情形及法院地政策（如當事人均為以色列人，依據以色列法之方式離婚，不應因方式欠缺而離婚無效），視其為例外情形而適用主要問題準據法國衝突法則，此主要目的即在於獲得具體妥當之結果。

（三）依個案具體判斷

英國學者J. H. C. Morris（莫里士）與David McClean（麥克林）於「衝突法」（The Conflict of Laws）一書中主張，「先決問題」應分別處理，其認為「先決問題」之解決，機械的解決（mechanical solution）並非可能，而應依據不同個案及其包含之特有要素（each case may depend on the particular factors involved）加以處理[30]。

日本學者山田鐐一於「國際私法」一書中主張，「先決問題」之事實與準據法國有較密切牽連時，則採主要問題準據法國衝突法則說以決定準據法，若「先決問題」之事實與法院地有較密切關連時，則採法院地衝突法則說以決定準據法[31]。

我國學者李後政於其博士論文「國際私法上選法理論之新趨勢」中主張應以法院地衝突法則說為原則，例外始採主要問題準據法國衝突法則說，蓋法院就涉外民商案件之處理本應適用法院地衝突法則[32]。但學者陳榮傳卻認為，由於分別處理說未明確以任何一說為原則，故現階段似不必認為已成一家之言[33]。

---

[30] *See* J. H. C. MORRIS & DAVID MCCLEAN, THE CONFLICT OF LAWS 501(5th ed. 2000).

[31] 參閱山田鐐一，国際私法（2004年），頁162-163。

[32] 參閱李後政，國際私法上選法理論之新趨勢，國立台灣大學法律學研究所博士論文，1994年5月，頁290。

[33] 參閱陳榮傳，國際私法實用——涉外民事案例研析，台北，五南書局，2015年10月初版，頁120。

參、從平衡涉外民事訴訟實體利益與程序利益之觀點探討先決問題之解決標準

一、應另以平衡涉外民事訴訟實體利益與程序利益之角度，檢討、分析主要問題準據法國衝突法則說及法院地衝突法則說

　　主要問題準據法國衝突法則說與法院地衝突法則說的長期對立，乃是肇因於對「先決問題」與「主要問題」間關係之性質，以及解決「先決問題」所應秉持原則之設定，二者有根本上差異所致：主要問題準據法國衝突法則說認為「先決問題」係附屬於「主要問題」，蓋「先決問題」乃因「主要問題」所生，自應受主要問題準據法國法律體系之規制，且若「先決問題」之解決採取主要問題準據法國衝突法則，則與該「先決問題」於主要問題準據法國起訴時之判決結果相同，而能符合國際判決一致之原則；法院地衝突法則說認為「先決問題」係獨立於「主要問題」，蓋「先決問題」雖因「主要問題」所生，但「先決問題」乃是受獨立於「主要問題」所應適用衝突法則之外的其他衝突法則所規範，為獨立於「主要問題」之外的問題，與「主要問題」之外另一於法院地起訴之案件無異，自應受法院地法律體系之規制，且若「先決問題」之解決採取法院地衝突法則說，則無論應適用同一衝突法則之「主要問題」因案情事實之不同而導致具體準據法的不同，同一法律關係之「先決問題」都適用同一衝突法則，而能符合內國判決一致之原則。

　　實則，無論是附屬性或獨立性，抑或是國際判決一致或內國判決一致，皆言之成理，但絕對地二元劃分，都不免有所偏且速斷。質言之，附屬性或獨立性之差異乃不同觀察角度所致，若從先有「主要問題」涉訟方有「先決問題」附隨之被提出此一角度觀之，「先決問題」確具有附屬性，但「先決問題」具有獨立可資適用之「主要問題」所應適用衝突法則之外的衝突法則，以及「先決問題」可作為一獨立之訴訟標的另行起訴，

從此角度觀之，無法否認「先決問題」具有獨立性；而國際判決一致或內國判決一致之輕重乃因應不同情況所造成，蓋若著眼於「先決問題」有機會於主要問題準據法國起訴時，則此時就應堅守國際判決一致之原則，以免法院地與主要問題準據法國之判決發生歧異，但若著眼於法院地處理涉外案件之安定性，不同案件中相同指定原因之「先決問題」不應適用不同之衝突法則選擇準據法，此時內國判決一致之原則就顯得很重要。因之，若僅基於附屬性以及國際判決一致，尚不足以作爲支持主要問題準據法國衝突法則說的堅強理由，同理，若僅基於獨立性或內國判決一致，亦不足以作爲主張法院地衝突法則說的充實基礎，本章認爲有必要於此之外，更配合以涉外民事訴訟實體利益與程序利益的平衡之觀點分析，論述將更能充分，蓋任何國際私法的學說主張要具體可行，不能純是理論爭辯或是邏輯分析，而必須要能與具體的涉外民事訴訟之運作落實與配合。

　　按民事訴訟，無非冀望藉由訴訟的進行，以尋求、發現、提示存在於實體利益（如：因特定實體上權利經裁判爲存在，即特定實體法規範被適用時所可能獲致之利益）與程序利益（如：因程序之使用或減免使用所可能獲致之勞力、時間或費用之節省）之平衡點上的法[34]，無論內國民事

---

[34] 民事訴訟之目的，目前眾說紛紜，尚未有定論。有採「權利保護說」，認爲因國家禁止人民私力救濟，當然國家需擔任保護私權之任務，故設立訴訟制度；有採「私法秩序維持說」，認爲民事訴訟之目的係爲維持法的和平或法的確證，爲證明法係存在，孰違反私法秩序，即透過訴訟制度，實現私法秩序、法的和平；有採「紛爭解決說」，認爲運用民事訴訟予以裁判一事，非單純民商法等私法之問題，而係超越私法之上，由國家強制性介入於私人間之生活，以解決紛爭爲目的；亦有採「多元目的論」，認爲民事訴訟具有保護私權、實現私法秩序、解決紛爭之多元目的。而本章所採者，乃「法尋求說」，此說係以貫徹立憲主義之精神，平衡兼顧系爭中與系爭外同受憲法保障之財產權、自由權、生存權、平等權及訴訟權等相關基本權爲立論基礎，著眼於民事訴訟制度之設計、運作及使用應兼顧實體利益與程序利益，予以等量齊觀，不該如「權利保護說」般僅以追求系爭實體權利之保護爲目的，否則當事人系爭外財產權、自由權甚至生存權，將難免因系爭標的使用訴訟制度之故，反遭受減損、限制或損害，始有背於憲法同時保障上開基本權之旨趣，亦不符尊重人性尊嚴之原則與法治國之基本原理，此應非所以設立訴訟制度之目的。有關「法尋求說」之詳盡論

訴訟抑或涉外民事訴訟皆無不同，然而於尋求、發現、提示存在於實體利益與程序利益之平衡點上的法之過程中，內國民事訴訟所尋求、發現、提示之法以內國法為已足，而涉外民事訴訟則因多了決定該國法院是否具有國際裁判管轄權[35]以及運用衝突法則選擇準據法之程序，其所尋求、發現、提示之法不限於內國法，且有及於外國法之可能性，此為內國民事訴訟與涉外民事訴訟最主要差異之所在。職是，於涉外民事訴訟，因衝突法則之運用會影響所尋求、發現、提示之法為內國法抑或外國法，故衝突法則之運用，無疑會影響到實體利益與程序利益之平衡，尤有進者，倘該宗涉外民事訴訟為具有「先決問題」之訴訟事件，更會因「先決問題」究應運用法院地衝突法則解決抑或主要問題準據法國衝突法則解決，而影響到實體利益與程序利益之平衡，故本章即從平衡涉外民事訴訟實體利益與程序利益之角度，檢討分析法院地衝突法則解決與主要問題準據法國衝突法

述，請參閱邱聯恭，民事訴訟之目的——以消費者保護訴訟為例，收於氏著，程序制度機能論，台北，作者自版，1996年8月初版，頁147-196。

[35] 有關國際裁判管轄之相關問題，國內討論頗豐，諸如（依出版時間由先至後，以下註釋參考文獻有二以上者，亦同）：蘇遠成，前揭註22書，頁122-142；邱聯恭，司法現代化之要素，收於氏著，司法之現代化與程序法，台北，作者自版，1994年4月再版，頁98-102；陳啓垂，民事訴訟之國際管轄權，台北，法學叢刊，第166期，1997年4月，頁75-86；林秀雄，國際裁判管轄權——以財產關係案件為中心，收於劉鐵錚教授六秩華誕祝壽論文集編輯委員會主編，國際私法理論與實踐——劉鐵錚教授六秩華誕祝壽論文集（一），台北，學林文化公司，1998年9月初版，頁119-135；蔡華凱，國際裁判管轄總論之研究——以財產關係訴訟為中心，嘉義，中正法學集刊，第17期，2004年10月，頁1-85；吳光平，涉外財產關係案件的國際裁判管轄權，台北，法學叢刊，第166期，2005年4月，頁57-106；吳光平，國際私法上國際裁判管轄發展之新趨勢，台北，軍法專刊，第52卷第3期，2007年6月，頁116-133；馬漢寶，國際私法——總論各論，台北，翰蘆圖書公司，2014年8月3版，頁187-193；何佳芳，國際裁判管轄上之特別情事原則——從日本新法談起，台北，華岡法粹，第60期，2016年6月，頁65-90；王欽彥，國際裁判管轄之方法論區辨，台北，台北大學法學論叢，第106期，2018年6月，頁49-89；劉鐵錚、陳榮傳，前揭註1書，頁621-644；柯澤東著、吳光平增修，國際私法論，台北，元照出版公司，2020年10月6版，頁301-327。

則之利弊得失。

二、單一的主要問題準據法國衝突法則說及法院地衝突法則說，皆使涉外民事訴訟實體利益與程序利益失去平衡

　　「主要問題」與「先決問題」皆爲具有涉外成分之涉外法律關係，依通說之見，法院一經發現系爭案件具有「涉外成分」而爲涉外案件時，即應依職權適用國際私法衝突法則（我國爲「涉外民事法律適用法」，以下簡稱爲「涉民法」）選擇準據法[36]，既然爲本訴法律關係之「主要問題」須依衝突法則選擇準據法，則作爲本訴法律關係前提條件之「先決問題」，自無不依衝突法則選擇準據法之理，故而往昔有主張「先決問題」依法院地實體法解決之說即不受重視[37]，然而若從平衡涉外民事訴

---

[36] 我國最高法院長期以來皆持此見解，以近二十年之最高法院裁判爲例，最高法院107年度台上字第801號民事判決、最高法院102年度台上字第859號民事判決、最高法院99年度台上字第1714號民事判決、最高法院98年度台上字第2333號民事判決、最高法院97年度台上字第2730號民事判決、最高法院96年度台上字第846號民事判決、最高法院95年度台上字第1166號民事判決、最高法院94年度台上字第1765號民事判決、最高法院94年度台上字第1721號民事判決、最高法院94年度台上字第1416號民事判決、最高法院94年度台上字第687號民事判決、最高法院94年度台上字第3號民事判決、最高法院93年度台上字第2121號民事判決、最高法院93年度台上字第491號民事判決、最高法院93年度台上字第5號民事判決、最高法院92年度台上字第150號民事判決、最高法院91年度台上字第525號民事判決、最高法院91年度台上字第95號民事判決、最高法院90年度台上字第1232號民事判決、最高法院90年度台上字第1230號民事判決、最高法院90年度台上字第516號民事判決、最高法院89年度台上字第671號民事判決、最高法院88年度台上字第3073號民事判決、最高法院87年度台上字第2512號民事判決、最高法院87年度台上字第1203號民事判決等，皆認爲「涉民法」爲強制性法律，若下級審法院於涉外案件未適用「涉民法」選擇準據法，即被最高法院認爲判決「尚有未合」、「違背法令」。

[37] 美國1967年*Travelers Insurance Co. v. Workmen's Compensation Appeals Board*案（434 P. 992 (1967)）法院即直接依法院地加州之實體法解決「先決問題」。

訟實體利益與程序利益之角度言，法院於涉外民事訴訟適用衝突法則選擇準據法，因能維護法律適用之穩定性且有助於防制「任擇法院」（forum shopping），故而對程序利益之促進不無助益，惟適用衝突法則有選出外國法（此指外國實體法，不包括外國衝突法則，下同）之可能，因外國法內容查明困難（程序利益之削弱）導致無法適用外國法（實體利益之削弱），以及對外國法理解之障礙導致之外國法適用不正確，使法院裁判品質不佳，因而嚴重侵蝕實體利益，使實體利益與程序利益失去平衡。適用法院地衝突法則就已經導致嚴重侵蝕實體利益之後果，若適用外國衝突法則（主要問題準據法國衝突法則即為外國衝突法則），則所導致實體利益之侵蝕將有過之而無不及，蓋外國法內容查明困難導致無法適用外國法、對外國法理解之障礙導致之外國法適用不正確等現象，於適用外國衝突法則時不但同樣會發生（亦即外國衝突法則內容查明困難導致無法適用外國衝突法則、對外國衝突法則理解之障礙導致之依外國衝突法則選法不正確），適用外國衝突法則所選出之準據法若更為第三國法（此指第三國實體法，不包括第三國衝突法則，下同）時，則又會再度發生第三國法內容查明困難導致無法適用第三國法、對第三國法理解之障礙導致之第三國法適用不正確等現象，此時對實體利益乃是加倍侵蝕的，就此以言，「先決問題」適用主要問題準據法國衝突法則解決，因對侵蝕實體利益所造成涉外民事訴訟實體利益與程序利益之失衡，似不足採，而「先決問題」適用法院地衝突法則解決，應是兩害相權取其輕之不得不然。

　　為避免涉外民事訴訟實體利益與程序利益之嚴重失衡，「先決問題」適用法院地衝突法則解決，似乎已是不得已的選擇，然而此並非絕對。質言之，因「先決問題」可獨立於「主要問題」之外單獨起訴，「先決問題」之法律關係可為另一訴訟之本訴法律關係，倘「先決問題」後來確亦單獨起訴，若與以「主要問題」為本訴法律關係之前一訴訟適用不同之衝突法則選擇準據法，則以「主要問題」為本訴法律關係之前一訴訟對「先決問題」所得出之實體結果，與以「先決問題」為本訴法律關係之後一訴訟所得出之實體結果，就極有可能不同，蓋各國衝突法則並非完全一致，亦即存在著各國衝突法則彼此再衝突的現象（conflicting conflicts laws or conflict between conflicts laws）[38]，同一法律關係若適用立法主義相異的衝突法則，則得出的準據法就有可能不同，最後的實體結果也會不同，如此情形顯示出法院對以「主要問題」爲本訴法律關係之前一訴訟所爲之裁判，即難謂爲正確而愼重的裁判，蓋針對同一法律關係應具有同一實體利益，然而同一法律關係竟然因爲適用不同衝突法則而產生不同的實體結果，實體利益因前一訴訟與後一訴訟實體結果之不同反受侵蝕。故而，倘「先決問題」作爲本訴法律關係於後在主要問題準據法國法院起訴，以「先決問題」爲本訴法律關係之後一訴訟因於主要問題準據法國法院起訴，自須適用主要問題準據法國衝突法則選擇準據法，但以「主要問題」爲本訴法律關係之前一訴訟對「先決問題」卻適用法院地衝突法則選擇準據法，即有可能造成實體利益因前一訴訟與後一訴訟實體結果之不同反受侵蝕的結果；反之，以「主要問題」爲本訴法律關係之前一訴訟對「先決問題」若能適用主要問題準據法國衝突法則選擇準據法，則同一法律關係即適用同一衝突法則，所得出的準據法同一，最後的實體結果也相同，以「主要問題」爲本訴法律關係之前一訴訟的判決即可認爲爲正確而愼重的裁判，如此實體利益得以促進。

由上述可知，單一的主要問題準據法國衝突法則說及法院地衝突法則說，皆有可能使涉外民事訴訟實體利益與程序利益失去平衡，故而對於「先決問題」之解決，不宜絕對地以同一標準爲之，而應視不同情況，分別靈活運用二說。

---

[38] 亦有稱此種衝突爲「第二次元法」的衝突，而稱內國實體法的衝突爲「第一次元法」的衝突，「第一次元法」的衝突依「第二次元法」解決，而「第二次元法」的衝突則依「反致條款」或「屈服條款」等「第三次元法」解決。參閱林秀雄，夫妻財產制統一之必要性，收於氏著，家族法論集（一）——夫妻財產制之研究，台北，漢興書局，1995年10月初版，頁74-76。

三、以牽連性作為彈性運用主要問題準據法國衝突法則說及法院地衝突法則說之依據

（一）基本說明

　　由於單一的主要問題準據法國衝突法則說及法院地衝突法則說，皆有可能使涉外民事訴訟實體利益與程序利益失去平衡，故而對於「先決問題」之解決，不宜絕對地以同一標準為之，而應視不同情況，彈性運用二說，亦即應以分別處理說為宜。然而分別處理標準為何，本章認為應以牽連性作為彈性運用主要問題準據法國衝突法則說及法院地衝突法則說之依據，若「先決問題」與法院地有較密切關連時，則依法院地衝突法則選擇準據法，若「先決問題」與主要問題準據法國有較密切牽連時，則依主要問題準據法國衝突法則選擇準據法。

　　至於密切牽連應如何認定？言及密切牽連，必讓吾人思及「最重要牽連關係理論」（the most significant relationship doctrine）。按自1960年代於美國所興起的「衝突法革命運動」（conflicts revolution）起，各種新選法理論輩出，但能出美國本土而為大陸法系國家所重視者，非「最重要牽連關係理論」莫屬。「最重要牽連關係理論」的基本輪廓顯現於1954年*Auten v. Auten*案[39]與1963年*Babcock v. Jackson*案[40]判決中的「重力中心地」（center of gravity）與「牽連關係聚集地」（grouping of contacts），並於1971年由美國衝突法學者、哥倫比亞大學教授Willis L.M. Reese（里斯）領導編纂之美國「衝突法第二次整編」（The Restatement, Second, of Conflict of Laws，簡稱為「第二整編」）中，正式被提出。所謂「最重要牽連關係理論」，其理論意義與「第二整編」之規範意義有些許出入，其理論意義為：於涉外私法案件中，就涉外私法法律關係準據法的選擇，應綜合該案件相關的所有因素，分從質、量兩角度，就主、客觀連繫因素

---

[39] 308 N.Y.155, 124 N.E.2d 99 (1954).

[40] 12 N.Y. 2d 473, 240 N.Y.S. 2d 743, 191 N.E. 2d 279 (1963).

進行分析比較，尋找出何者與該案件之事實以及當事人有最重要牽連關係，並以該連繫因素所連繫地域之法律作爲該案件的準據法；而「第二整編」之規範意義，則見諸於「第二整編」第6條對選法理論一般原則的規範：「（第1項）法律在憲法的限制下，就法律之選擇應遵守其法域制定法之指示。（第2項）如一法域無上述制定法時，有關選擇應適用之法律相關因素包含：1.州際及國際制度之需要；2.法庭地之相關政策；3.其他有利害關係法域之相關政策，以及在解決某特定爭執時，這些法域之比較利益；4.正當期待利益之保護；5.某特定法律領域所依據之基本政策；6.確定、預見可能及結果一致；7.應適用法律之決定及適用之便利。」[41]蓋無論是第145條對侵權行爲選法一般標準的規範[42]，抑或是第188條對契約當事人欠缺有效準據法選擇時之選法的規範[43]，皆言明「依第六條

---

[41] **Article 6 (1)**: A court, subject to Constitutional restrictions, will follow a statutory directive of its own state on choice of law. **(2)** When there is no such directive, the factors relevant to the choice of the applicable rule of law include (a) the needs of the interstate and international systems, (b) the relevant policies of the forum, (c)the relevant policies of other interested states and the relative interest of those states in the determination of particular issue, (d) the protection of justified expectations, (e) the basic polices underlying the particular field of law, (f) certainly, predictability and uniformity of result, and (g) ease in determination and application of the law to be applied

[42] **Article145 (1):** The rights and liabilities of the parties with respect to an issue in tort are determined by the local law of the state which, with respect to that issue, has the most significant relationship to the occurrence and the parties under the principles stated in § 6. **(2)** Contacts to be taken into account in applying the principles of § 6 to determine the law applicable to an issue include: (a) at he place where the injury occurred, (b) the place where the conduct causing the injury occurred, (c) the domicile, residence, nationality, place of incorporation and place of business of the parties, and (d) the place where the relationship, if any, between the parties is centered. These contacts are to be evaluated according to their relative importance with respect to the particular issue.

[43] **Article188 (1):** The rights and duties of the parties with respect to an issue in contract are determined by the local law of the state which, with respect to that issue, has the most significant relationship to the transaction and the parties under the principles stated in § 6.

所定之諸原則下，與當事人，具有最重要牽連關係之法域之實體法」，故可知「第二整編」下最重要牽連關係之判斷，皆以第6條為基準；二者間的不同在於理論意義純就連繫因素加以判斷，但「第二整編」之規範意義卻包含了政策、利益等因素，乃是一種類似多重程序（complex litigation project）的選法方法，而非單純就連繫因素加以判斷[44]，故學說上有將「最重要牽連關係理論」區別為「純粹的最重要牽連關係理論」與「第二整編的最重要牽連關係理論」二類[45]，或「最重要接觸方法」（significant contacts methodology）與「第二整編方法」（Restatement (Second) methodology）二類[46]。但無論是「純粹的最重要牽連關係理

---

(2) In the absence of an effective choice of law by the parties (see § 187), the contacts to be taken into account In applying the principles of § 6 to determine the law applicable to an issue include: (a)the place of contracting, (b)the place of negotiation of the contract, (c) the place of performance, (d)the location of the subject matter of the contract, and (e)the domicil, residence, nationality, place of incorporation and place of business of the parties. These contacts are to be evaluated according to their relative importance with respect to the particular issue. (3) if the place of negotiating the contract and the place of performance are in the same state, the local law of this state will usually be applied, except as otherwise provided in § 189-199 and 203.

[44] Willis L.M. Reese教授於草擬「第二整編」第6條時，原欲採理論意義的「最重要牽連關係理論」，惟當時「利益分析學派」的聲勢浩大，未免「第二整編」受到「利益分析學派」的抵制，故而加入了政策、利益等判斷因素以妥協之。

[45] 參閱吳光平，國際私法上侵權行為準據法發展之新趨勢，台北，軍法專刊，第49卷第1期，2003年1月，頁20。

[46] 美國Willamette大學法學院院長Symeon C. Symeonides（西蒙尼德斯）教授，每年皆獲「美國比較法叢刊」（The American Journal of Comparative Law）之邀，為文撰寫美國前一年的衝突法發展實況，現已撰寫至2020年。Symeon C. Symeonides教授歸納美國各州的選法方法時，即為"significant contacts methodology"與"Restatement (Second) methodology"的區分法。*See* e.g., Symeon C. Symeonides, *Choice of Law in the American Courts in 1999: One More Year*, 48 AM. J. COMP. L. 145 (2000); Symeon C. Symeonides, *Choice of Law in the American Courts in 2000: As the Century Turns*, 49 AM. J. COMP. L. 13 (2001); SYMEON C. SYMEONIDES, WENDY COLLINS PERDUE & ARTHUR T. VON MEHREN,

論」或「第二整編的最重要牽連關係理論」，其對密切牽連或重要牽連之判斷仍不免過於抽象、模糊與主觀，這也就是大陸法系國家國際私法典於繼受「最重要牽連關係理論」時，皆於立法時做出程度不一的限制[47]。因之，密切牽連之認定若依「最重要牽連關係理論」為之，雖與依「最重要牽連關係理論」來確定準據法的衝突法則發展趨勢相符，但判斷標準仍不夠明確。

　　本章認為，密切牽連之認定，若以是否具有「國際裁判管轄權」（英文：international adjudicatory jurisdiction or international jurisdiction to adjudicate；德文：internationale Zuständigkeit；法文：compétence internationale）作為判斷標準，應能符合具體、明確與客觀之要求。按世界各國關於「國際裁判管轄權」之決定，皆以與法院地間的「牽連」（nexus）作為決定標準，大陸法系國家係以「被告與法院地間的牽連」（defendant-court nexus）以及「訴訟標的法律關係和法院地間的牽連」（claim-court nexus）作為決定標準，美國法則以「被告和法院地間的牽連」作為對非法院地居民之被告「對人訴訟裁判管轄權」（in personam jurisdiction or personal jurisdiction or jurisdiction over the person）之基礎，故若法院地國對某涉外案件具有「國際裁判管轄權」，則該案件勢必與法院地國具有某種程度的牽連關係。從而，若法院地國對於將來以「先決問題」為本訴法律關係而單獨起訴之訴訟具有「國際裁判管轄權」者，則「先決問題」與法院地國關係較密切；若主要問題準據法國對於將來以「先決問題」為本訴法律關係而單獨起訴之訴訟具有「國際裁判管轄權」者，則「先決問題」與主要問題準據法國關係較密切。

　　然或有認為，「國際裁判管轄權」之決定，性屬程序法之國際民事

CONFLICT OF LAWS: AMERICAN, COPARATIVE, INTERNATIONAL 286-8 (1998).

[47] 大陸法系國家國際私法典於繼受「最重要牽連關係理論」時，乃是以帝王條款、除外條款與補充條款等三類不同的立法方式繼受「最重要牽連關係理論」。參閱吳光平，論最密切牽連關係理論之立法化，台北，法學叢刊，第188期，2002年10月，頁97-116。

訴訟法，與以「法律衝突」爲基礎之準據法選擇乃爲二事，不應混爲一談，故國際私法上「先決問題」之解決，與「國際裁判管轄權」之決定無涉。此一觀點，誠屬正確，但以此一觀點爲前提以探討國際私法上「先決問題」之解決標準，不免陷入了法律技術形式主義之既定印象，而忽略了「先決問題」各解決標準要能成功運作所不可或缺之程序制度配合。按「先決問題」係因處理「主要問題」時偶然地被提出，且爲適用本案準據法所附帶衍生之問題，並非本案當事人於本案所爭議之問題，故「先決問題」之解決不爲「主要問題」本案判決之既判力所及[48]，因而當事人即得於將來以「先決問題」爲本訴法律關係單獨起訴，因此也才有以國際判決一致爲基礎的主要問題準據法國衝突法則說之主張，然國際判決一致只有在當事人確定以「先決問題」爲本訴法律關係於主要問題準據法國單獨起訴時，方有可能實現，而以「先決問題」爲本訴法律關係於主要問題準據法國要能成功地起訴，乃以主要問題準據法國對以「先決問題」爲本訴法律關係之案件具有「國際裁判管轄權」爲前提，故主要問題準據法國衝突法則說要能成功運作，必須國際裁判管轄制度之配合；同樣地，以內國判決一致爲基礎的法院地衝突法則說之主張，內國判決一致只有在當事人確定以「先決問題」爲本訴法律關係於法院地單獨起訴時，方有可能實現，而以「先決問題」爲本訴法律關係於法院地要能成功地起訴，乃以法院地對以「先決問題」爲本訴法律關係之案件具有「國際裁判管轄權」爲前提，故法院地衝突法則說要能成功運作，亦必須國際裁判管轄制度之配合。因此，本章必須指出，準據法之選擇乃與「國際裁判管轄權」之

---

[48] 故「先決問題」之解決，僅需於判決理由中述明即可。判決理由是否爲既判力所及，通說及實務採否定看法，但學者有採肯定看法者，例如德國學者Friedrich Carl von Savigny（薩維尼）就主張先決的權利關係在判決理由中所做的判斷應有既判力，而日本學者新堂幸司更提出判決理由應爲既判力所及的「爭點效理論」。有關於此，請參閱駱永家，判決理由與既判力，收於氏著，既判力之研究，台北，作者自刊，1994年9月8版，頁51-88；許士宦，口述講義民事訴訟法（下），台北，新學林出版公司，2017年1月初版，頁526-527。

決定確為二事，但國際私法上「先決問題」之解決，並非單純以內國衝突法則選擇準據法之問題，而是以「何國之衝突法則」選擇準據法之問題，而欲決定以「何國之衝突法則」選擇準據法，則必先具有「國際裁判管轄權」，否則對於不具有「國際裁判管轄權」之案件，法院如何適用衝突法則選擇準據法？故倘主要問題準據法國對以「先決問題」為本訴法律關係之案件不具有「國際裁判管轄權」者，則主要問題準據法國衝突法則說毫無意義，國際判決一致不啻空談，同樣地，法院地對以「先決問題」為本訴法律關係之案件不具有「國際裁判管轄權」者，則法院地衝突法則說如被掏空，內國判決一致無從實現。職是，國際私法上「先決問題」之解決，不能僅視為準據法選擇之問題，而是以「何國之衝突法則」選擇準據法之問題，此時即必須國際裁判管轄之程序制度配合，方能竟國際判決一致或內國判決一致之全功。

（二）先決問題與法院地國關係較密切者，依法院地衝突法則選法

　　法院地國對於若將來以「先決問題」為本訴法律關係而單獨起訴之訴訟具有「國際裁判管轄權」，而主要問題準據法國對於若將來以「先決問題」為本訴法律關係而單獨起訴之訴訟不具有「國際裁判管轄權」，此時就顯示出「先決問題」與法院地國關係較密切，此時「先決問題」即依法院地衝突法則選擇準據法。蓋主要問題準據法國對於若將來以「先決問題」為本訴法律關係而單獨起訴之訴訟不具有「國際裁判管轄權」，而法院地國對於若將來以「先決問題」為本訴法律關係而單獨起訴之訴訟具有「國際裁判管轄權」者，當事人即有機會於將來以「先決問題」為本訴法律關係至法院地國單獨起訴，此時「先決問題」之獨立性即被彰顯，因之系爭訴訟雖然是以「主要問題」為本訴法律關係，但附帶產生之「先決問題」因其獨立性外顯，故而應將之視為一獨立問題而適用法院地衝突法則選擇準據法。倘若以「先決問題」作為本訴法律關係果真於日後在法院地國單獨起訴，則因以「主要問題」為本訴法律關係之前一訴訟對「先決問

題」與以「先決問題」作為本訴法律關係之後一訴訟皆依相同的衝突法則選擇準據法，所得出的準據法同一，最後的實體結果也相同，使前後訴訟之實體利益皆得以促進。

（三）先決問題與主要問題準據法國關係較密切者，依主要問題準據法國衝突法則選法

主要問題準據法國對於若將來以「先決問題」為本訴法律關係而單獨起訴之訴訟具有「國際裁判管轄權」，而法院地國對於若將來以「先決問題」為本訴法律關係而單獨起訴之訴訟不具有「國際裁判管轄權」，此時就顯示出「先決問題」與主要問題準據法國關係較密切，此時「先決問題」即依主要問題準據法國衝突法則選擇準據法。蓋法院地國對於若將來以「先決問題」為本訴法律關係而單獨起訴之訴訟不具有「國際裁判管轄權」，而主要問題準據法國對於若將來以「先決問題」為本訴法律關係而單獨起訴之訴訟具有「國際裁判管轄權」者，當事人即有機會於將來以「先決問題」為本訴法律關係至主要問題準據法國單獨起訴，此時「先決問題」之附屬性即被彰顯，因之故而應將之視為一附屬問題而適用主要問題準據法國衝突法則選擇準據法。倘若以「先決問題」作為本訴法律關係果真於日後在主要問題準據法國單獨起訴，則因以「主要問題」為本訴法律關係之前一訴訟對「先決問題」與以「先決問題」作為本訴法律關係之後一訴訟皆依相同的衝突法則選擇準據法，所得出的準據法同一，最後的實體結果也相同，使前後訴訟之實體利益皆得以促進。

（四）先決問題與法院地國及主要問題準據法國皆無關係或關係同等密切者，依法院地衝突法則選法

法院地國以及主要問題準據法國對於若將來以「先決問題」為本訴法律關係而單獨起訴之訴訟皆不具有「國際裁判管轄權」（亦即因為拒絕「國際裁判管轄權」所造成的「國際裁判管轄權之消極衝突」。英文：negative conflict of jurisdictions；德文：negativer Kompetenzkonflikt），或

皆具有「國際裁判管轄權」（亦即因「國際裁判管轄權」競合所造成的「國際裁判管轄權之積極衝突」。英文：positive conflict of jurisdictions；德文：positiver Kompetenzkonflikt），此時就顯示出「先決問題」與法院地國以及主要問題準據法國關係皆無關係或關係同等密切，此時「先決問題」就應依法院地衝突法則選擇準據法，抑或依主要問題準據法國衝突法則選擇準據法，就難以抉擇。

1. 法院地國與主要問題準據法國國際裁判管轄權消極衝突之情形

　　法院地國以及主要問題準據法國對於若將來以「先決問題」為本訴法律關係而單獨起訴之訴訟皆不具有「國際裁判管轄權」，此時「先決問題」與法院地國以及主要問題準據法國關係皆無關係，於此情形下，以「先決問題」為本訴法律關係而單獨起訴之訴訟將來是否提出以及於何國提出，亦未可知，故而此時是否有必要為了不確定是否可得之以「主要問題」為本訴法律關係之前一訴訟對「先決問題」與以「先決問題」作為本訴法律關係之後一訴訟所共有之實體利益，而犧牲眼前以「主要問題」為本訴法律關係之系爭訴訟得以正確、慎重、簡易、迅速而經濟地解決之實體利益與程序利益，不無疑問。故而，本章以為，此時「先決問題」以適用法院地衝突法則選擇準據法為宜。

2. 法院地國與主要問題準據法國國際裁判管轄權積極衝突之情形

　　法院地國以及主要問題準據法國對於若將來以「先決問題」為本訴法律關係而單獨起訴之訴訟皆具有「國際裁判管轄權」，此時「先決問題」與法院地國以及主要問題準據法國關係同等密切，於此情形下，以「先決問題」為本訴法律關係而單獨起訴之訴訟將來是否提出以及究於法院地國抑或主要問題準據法國提出，亦未可知，故而此時是否有必要為了不確定是否可得之以「主要問題」為本訴法律關係之前一訴訟對「先決問題」與

以「先決問題」作爲本訴法律關係之後一訴訟因皆適用主要問題準據法國衝突法則選擇準據法而獲致共有之實體利益，而犧牲眼前以「主要問題」爲本訴法律關係之系爭訴訟得以簡易、迅速而經濟地解決之程序利益，不無疑問。故而，本章以爲，此時「先決問題」以適用法院地衝突法則選擇準據法爲宜。

（五）特殊情形之探討

上述判斷標準，於主要問題準據法爲一國之法律，主要問題準據法國爲一國時，運用上並無困難。惟，於特殊情形，亦即準據法合併適用（Kumulative Anwendung）[49] 或分配適用（Distributive Anwendung）[50] 之場合，主要問題準據法乃二國之法律，甚至二國以上之法律，致使主要問題準據法國乃有二國甚至二國以上，此時上述判斷標準之運用，稍爲複雜，茲分析如下。

---

[49] 此乃是就同一法律關係，合併適用數個準據法，以限制該法律關係之成立，亦即數個準據法須重疊、累積而同時適用之。「涉民法」第12條第1項：「凡在中華民國有住所或居所之外國人，依其本國及中華民國法律同有受監護、輔助宣告之原因者，得爲監護、輔助宣告。」所規定有關監護、輔助宣告原因之準據法，有該外國人之本國法以及法院地法，此二法律須重疊、累積而適用之，其中任一均不得省略，故須此二法律同時均認爲構成監護、輔助宣告之原因者，方爲監護、輔助宣告。

[50] 此乃是就同一法律關係，依當事人之觀點，分配適用不同準據法，亦即數個準據法須分配、並行而分別適用之，此時各準據法於效力上並無輔助之關係，如依其一準據法並不具備成立要件，則縱依其他準據法具備成立要件，該涉外法律關係仍不成立。「涉民法」第46條本文：「婚姻之成立，依各該當事人之本國法。」所規定有關婚姻成立要件之準據法，因結婚有雙方當事人，故依各該當事人觀點，分配、並行適用各該當事人之本國法，亦即一方當事人依一方當事人之本國法，他方當事人依他方當事人之本國法，分別適用之以決定各該當事人之結婚是否成立，此時依一方當事人之本國法婚姻不成立，則縱依他方當事人之本國法婚姻成立，該婚姻仍不成立。

1. 法院地國為主要問題準據法國所牽涉之二國或二以上國家之其一

　　當主要問題準據法國所牽涉之二國或二以上國家，其中有一為法院地國，而法院地國對於若將來以「先決問題」為本訴法律關係而單獨起訴之訴訟具有「國際裁判管轄權」，此時縱其他之主要問題準據法國對於若將來以「先決問題」為本訴法律關係而單獨起訴之訴訟具有「國際裁判管轄權」，「先決問題」即應適用法院地衝突法則選擇準據法，蓋此時應特重以「主要問題」為本訴法律關係之系爭訴訟得以簡易、迅速而經濟地解決之程序利益也。

2. 主要問題準據法國所牽涉之二國或二以上國家皆為外國

　　當主要問題準據法國所牽涉之二國或二以上國家，皆為外國而無法院地國時，應區別三種情形以觀：(1)僅其中一國對於若將來以「先決問題」為本訴法律關係而單獨起訴之訴訟具有「國際裁判管轄權」，此時「先決問題」即應適用該國衝突法則選擇準據法，蓋此時應特重於以「主要問題」為本訴法律關係之前一訴訟對「先決問題」與以「先決問題」作為本訴法律關係之後一訴訟皆依相同的衝突法則選擇準據法致生實體結果相同之實體利益；(2)主要問題準據法國所牽涉之二國或二以上國家，至少有二國對於若將來以「先決問題」為本訴法律關係而單獨起訴之訴訟皆具有「國際裁判管轄權」，此時「先決問題」與二國關係同等密切，於此情形下，以「先決問題」為本訴法律關係而單獨起訴之訴訟將來是否提出以及究於該二國中之何國提出，亦未可知，故實無需為了不確定是否可得之以「主要問題」為本訴法律關係之前一訴訟對「先決問題」與以「先決問題」作為本訴法律關係之後一訴訟因皆適用相同衝突法則選擇準據法而獲致共有之實體利益，而犧牲眼前以「主要問題」為本訴法律關係之系爭訴訟得以簡易、迅速而經濟地解決之程序利益，從而基於對程序利益之特重，「先決問題」應適用法院地衝突法則選擇準據法；(3)主要問題準據

法國所牽涉之二國或二以上國家，對於若將來以「先決問題」爲本訴法律關係而單獨起訴之訴訟皆不具有「國際裁判管轄權」，此時顯然應特重以「主要問題」爲本訴法律關係之系爭訴訟得以簡易、迅速而經濟地解決之程序利益，「先決問題」應適用法院地衝突法則選擇準據法。

肆、結論

於本件最高法院85年度台上字第2423號民事判決之前，我國最高法院尚未見有判決對「先決問題」之解決標準表示意見，而本件判決中，最高法院雖未明確表示此爲國際私法上「先決問題」，但關於子女婚生性則依「涉民法」選擇日本法爲準據法，亦即觸及首度國際私法上「先決問題」並採取法院地衝突法則說作爲解決標準，故而此一判決對「先決問題」於我國國際私法之發展，深具意義。

「先決問題」自1934年被發現後，主要問題準據法國衝突法則說與法院地衝突法則說之爭論，前者力求維護國際判決一致，後者則力主維護內國判決一致，在晚近則又興起個別案件處理的分別處理說，從而「先決問題」之處理至今仍未見定論。惟，任何國際私法的學說主張要具體可行，不能純是理論爭辯或是邏輯分析，而必須要能與具體的涉外民事訴訟之運作落實與配合。因此，本章嘗試以平衡涉外民事訴訟實體利益與程序利益之觀點，分析「先決問題」之解決標準：一、單一的主要問題準據法國衝突法則說及法院地衝突法則說，皆有可能使涉外民事訴訟實體利益與程序利益失去平衡，故而對於「先決問題」之解決，不宜絕對地以同一標準爲之，而應視不同情況，彈性運用二說，亦即應以分別處理說爲宜；二、應以牽連性作爲彈性運用主要問題準據法國衝突法則說及法院地衝突法則說之依據，至於密切牽連，則以是否具有「國際裁判管轄權」作爲判斷標準；三、法院地國對於若將來以「先決問題」爲本訴法律關係而單獨起訴之訴訟具有「國際裁判管轄權」，而主要問題準據法國對於若將來以「先決問題」爲本訴法律關係而單獨起訴之訴訟不具有「國際裁判管轄

權」，此時「先決問題」即依法院地衝突法則選擇準據法；四、主要問題準據法國對於若將來以「先決問題」爲本訴法律關係而單獨起訴之訴訟具有「國際裁判管轄權」，而法院地國對於若將來以「先決問題」爲本訴法律關係而單獨起訴之訴訟不具有「國際裁判管轄權」，此時「先決問題」即依主要問題準據法國衝突法則選擇準據法；五、法院地國以及主要問題準據法國對於若將來以「先決問題」爲本訴法律關係而單獨起訴之訴訟皆不具有「國際裁判管轄權」或皆具有「國際裁判管轄權」，此時「先決問題」即依法院地衝突法則選擇準據法。就此以言，本件最高法院85年度台上字第2423號民事判決就「先決問題」依法院地衝突法則選擇準據法之結論，尚稱允當，因爲就子女婚生性之「先決問題」而言，若此問題作爲本訴法律關係於日後單獨起訴，我國法院對之具有「國際裁判管轄權」，此顯示出「先決問題」與我國具有密切關連，故而自當依我國「涉民法」選擇子女婚生性之準據法（縱此問題作爲本訴法律關係於日後單獨起訴，而日本法院對之亦具有「國際裁判管轄權」而發生與我國法院之「國際裁判管轄權」競合，此時依本章之見，仍應依我國「涉民法」選擇子女婚生性之準據法，蓋以子女婚生性爲本訴法律關係而單獨起訴之訴訟，將來是否於日本法院提出實未可知，故而此時實無必要爲了不確定是否可得之以認領爲本訴法律關係之眼前訴訟對於子女婚生性問題，與以子女婚生性作爲本訴法律關係的將來可能單獨起訴之訴訟，因皆適用日本衝突法則選擇準據法所獲致共有之實體利益，而犧牲以認領爲本訴法律關係之眼前訴訟得以簡易、迅速而經濟地解決之程序利益）。

就現階段言，由於我國「涉民法」既未對「先決問題」的處理做出明文規範，則法院面對涉外民商訴訟中之「先決問題」，勢依「涉民法」第1條：「涉外民事，本法未規定者，適用其他法律之規定；其他法律無規定者，依法理。」援引學說處理之，以預留彈性空間。

※本章之內容，主要爲「從平衡涉外民事訴訟實體利益與程序利益之觀點探討國際私法上先決問題之解決標準──由最高法院八十五年度台上字第二四二三號判決談起，新竹，玄奘法律學報，第10期，2008年12月，頁133-168」一文，經修正、刪校而成爲本章。

第六章

當事人意思自主原則、契約準據法之約定與規避法律──台灣台北地方法院95年度重訴字第1416號民事判決評析

壹、案件事實及判決要旨概述

一、案件事實

　　原告為我國A公司，其前任法定代理人甲與被告我國B銀行香港分行簽訂為第三人美國C公司保證之各項契約，A公司與B銀行所簽訂系爭保證契約第10.2條約定"Jurisdiction: The Depositor hereby irrevocably submits to the non-exclusive jurisdiction of the Hong Kong courts, but it shall be open to the Bank to enforce this security in the courts of any other competent jurisdiction."為以香港法院為非專屬管轄法院之國際合意管轄條款，第10.1條約定"This Charge shall be governed by and construed in all respects in accordance with the laws of Hong Kong."為以香港法為準據法之準據法條款。

　　原告主張：A公司與B銀行皆為我國私法人，借款人雖為美國C公司，但其法定代理人亦為甲（即原告之前任法定代理人），參酌上開各項契約之訂定，契約當事人明顯為甲與B銀行總行，契約雙方僅為規避「公司法」第16條：「公司除依其他法律或公司章程規定得為保證者外，不得為任何保證人。公司負責人違反前項規定時，應自負保證責任，……。」

之相關規定，將借款及保證契約書交由被告B銀行香港分行辦理，並合意以香港法爲準據法，藉以規避我國法律之強制規定，故應以我國法爲準據法。

被告主張：美國C公司與原告A公司間實質內部關係爲何，外人不得而知，而依據申貸當時所有文件（包含A公司出具之英文版董事會議事錄摘要），A公司之蓋用在文件上之印文與經濟部留存印鑑相符，符合A公司「背書保證作業辦法」第7條規定：「背書保證之專用印章爲向經濟部申請公司登記之公司印章，該印章應由董事會同意之專人保管，變更時亦同。」是A公司擔任美國C公司之連帶保證人，完全符合A公司規定之背書保證程序，應爲合法，A公司縱於國內，亦得爲美國C公司之債務作保，本件保證行爲，並無規避法律之可言，故應以香港法爲準據法。

二、法院判決要旨

一審之台灣台北地方法院作出95年度重訴字第1416號民事判決：於國際裁判管轄方面，原告A公司與被告B銀行香港分行就系爭保證契約，約定以香港法院爲非專屬之管轄法院，並無爭執，就本件國際裁判管轄權部分，既爲非專屬管轄之約定，應予尊重，則香港法院與我國法院均有國際裁判管轄權，屬國際裁判管轄權之競合，原告A公司依「民事訴訟法」之規定向我國法院起訴，要無不可；於準據法之選擇方面，系爭保證契約所提之相關文件，形式上眞正，亦與證人證述情節相合，而美國C公司與原告A公司推定爲關係企業，則A公司擔任C公司之連帶保證人，核無不合，故本件保證行爲，並無規避法律之情事，且C公司因A公司在B銀行香港分行有定期存款得辦理定存十足擔保簡易授信，向B銀行香港分行申請辦理本件貸款及保證，B銀行香港分行所爲融資貸款等金融相關契約，約定準據法爲香港法，基於意思自由原則，並無不可，而系爭融資契約之借款人C公司爲外國法人，且辦理本案融資貸放相關事項（以契約當事人之地位向C公司及A公司發信、通知與放款等）者爲B銀行香港分行，設

定質權之定期存款亦係存放於香港地區，凡此皆與準據法之約定有關，要無變更連繫因素以規避法律之主、客觀因素存在，故而依A公司之「章程及背書保證作業辦法」得為背書保證業務A公司為背書保證，非即違反「公司法」第16條之規定，且A公司與C公司推定為關係企業，A公司為之保證並不悖A公司之「章程及背書保證作業辦法」，A公司未能舉證說明如何變更連繫因素，規避我國「公司法」保證相關規定，致不利A公司，而有規避法律原則之適用，即空言主張被告有規避我國法律規定之不法，殊無足採，故而仍應以香港法為準據法。

貳、判決所涉準據法選擇問題

　　「當事人意思自主原則」（英文：autonomy of the parties；法文：autonomie de la volonté；德文：Parteiautonomie）為當代國際私法之金科玉律。雖然契約準據法依「當事人意思自主原則」選擇準據法，於今日以實證法的角度觀之無所爭論，但是從學說的角度觀之，對契約準據法應否依「當事人意思自主原則」選擇準據法之問題，一直存有否定論（客觀主義、非意思主義）[1] 與肯定論（主觀主義、意思主義）[2] 之爭論，否定「當事人意思自主原則」之主張一直不曾停歇[3]。「當事人意思自主原

---

[1] 否定論認為，涉外契約本質上與特定當事人或特定法域有牽連關係，故其準據法應由一國之立法機關或司法機關加以確定，不許契約雙方當事人以意思定之，否則契約雙方當事人無異為立法者或司法機關，況若採肯定論，則當事人選擇準據法的行為是否有效，卻須依其所選擇的準據法論斷之，如此將陷於循環論斷。

[2] 肯定論之論據，不外乎對當事人自由意願的尊重、實體法亦採行「契約自由原則」（英文：freedom of contract；法文：la liberté des conventions；德文：Vertragsfriheitprinzip）、效率（法律適用簡易性simplicity）、符合當事人實際需要（法律適用預測可能性predicability、法律適用確定性certainty）等理由或需求。

[3] 包括美國之Joseph H. Beale（畢爾）與德國之Carl Ludwig von Bar（巴爾）等，皆反對「當事人意思自主原則」。以Joseph H. Beale為例，Joseph H. Beale反對「當事人意

則」否定論之論據並非無理，但「當事人意思自主原則」否定論與肯定論之爭辯已非單純的邏輯或理論之爭，肯定論乃是長期具體存在之實證法，故而堅持否定論，不免昧於現實，且對「當事人意思自主原則」具體運用上所生問題之解決無所助益。職是，現階段應思考者，並非否定「當事人意思自主原則」之效力，而係究應以何種方式適當地、合理地限制「當事人意思自主原則」於契約之適用以防止其被濫用，亦即對「當事人意思自主原則」之研究，應從否定論與肯定論之爭論與抉擇，昇華到限制論與自由論（對契約雙方當事人約定準據法是否加以若干程度限制之問題）之探討與比較。

對於「規避法律」之防止乃是排除外國法適用之衝突法總論制度之一，若當事人之行為符合「規避法律」之構成要件，則法院可以拒卻該當事人改變連繫因素所導致應適用之外國法，而適用法院地法。對於「規避法律」之糾正於國際私法體系，乃是屬於可運用各法律關係的準據法選擇之衝突法總論上制度，故而理論上亦可將之運用於契約法律關係以管制「當事人意思自主原則」，亦即得以之拒卻契約當事人依「當事人意思自主原則」就某外國法為準據法之約定。然而以「規避法律」為由拒卻契約當事人依「當事人意思自主原則」就某外國法所為之準據法約定，無疑是對「當事人意思自主原則」的否定，國際私法一方面採取「當事人意思自主原則」為衝突法各論之制度，但另一方面又允許以「規避法律」此一衝

思自主原則」最力，並主張以締約地法為契約準據法，由於其為美國「衝突法第一整編」（The Restatement, First, of Conflict of Laws）的編纂主持人，其主張並落實於所領導編纂的「衝突法第一整編」中，包括了第332條規定契約之效力依締約地法，以及第358條規定契約之履行方式與履行義務的負擔依履行地法。至於近期，法國之Vincent Heuzé（鄂賽）亦反對「當事人意思自主原則」甚力，其認為契約的效力根源乃是法律，契約中意思表示的合致乃是實定法賦予其法效力，故傳統學說上依「當事人意思自主原則」選擇契約準據法，確為邏輯謬誤。Vincent Heuzé, La réglementation franaise des contrats internationaux, étude critique des méthods, Paris, 1990, 轉引自林恩瑋，當事人意思自主原則下關於意思欠缺之研究，台北，法學叢刊，第195期，2004年7月，頁71。

突法總論之制度對之否定，此不無邏輯上矛盾之嫌。質言之，契約法律適用既然採取「當事人意思自主原則」，則何苦再以「規避法律」爲由去否定「當事人意思自主原則」。法國著名國際私法學者Henri Batiffol（巴帝福）曾謂：「對於國際性契約，放棄控制，實無正當理由……」[4]，限制「當事人意思自主原則」於契約法律之適用有其必要，但所爲之限制必須合理、適當，否則無疑是行否定論復辟之實，而「規避法律」此一衝突法總論之制度對「當事人意思自主原則」此一衝突法各論之制度所加諸之限制是否合理、適當，二者究竟相容或是相斥，實有深入探究之必要。本件判決所涉準據法選擇問題，即爲系爭保證契約依「當事人意思自主原則」約定以香港法爲準據法，是否構成「規避法律」（規避我國法）並應加防止（適用我國法）。

貳、契約法律適用採取當事人意思自主原則之基礎

一、當事人意思自主原則之緣起與演進

契約法律適用採取「當事人意思自主原則」，咸認首見於西元16世紀法國法學家Charles Domoulin（杜慕林）夫妻財產關係適用夫妻共同住所地法合於當事人雙方之默示意思之主張。16世紀時歐洲資本主義工商業已有相當之發展，尤其是法國南部地中海沿岸各港口已與西班牙、義大利以及亞洲、非洲諸國有頻繁之貿易往來。但斯時法國、西班牙、義大利等國法律並不統一，嚴重阻礙了當時商業、貿易之發展。法國長期處於法律不統一之狀態，南部爲成文法地區，羅馬法仍然有效，但也適用地方之習慣法，而北部則爲習慣法地區，但習慣則又分爲一般習慣法與各省之地

---

[4] 參閱HENRI BATIFFOL原著，曾陳明汝譯述，國際私法各論，台北，正中書局，1975年6月初版，頁282。

方習慣法。因當時各省之封建勢力強盛，於法律衝突案件自然採取屬地主義適用本地法，但本地法之適用對商業、貿易之發展不利，故而漸有中央集權及統一法律之倡。Domoulin便是中央集權及統一法律之鼓吹者，其於「巴黎習慣法評述」（*Commentaire sur la Coutume de Paris*）積極主張應統一法國各地之法律，而其「當事人意思自主原則」之見便是於此時代背景下提出。Domoulin於1525年回答有關加內夫妻財產關係之有關諮詢時指出，可以避免適用夫妻各自之財產所在地法，而對夫妻財產關係適用夫妻共同住所地法，亦即巴黎習慣法，蓋夫妻財產關係爲默示契約，巴黎爲加內夫婦最初之婚姻住所地，表達了於夫妻財產關係適用巴黎習慣法之默示意思。質言之，Domoulin基於統一法律之中心思想而鼓吹巴黎習慣法之適用，故而提出夫妻財產關係適用夫妻共同住所地法合於當事人雙方之默示意思之主張，此與現代意義之債權契約「當事人意思自主原則」係屬二事，但因Domoulin使用了「與當事人默示或可能之意向相符」之語句，後世因此稱Domoulin爲「當事人意思自主原則之父」，意外地使「當事人意思自主原則」成爲支配債權契約之國際私法上的金科玉律[5]。

西元17世紀時，荷蘭法學家Ulric Huber（胡伯）亦認爲契約適用締約地法並非絕對，倘締約時契約雙方當事人願意依其他地方的法律時，後者將適用於契約[6]。

至西元19世紀時，契約雙方當事人可依其合意決定準據法的概念，開始被稱爲「當事人意思自主原則」，而第一位積極支持「當事人意思自主原則」之重要國際私法學家，爲義大利法學家Pasquale Stanislao Mancini（馬志尼），Mancini於國際私法上最重要的貢獻乃是本國法主義之提倡，而於契約Mancini卻不主張本國法，反而主張契約雙方當事人亦可依其合意決定應適用之法律[7]。

---

[5] Ole Lando, *The Conflict of Laws of Contracts General Principles*, 189 Recueil Des Cours 242-3 (1984); *see also* Peter Stein, Roman Law In European History 83-5 (1999).

[6] Lando, *id.* at 243; *see also* Peter Nygh, Autonomy In International Contracts 5 (1999).

[7] Nygh, *id.* at 8.

時至今日，契約法律適用採取「當事人意思自主原則」之普遍性已牢不可破，無論大陸法系國家[8]抑或英美法系國家[9]，甚至是統一衝突法則國際公約[10]，皆採取「當事人意思自主原則」。

---

[8] 多數大陸法系國家的國際私法立法，皆採納「當事人意思自主原則」，例如：1953年我國舊「涉外民事法律適用法」第6條第1項：「法律行為發生債之關係者，其成立要件及效力，依當事人意思定其應適用之法律。」、1978年「奧地利國際私法」第35條第1項前段：「債之關係，依雙方當事人明示或默示所選擇之法律」、1986年「德國民法施行法」第27條第1項前段：「契約，依當事人所選擇之法律。」、1989年「瑞士國際私法」第116條第1項：「契約由當事人合意選擇之法律所規範。」、2001年「韓國國際私法」第25條第1項：「契約依雙方當事人明示或默示所選擇之法律。默示選擇限於依契約內容或其他情況可得合理確定者。」、2006年「日本關於法律適用之通則法」第7條：「法律行為之成立及效力，依法律行為當時，當事人意思所選擇之地之法。」、2010年「中華人民共和國涉外民事關係法律適用法」第41條前段：「當事人可以協議選擇合同適用的法律。」、2010年我國「涉外民事法律適用法」第20條第1項：「法律行為發生債之關係者，其成立及效力，依當事人意思定其應適用之法律。」等。又「法國民法」雖無契約衝突法則的明文規定，但法國法院早已判例肯認「當事人意思自主原則」的適用，且於1967年「關於補充民法中國際私法內容的草案」第2313條第1項計畫將「當事人意思自主原則」明文化。

[9] 英美法系國家中，英國William Murray（Lord Mansfield，曼斯菲德）法官於1760年*Robinson v. Bland*案（(1760) 2 Burr. 1077）首度將「當事人意思自主原則」引進英國判例法中，而Turner（透納）法官於1865年*Peninsular and Oriental Steam Navigation Co. v. Shand*案（(1865) 3 Moo.P.C. (N.S.), 272, 290-291, 16 E.R. 103, 110）及*Lloyd v. Guidert*案（(1865) L.R. 1 Q.B. 115）二案中，更是確立了「當事人意思自主原則」於英國國際私法金科玉律之地位；美國聯邦最高法院首席大法官John Marshall（馬歇爾）亦於1825年*Wayman v. Southard*案（253 U.S. (1825)）首度將「當事人意思自主原則」引進美國判例法中，而美國聯邦最高法院於1882年*Pritchard v. Norton*案（106 U.S. 124 (1882)）中，更是確立了「當事人意思自主原則」於美國衝突法金科玉律之地位。

[10] 例如：1980年「歐洲共同體契約之債法律適用公約」（EC Convention on the Law Applicable to Contractual Obligations, Rome 1980，簡稱為「羅馬公約」Rome Convention）第3條第1項前段：「契約依當事人所選擇之法律規範。」（"A contract shall be governed by the law chosen by the parties."）、1986年「國際商品買賣契約法律適用公約」（Convention on the Law Applicable to Contracts for International Sale of

二、當事人意思自主原則之核心價值

　　契約法律適用採取「當事人意思自主原則」，無疑是國際私法對於「私法自治原則」之回應與具體落實。「私法自治原則」自羅馬法以來，向為民法之基本指導原則，歷經近兩千年的漫長歲月而不朽，並根深蒂固於大陸法系國家民法體系中。「私法自治原則」之所以於大陸法系國家民法體系中屹立不搖，實肇因於深刻而豐富的法哲學思想與社會歷史原因，諸如理性主義（rationalistic）自然法的發揚、天賦人權的提出、資本主義制度的確立、Immanuel Kant（康德）的自由主義哲學、Jeremy Bentham（邊沁）的自由放任主義哲學（不干涉主義）、Adam Smith（史密斯）的自由經濟理論等，這些法哲學思想與社會歷史原因，成為「私法自治原則」得以形成和發展的前提[11]。在這些法哲學思想與社會歷史原因的交互作用下，「私法自治原則」得以確立並根深蒂固於大陸法系國家民法體系中，並於民法上具體化為若干制度，諸如結社自由（法人的設立自由）、契約自由、所有權自由、婚姻自由、家庭自治、遺囑自由等，「私法自治原則」雖然涵蓋有許多不同面向，但是真正能將「私法自治原則」發揮淋漓盡致的領域，實為契約法。「私法自治原則」於契約法領域，乃以實體法上「契約自由原則」以及國際私法衝突法則上「當事人意思自主

Goods, The Hague 1986，簡稱為「新海牙商品買賣契約準據法公約」）第7條第1項前段：「買賣契約依當事人所選擇之法律規範。」（"A contract of sale is governed by the law chosen by the parties."）、1994年「國際契約法律適用公約」（Convention on the Law Applicable to International Contract, Mexico 1994，簡稱為「墨城公約」）第7條第1項前段：「依當事人所選擇之法律規範。」（"The contract shall be governed by the law chosen by the parties."）等皆為適例。

[11] 有關理性主義自然法的發揚、天賦人權的提出、資本主義制度的確立、Kant的自由主義哲學、Bentham的自由放任主義哲學、Smith的自由經濟理論等法哲學思想與社會歷史原因，得以形成和發展「私法自治原則」之詳盡分析，請參閱吳光平，當事人意思自主原則與契約自由原則的互動——國際私法衝突法則與實體法間關係初探（上），台北，財產法暨經濟法，第4期，2005年12月，頁129-134。

原則」之面貌，藉由實體法上締約自由、相對人選擇自由、契約方式的自由、契約內容的自由、變更契約的自由、結束契約的自由等制度[12]，以及國際私法衝突法則上選擇契約準據法的自由等之制度，加以落實，攜手發揚光大「私法自治原則」。質言之，契約法律適用之所以採取「當事人意思自主原則」，其核心價值即為展現尊重當事人自由意願的「私法自治原則」。

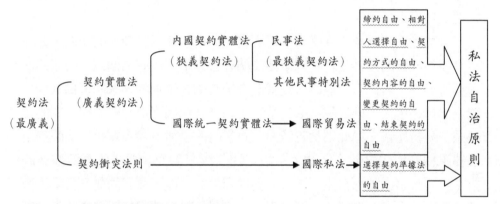

圖 6-1　契約法與私法自治結構圖

來源：作者自行整理。

---

[12] 有關契約實體法上展現「契約自由原則」之具體制度之介紹，我國債法文獻之相關論述頗豐，諸如（依出版時間由先至後，以下註釋參考文獻有二以上者，亦同）：黃立，民法債編總論，台北，元照出版公司，1999年10月初版1刷，頁27-29；鄭玉波著、陳榮隆修訂，民法債編總論，台北，三民書局，2002年6月修訂2版1刷，頁43-44；林誠二，債法總論新解——體系化解說（上），台北，瑞興圖書公司，2012年10月初版，頁51-56；孫森焱，新版民法債編總論（上），台北，作者自版，2013年7月修訂版，頁35-36；邱聰智、姚志明修訂，新訂民法債編通則（上），台北，作者自版，2013年9月新訂2版，頁60-62；陳啓垂，民法債編總論實例研習，台北，三民書局，2016年5月初版，頁11-13；陳自強，契約之成立與生效，台北，元照出版公司，2018年10月4版，頁140-146；鄭冠宇，民法債編總論，台北，新學林出版公司，2019年8月3版，頁36-37；劉春堂，民法債編通則（上），台北，作者自版，2021年2月初版，頁53-55；王澤鑑，債法原理，台北，作者自版，2021年3月增訂新版，頁91-92。

三、契約法律適用採取當事人意思自主原則之現實需求

契約法律適用採取「當事人意思自主原則」，允許契約準據法可由契約雙方當事人自行約定、安排（但可選擇的準據法之程度與範圍，是否須受到限制，則有「自由說」與「限制說」的不同主張[13]），其核心價值為「私法自治原則」，乃是尊重當事人自由意願的展現。除此之外，契約法律適用採行「當事人意思自主原則」亦同時具有效率與符合當事人實際需要二項現實需求。

針對效率的需求，「當事人意思自主原則」能提供簡化的功能，蓋一具有涉外成分的涉外契約，因牽涉二個國家以上，故有二個以上國家的法律可資適用，若此時只能由法院就與系爭契約相牽連的國家間選擇其中一國家法律適用之，則法院尚須就系爭契約的各個因素與相牽連國家間的關係做一分析比較，如此則耗時費力，將契約的法律適用複雜化，法院適用法律不便利而失之效率，增加不確定性[14]；針對符合當事人實際需要的需求，「當事人意思自主原則」能提供彈性的功能，蓋契約雙方當事人既然能依其合意決定準據法，則當事人就可以針對具體個案，選擇雙方當事人都願意遵守的準據法，排除不可預期的法院所做出不可預測的判決（當事人之一方於何法院起訴無從事先得知，且法院地的不同，即有可能適用相異立法主義之衝突法則，適用法律的結果自無從預測），使契約應適用的法律能符合雙方當事人的正當期待利益與需要，而具有彈性[15]。

---

[13] 有關契約法律適用採取「當事人意思自主原則」是否須受到限制之「自由說」與「限制說」的不同意見，請參閱賴來焜，當代國際私法學之構造論——建立以「連結因素」為中心之理論體系，台北，神州圖書公司，2001年9月初版，頁271-280；吳光平，前揭註11文，頁155-157。

[14] *See* NYGH, *supra* note 6, at 2-3.

[15] *See* ERNST RABEL, THE CONFLICT OF LAWS: A COMPARATIVE STUDY (Vol. II) 365 (2d ed. 1958); *see also* Lando, *supra* note 5, at 284.

　　基於尊重當事人自由意願、效率、符合當事人實際需要，契約
法律適用採行「當事人意思自主原則」，符合國際私法之「衝突正
義」（conflicts justice）或「國際私法正義」（英文：justice of private
international law；德文：Internationalprivatrechtliche Gerechtigkeit）[16]。
按個案中能依照「適切的方式」（propriety）得出適切的「國家」法律
即為最適切的「法律」（the law of the proper state is the proper law），即
能實現「衝突正義」[17]，而此之適切的方式與個案中的實體內容無關，

---

[16] 著眼於國際私法衝突法則與內國實體法為兩個不同層次與性質的法律體系之角度，
德國著名國際私法學者、國際私法利益法學（Interessenjurisprudenz）倡導者Gerhard
Kegel（克格爾）首度明確指出國際私法之「衝突正義」或「國際私法正義」與實體
法之「實體正義」（material justice or substantive justice）或「實體法正義」（英文：
justice of substantive law；德文：materiellrechtlicher Gerechtigkeit）之區別。Kegel
於1964年在「海牙國際法學院」（The Hague Academy of International Law）以「衝
突法的危機」（The Crisis of Conflict of Laws）為題擔任講座，講座內容並於次年
集結於「海牙國際法學院講義」（英文：Collected Courses of the Hague Academy of
International Law；法文：Recueil des Cours de l'Académie du droit international）出版，
於該次講座中，Kegel明確指出衝突法正義與實體法正義應加區別，參閱Gerhard Kegel,
The Crisis of Conflict of Laws, 112 RECUEIL DES COURS 184-5 (1964). 日後，Kegel更於
其所著國際私法教科書中闡明「國際私法正義」，例如Gerhard Kegel, Internationales
Privatrecht, 3.Auflage, München, 1971, S. 41-44. 而美國學者Friedrich K. Juenger（榮
格）、Symeon C. Symenides（西蒙尼德斯）則於彼等著作中以「衝突正義」闡述之，
see, e.g., SYMEON C. SYMEONIDES, *Material Justice and Conflicts Justice in Choice of Law*,
in INTERNATIONAL CONFLICT OF LAWS FOR THE THIRD MILLENNIUM: ESSAYS IN HONOR OF
FRIEDEICH K. JUENGER 126 (Patrick J. Borchers & Joachim Zekoll ed., 2001); FRIEDEICH K.
JUENGER, CHOICE OF LAW AND MULTISTATE JUSTICE 69-70 (2005).

[17] 而要求必須有公平正義的實體結果之「實體正義」則由實體法實現，故國際私法衝突
法則只須滿足「衝突正義」的要求，「實體正義」的考量不應滲入國際私法領域，法
院於具體的涉外私法案件中，更不得為達到某種實體裁判結果，而不適用依衝突法則
所指示應適用的法律。參閱陳榮傳，國際私法立法的新思維——衝突規則的實體正
義，台北，月旦法學雜誌，第89期，2002年10月，頁51。

乃是指適切的劃定一「立法管轄權」（legislative jurisdiction）地理上或空間上範圍之方式（propriety is defined not in terms of the content of that law or the quality of the solution it produces, but rather in geography or spatial terms.）[18]，亦即依最密切牽連關係作爲劃定「立法管轄權」之方式，此於以國籍、住所地、行爲地、物之所在地等客觀連繫因素所構成之衝突法則皆採用之，但契約乃植基於當事人之合意，故例外地以當事人之合意而非最密切牽連關係作爲劃定「立法管轄權」之方式，而採行「當事人意思自主原則」也同時是基於尊重當事人自由意願、效率、符合當事人實際需要，故符合「衝突正義」之要求。

參、糾正規避法律之基礎

一、糾正規避法律之緣起與制度內容

「規避法律」（英文：evasion of law；德文：Gesetzesumgehung。亦有稱爲「法律詐欺」，如：拉丁文：*fraus legis*；法文：fraude à la loi），乃當事人爲達到某特定目的，利用衝突法則上之便宜，故意以適法方法改變連繫因素，致使原應適用但對其不利之法院地法，未獲適用，而使另一對其有利，但原不應適用之外國法，獲得適用。此一國際私法上的制度，於1878年*Princesse de Bauffremont*案[19]爲法國最高法院所確立，並爲若干大陸法系國家國際私法所接受。*Princesse de Bauffremont*案中，因19世紀法國法禁止離婚但容許別居，法國王妃Bauffremont（包夢芙）爲

---

[18] SYMEON C. SYMEONIDES, *Private International Law at the End of the 20th Century: Progress or Regress? General Report*, in PRIVATE INTERNATIONAL LAW AT THE END OF THE 20TH CENTURY: PROGRESS OR REGRESS? 44 (Symeon C. Symeonides ed., 2000). 另可參閱櫻田嘉章，国際私法（2001年），頁29。

[19] Civ. 18 mars 1878, S. 78 Ⅰ. 193, note Labbé.

達到與德國塞克斯阿登堡公國（Duché de Saxe-Altembourg）王子Bibesco（畢貝斯科）結婚之目的，遂赴該公國歸化為德國籍，歸化德國之次日旋即訴請與法國籍原夫離婚，並隨即在柏林與Bibesco王子結婚，而斯時德國法視法國之別居同於離婚，故而此婚姻在德國為有效婚，但法國王妃Bauffremont之法國籍原夫遂向法國法院提起後婚無效之訴，法國最高法院認為法國王妃Bauffremont係利用連繫因素之改變取得德國籍「以規避法國法禁止（離婚）為唯一目的」（... dans le seul but d'échapper aux prohibitions (du divorce) de la loi française），故判決在法國該離婚不生效力，因而其與Bibesco王子之再婚亦無效，且其歸化為德國籍亦無效。

　　要構成國際私法上的「規避法律」，必須要具備主觀要件與客觀要件始足當之，主觀要件為：當事人有不法之動機、目的，亦即當事人有詐欺法院地法的主觀意圖；客觀要件有三：（一）當事人有改變連繫因素之行為；（二）法院地之有效法律與最終適用之外國實體法間有衝突，亦即對當事人不利之法院地法被規避[20]；（三）動機與行為在時間上為連續且

---

[20] 對於「規避法律」所欲規避者否限於法院地法，有概括主義與限制主義之不同見解：概括主義認為舉凡屬準據法，不分其為法院地法或其他法律一經被規避，即得構成「規避法律」；限制主義認為，當事人所規避者為法院地法時，方構成「規避法律」。我國多數採取限制主義，諸如：翟楚，國際私法綱要，台北，國立編譯館，1982年2月台7版，頁257-258；陳長文，國際私法上之規避法律問題，台北，法令月刊，第40卷第7期，1989年7月，頁9-10；何適，國際私法釋義，台北，作者自版，1993年10月5版，頁192-194；劉甲一，國際私法，台北，三民書局，1995年3月再修訂3版，頁153-155；蘇遠成，國際私法，台北，五南書局，2002年10月5版，頁117-122；曾陳明汝，國際私法原理（上）——總論篇，台北，新學林出版公司，2003年6月改訂7版，頁301-304；劉鐵錚、陳榮傳，國際私法論，台北，三民書局，2018年8月修訂6版，頁564-565；柯澤東著、吳光平增修，國際私法論，台北，元照出版公司，2020年10月6版，頁149。採概括主義者為：藍瀛芳，國際私法導論，台北，作者自版，1995年1月初版，頁58-59。由於本章認為「規避法律」不具有可非難性，故而無須於國際私法總論上對之糾正之問題另立獨立之制度，在此立場下自無採取概括主義或限制主義之問題存在，但考量我國多數同意於國際私法總論應有獨立的糾正「規避法律」之制度，則此現實下對於概括主義與限制主義之取捨，則本章以為以限制主義為宜，蓋糾

有因果關係，並達到有效規避之結果，亦即當事人因不法所得結果獲利，此稱爲規避法律之「連續性」。其中，以主觀要件最爲重要，蓋「規避法律」在外觀上爲合法，其可非難性是來自當事人主觀上詐欺法院地法意圖，而客觀要件中之「連續性」更是用以證明主觀要件是否具備，故一旦主觀要件不具備，「規避法律」即不成立，從而判斷當事人有詐欺法院地法的主觀意圖，乃爲判斷是否該當「規避法律」之核心，但亦是認定困難度最高的部分。

　　對於國際私法上的「規避法律」應如何糾正，學說或實務頗爲分歧。當然，要糾正「規避法律」，須以認爲「規避法律」具有可非難性爲前提，若不認爲「規避法律」具有可非難性，自無對之加以糾正的問題，例如英國對「規避法律」採取不干涉態度，自無對之加以糾正的問題[21]，而美國對「規避法律」亦採取寬大態度，除了曾因「流動結婚」（migratory marriage）或「流動離婚」（migratory divorce）現象而以「善意住所」（bona fide domicile）之觀念加以糾正，以及於1912年起草「統一婚姻規避法」（Uniform Marriage Evasion Act）並爲若干州加採用加以糾正外[22]，亦無特對「規避法律」加以糾正之問題[23]。至於大陸法系

正「規避法律」之制度起源（1878年*Princesse de Bauffremont*案）乃是爲了維護法院地法的尊嚴，但當事人是否有詐欺法院地法的主觀意圖已甚難證明，倘採取概括主義，則當事人是否有詐欺外國法的主觀意圖將更難證明，況採限制主義者已造成「內外國法平等適用原則」例外之結果，若爲了因不違背「內外國法平等適用原則」而採概括主義，則倒不如自始即不於衝突法總論上對「規避法律」之糾正另立獨立之制度。

[21] *See, e.g.*, MARTIN WOLFF, PRIVATE INTERNATIONAL LAW 143 (1950); O. KAHN-FREUND, GENERAL PROBLEMS OF PRIVATE INTERNATIONAL LAW 284-5 (1976); WILLIAM TETLEY, INTERNATIONAL CONFLICT OF LAWS: COMMON, CIVIL AND MARITIME 148 (1994); 陳隆修，國際私法契約評論，台北，五南書局，1986年2月初版，頁28。

[22] ALBERT A. EHRENZWEIG & ERIK JAYME, PRIVATE INTERNATIONAL LAW: A COMPARATIVE TREATISE ON AMERICAN INTERNATIONAL CONFLICTS LAW, INCLUDING THE LAW OF ADMIRALTY (Vol. Ⅱ) 152 (1973); 曾陳明汝，前揭註20書，頁300；馬漢寶，國際私法——總論各論，台北，翰蘆圖書公司，2014年9月3版，頁250-251。

[23] *See* KAHN-FREUND, *supra* note 21, at 1284-5; *see also* TETLEY, *supra* note 21, at 145-6.

國家，諸如法國、義大利、葡萄牙等國，多認為「規避法律」具有可非難性，故而有對之加以糾正之問題，而糾正之方式，則有絕對說、相對說與探求連繫因素真實意義說之大別[24]。絕對說認為不但因規避法律行為所生效果無效，規避法律行為本身亦無效，亦即不但因改變連繫因素所導致應適用之外國法不予適用，改變連繫因素之行為亦無效，法國最高法院於1878年*Princesse de Bauffremont*案即採此說，故而不僅法國王妃Bauffremont之再婚無效，歸化為德國籍亦無效。而相對說下則又有相對無效說與相對有效說之差異：相對無效說認為規避法律行為所生效果無效，但規避法律行為本身尚非無效，亦即因改變連繫因素所導致應適用之外國法不予適用，但改變連繫因素之行為尚非無效，故倘1878年*Princesse de Bauffremont*案採此說，則其結果將為法國王妃Bauffremont之再婚無效，但其歸化為德國籍有效；相對有效說認為只有當規避法律行為違背法院地法之立法目的時，規避法律行為所生效果方為無效，例如A、B二國對於贈與均以行為地法為準據法，而A、B二國亦均規定贈與為須以書面為之的要式行為，若 A國之規定之立法目的僅為要式行為之宣示，則A國人甲、乙於B國所為之贈與並未違背A國之立法目的故為有效，但倘A國規定贈與為須以書面為之，除了要式行為之宣示外，尚有收取公證費用以增加國庫收入之立法目的，則A國人甲、乙於B國所為之贈與因為違背了A國之立法目的而無效[25]。至於探求連繫因素真實意義說則認為，於具體案件中，縱使某事實具備成為決定準據法指標之連繫因素之形式，若實質上並不符合立法時所預期該等連繫因素所應具備之特別關聯時，法院即得以該作為連繫因素之事實不符合立法意旨為由而排除之，並另自具體案件事實中尋求符合立法意旨之事實作為連繫因素，再以之決定該案件之準據法，例如A國法律禁止離婚，A國籍夫婦為達成其離婚之目的遂歸化為准許離婚之B國人，並依B國法完成離婚之手續，而A國法院在判定該

---

[24] 對糾正方式各說理由之詳盡評介，可參閱陳長文，前揭註20文，頁10-12；劉甲一，前揭註20書，頁155-158；劉鐵錚、陳榮傳，前揭註20書，頁565-566。

[25] 此設例係引自劉鐵錚、陳榮傳，前揭註20書，頁565。

離婚行爲之準據法時，依探求連繫因素眞實意義說，法官應先探求A國衝突法則所規定「離婚，依雙方當事人之本國法」中，所謂之「當事人之本國法」之眞實意義何在？立法者當初選定當事人之國籍作爲離婚案件決定準據法之連繫因素究係基於何種考慮，瞭解之後，再據以決定B國國籍是否符合「當事人本國法」之眞實意義，是否具備立法者所預期之特別關聯（如社會、文化、生活習慣上之密切關係），若答案是否定的，則A國法官即可以此爲由排除B國法之適用，而另依該案件事實，尋求合乎當事人本國法眞實意義及立法意旨（如社會、文化、生活習慣上之密切關係）的當事人國籍，再依該國法認定該離婚行爲之效力[26]。

　　我國「涉外民事法律適用法」第7條：「涉外民事之當事人規避中華民國法律之強制或禁止規定者，仍適用該強制或禁止規定。」爲糾正「規避法律」之規定，亦即構成「規避法律」者，其效果爲改變連繫因素所導致應適用之外國法不予適用，而仍適用法院地法之中華民國（強制或禁止規定之）法律，就此效果言，絕對說與相對無效說皆足當之，但有鑑於「規避法律」畢竟係以適法方法改變連繫因素，故宜認爲改變連繫因素之行爲有效，僅因改變連繫因素所導致應適用之外國法不予適用而仍適用法院地法之中華民國（強制或禁止規定之）法律，亦即相對無效說[27]。

二、糾正規避法律之核心價值

　　大陸法系國家之所以多認爲「規避法律」具有可非難性而須對之加以糾正，應與羅馬法「詐欺破毀一切」（*fraus ominia corrumpit*）之觀念有關，法國法亦有「詐欺是一切原則例外」（la fraude fait exception à tout les règes）之法諺，故而主張對「規避法律」應加糾正者，無論是採取絕對說、相對無效說、相對有效說抑或探求連繫因素眞實意義說，皆得拒卻該當事人改變連繫因素所導致應適用之外國法，而改適用當事人原欲規避

---

[26] 參閱陳長文，前揭註20文，頁12。

[27] 相同看法，參閱劉鐵錚、陳榮傳，前揭註20書，頁566。

適用之法院地法。質言之，法院回復適用法院地法，抵制了當事人規避適用法院地法的意欲，乃是對當事人適用外國實體法之主觀意願的否定。由此可知，對於「規避法律」之糾正，其核心價值乃為對當事人自由意願的否定，為「私法自治原則」之例外。

　　而對「規避法律」之糾正，法院回復適用未改變連繫因素前原應適用之法院地法，而不適用改變連繫因素後所指向的外國法，可以維護連繫因素與衝突法則功能的嚴正性[28]，蓋當事人竟利用衝突法則上之便宜，改變連繫因素，此無疑牴觸了衝突法則對於所規範法律關係與連繫因素以及該連繫因素所連繫地域的法律具有最密切牽連關係之預設，明顯地違背了「衝突正義」的理念，故對「規避法律」加以糾正，其於國際私法上最大的作用，乃是匡正對「衝突正義」理念之逸脫[29]。

三、糾正規避法律於國際私法體系之定位

　　對「規避法律」之糾正採取肯定見解者，其於國際私法體系上乃是屬於可運用各法律關係的準據法選擇之衝突法總論制度，與定性（英文：characterization；法文：Qualification；德文：Qualifikation）、反致（英文：remission；法文：renvoi；德文：Rückverweisung）、先決問題（英文：preliminary question；法文：question préalable；德文：die Vorfrage）等制度同等位階，故理論上自能將之運用於契約法律關係所採行之「當事

---

[28] 參閱柯澤東著、吳光平增修，前揭註20書，頁151。

[29] 從形式面觀之，對「規避法律」加以糾正係為維護連繫因素與衝突法則功能的嚴正性，以匡正此一行為逸脫「衝突正義」之理念。然就實質面而言，對「規避法律」加以糾正亦不無匡正此一行為逸脫「實體正義」理念之意味，蓋法律主體之所以破壞連繫因素與衝突法則功能的嚴正性，係為求適用對其有利但原不應適用之外國法，避免適用原應適用但對其不利之法院地法，具有高度之實體法目的，亦生破壞「實體正義」之效果，故對之加以糾正，亦可同時匡正此一行為逸脫「實體正義」之理念。因之，有學者即認為「規避法律」為「公序良俗」運用的一種特別型態，參閱柯澤東著、吳光平增修，前揭註20書，頁153。

人意思自主原則」，亦即得以之拒卻契約當事人依「當事人意思自主原則」就某外國法為準據法之約定。

肆、規避法律與當事人意思自主原則之相容性探討

對「規避法律」之糾正既然屬於可運用各法律關係的準據法選擇之選法總論上制度，故而理論上可將之運用於契約法律關係拒卻契約當事人依「當事人意思自主原則」就某外國法為準據法之約定，惟「規避法律」若無當事人規避法院地法而適用外國實體法之此一主觀意圖即無法構成，但是「當事人意思自主原則」卻是容許契約雙方當事人以主觀上的合意約定準據法，一為對主觀意願之非難，一為對主觀意願之讚揚，二者於本質上是否相容，實不無深加探究之必要。本章將先呈現學說上對二者相容性之意見，之後再對此一問題加以檢討與分析。

一、見解呈現

對於「規避法律」與「當事人意思自主原則」之相容性，我國法院實務從未觸及[30]，而我國學說之立場則不甚明確：為數不少的論著並未觸及此一問題[31]；有論著並不排除「當事人意思自主原則」有構成「規避法律」之可能，曾陳明汝教授即謂：「國際私法向亦尊重『當事人意思自治之原則』（La loi de l'autonomie de la volonté），法律詐欺之情形，

---

[30] 精確地說，我國法院實務從未出現過有關對國際私法上「規避法律」加以糾正之任何判決。

[31] 例如：翟楚，國際私法綱要，前揭註20書，頁253-259；陳長文，前揭註20文，頁9-14；何適，前揭註20書，頁191-199；藍瀛芳，前揭註20書，頁57-59；蘇遠成，前揭註20書，頁117-122。

自不多見。」[32] 有論著明白表示「當事人意思自主原則」有構成「規避法律」之可能，例如（依論著發表時間先至後引述）李復甸教授謂：「當事人虛僞建立連繫因素而決定契約之準據法，應受規避法律有關規定之限制。」[33]，藍瀛芳教授謂：「……契約的訂立與履行的自由……使涉外行爲的連繫因素變化多端，……，使此問題防不勝防。」[34]，而劉鐵錚教授與陳榮傳教授謂：「……例如載貨證券上外國準據法約款之記載，如構成規避法律，即不適用其記載之外國準據法，……尤其對於以外國法爲準據法之契約（例如專利授權契約），已認定其違反我國之強制或禁止規定（公平交易法）時，仍應直接適用我國法律，以決定其違反之法律效果。」[35] 有未明確對此問題表示意見，但卻論及有主張以「公序良俗」處理此一問題，馬漢寶教授謂：「……在契約關係，由於當事人意思自主原則之存在，規避法律，最易發生。但基於國際貿易上之種種理由，國際契約關係，必須賦予當事人以高度的自主。因此，如何防止所謂契約當事人故意逃避契約原應適用的法律一層，乃爲一極饒與趣並關重要的問題。在此一方面，Rabel亦建議利用『公共秩序』之觀念加以應付。其說甚值得注意。」[36] 只有少數明確主張二者於本質上並不相容，廖蕙玟教授即謂：「……法律既然允許涉外案件之當事人得自由選法，當事人爲規避內國之法律而選擇外國法，應亦在允許之範圍內。」[37] 至於外國論著對此一問題亦未多提及，反倒是採否定說者方對此一問題多加著墨，諸如法國學者Paul Lerebours-Pigeonniére（萊哈伯－皮裘尼爾）、法國學者Henri Batiffol（巴帝福）與Paul Lagarde（拉嘉德）、德國學者Jan Kropholler

---

[32] 參閱曾陳明汝，前揭註20書，頁302。

[33] 參閱李復甸，海上貨物運送契約之準據法，收於國際私法研究會叢書編輯委員會主編，國際私法論文集——慶祝馬教授漢寶六秩華誕，台北，五南書局，1989年4月再版，頁172。

[34] 參閱藍瀛芳，前揭註20書，頁59。

[35] 參閱劉鐵錚、陳榮傳，前揭註20書，頁569-570。

[36] 參閱馬漢寶，前揭註22書，頁252。

[37] 參閱廖蕙玟，規避法律，台北，月旦法學教室，第15期，2004年1月，頁32。

（寇輔勒）、德國學者Christian von Bar（馮巴爾）與Peter Mankowski
（曼可斯基）、澳洲學者Peter Nygh（奈伊）、中國大陸學者邵景春、中
國大陸學者許軍珂等，彼等所持之理由，歸納有四：（一）「當事人意思
自主原則」本是涉外債權契約之主觀連繫因素，當事人據此合意選法，並
未改變連繫因素，不符合「規避法律」之構成要件 [38]；（二）契約雙方
當事人選擇準據法之合意就是透過其意思表示將契約置於其所選擇準據法
的基礎之上，從而也就排除了其他法律於該契約之適用，此種「當事人意
思自主原則」允許契約雙方當事人以合意約定準據法之情形，於某種意
義上是即是「規避法律」，故而若以糾正「規避法律」為由來限制「當事
人意思自主原則」，那麼「當事人意思自主原則」的存在也就沒有意義
了 [39]；（三）各國在確立「當事人意思自主原則」時，就已經設計好了
一套保障其良好運轉以發揮其真正作用的機制，其中最主要的機制就是限
制其適用的法律規範，以「強行法」為例，雖然當事人已約定準據法，
但法院認為該契約應受某國「強行法」之支配，而不受當事人所約定準據
法的支配時，就必須適用該國「強行法」，蓋該「強行法」對契約具有
強制力，無論當事人約定何國法為準據法，此契約都必須適用該國「強
行法」，此乃由於該國「強行法」對於該契約具有強制性使然，而非糾正
「規避法律」的結果，故而「規避法律」制度之作用應發揮於國籍、住所
地、物之所在地等客觀連繫因素所形成之衝突法則，而不能作用於「當事
人意思自主原則」，雖然有些情況下對「當事人意思自主原則」之限制與
糾正「規避法律」的結果有異曲同工之處，但「當事人意思自主原則」有
自己一套運作機制 [40]；（四）國際性契約，宜受一特有制度之支配，通

---

[38] 參閱廖蕙玟，前揭註文，頁32。

[39] 參閱邵景春，國際合同法律適用論，北京，北京大學出版社，1997年12月1版1刷，頁
81-82。類似意見，Jan Kropholler, Internationales Privatrecht, 2. Aufl., 1994, S. 141, 轉
引自廖蕙玟，前揭註33文，頁32；Christian von Bar/Peter Mankowski, Internationales
Privatrecht, Bd. Ⅰ, 2. Aufl., 2003, Rn. 128f., 轉引自廖蕙玟，前揭註37文，頁32。

[40] 參閱許軍珂，國際私法上的意思自治，北京，法律出版社，2006年3月初版，頁43-44。

常為較有伸縮性者，因其遠比內國間之關係較具競爭性，故不以「規避法律」加以糾正[41]。

二、檢討與分析

以上對於「規避法律」與「當事人意思自主原則」相容與否之見解，肯定說應係著眼於對「規避法律」之糾正乃是屬於可運用各法律關係的準據法選擇之選法總論上制度，故於契約法律適用當無排斥其運用之理由，二者自當相容。然則細究之，性屬衝突法總論上制度之形式層面與二者相容與否，並無絕對必然之關聯，吾人實應從二者制度內容之實質層面出發，分析二者之相容性。從此角度，本章基於以下六點理由，認為「規避法律」與「當事人意思自主原則」於本質上並不相容[42]：

（一）二者核心價值相衝突

「規避法律」因具有可非難之內在的主觀要素（外在的客觀要素乃是適法）故予以糾正，其核心價值乃為對當事人自由意願的否定，為「私法自治原則」之例外，而「當事人意思自主原則」為讚揚以內在的主觀要素決定準據法，其核心價值為展現尊重當事人自由意願的「私法自治原則」，前者為對主觀要素之負面評價並予以否定，後者卻為對主觀要素之

相同理由，Henri Batiffol et Paul Lagarde, *Traité de droit international privé*, 8e édition, 1993, p. 549, cited by NYGH, *supra* note 6, at 68, 並為Peter Nygh所贊同，*see* NYGH, *supra* note 6, at 69; *see also* EDWARD I. SYKES & MICHAEL C. PRYLES, AUSTRALIAN PRIVATE INTERNATIONAL LAW 599 (3rd ed. 1991)

[41] 此為法國學者Paul Lerebours-Pigeonniére的主張，參閱HENRI BATIFFOL原著，曾陳明汝譯述，前揭註4書，頁293。

[42] 尤其是第三、四、五項理由，更使本章認為國際私法上並無必要針對「規避法律」之糾正形成一獨立之制度，對於「規避法律」之行為，若符合「公序良俗」、「即刻適用法」等制度之運用條件，則以運用相關制度解決即可。

正面評價並予以發揚，二者於本質上爲相互排斥甚明。

（二）主觀連繫因素之人爲創設非爲改變連繫因素

「規避法律」乃是利用衝突法則上之便宜，故意以適法方法改變連繫因素，故而必須是諸如國籍、住所地、行爲地、物之所在地等客觀連繫因素經由人爲之作用加以變動其所處場域方能產生改變的動態過程，而契約衝突法則因「當事人意思自主原則」（以及晚近「當事人意思自主原則」擴張運用於其他法律關係之諸如侵權行爲、夫妻財產制等衝突法則）而採取當事人意思之主觀連繫因素，主觀連繫因素乃是人爲創設的動態過程，並不生改變的問題，故「當事人意思自主原則」自無故意以適法方法改變連繫因素之情事，不符合「規避法律」之構成要件。

（三）公序良俗及即刻適用法等制度工具已可發揮糾正規避法律之作用

契約實體法中任意法（*jus dispositivum*）有之，強行法（*jus cogens*）亦有之，若契約當事人約定以外國法爲準據法係爲規避法院地契約實體法中的任意法，由於契約當事人本就可以契約約定取代任意法規範之事項而不適用任意法，故當無理由就契約當事人約定以外國法爲準據法而不適用法院地契約實體法中的任意法之情形予以糾正，若契約當事人約定以外國法爲準據法係爲規避法院地契約實體法中的強行法，則因已有「公序良俗」（法文：l'ordre public；英文：public policy）及「即刻適用法」（lois d'application immédiate）等國際私法上的制度工具可資運用予以糾正，「即刻適用法」爲防衛法院地法的第一道防線，而「公序良俗」爲防衛法院地法的最後一道防線，二者已足以防衛法院地契約實體法中的強行法被契約主觀準據法所規避，故實無特加援用糾正「規避法律」此一制度工具之必要[43]。

---

[43] 相同看法，參閱蔡華凱，國際私法實例研習，台北，三民書局，2018年4月初版，頁61-62。

　　奧裔美籍學者Ernst Rabel（拉貝爾）就曾建議，對於契約當事人約定以外國法為準據法係為規避法院地法之問題，應強調公法與私法之區別以解決，若契約主觀準據法與法院地私法上之政策不合時，不應因此而受排斥，蓋國際私法之存在，原係基於一種假設，即各文明國家之實體法，可以互用，法院地不應以本國政策高明或法律技術優越為藉口，以破壞此種關係。但契約主觀準據法若與法院地公法之規定，例如勞工法中有關限制工作時間、婦女勞工與兒童勞工之規定、刑法中有關禁止酒類買賣之規定、行政法與稅法中之種種規定等相違背時，則應以「公序良俗」拒卻該契約主觀準據法之適用，而適用法院地之公法，蓋法院地之衝突法則為其整個法制之一部分，契約法律適用雖然採取「當事人意思自主原則」允許契約當事人約定以外國法為準據法，但此亦不能超越旨在保護國家本身利益以及一般社會福祉的內國公法[44]。此外，若契約主觀準據法為對於農奴制度或娼妓制度之契約認為合法之外國法，或對於課予兒童或無能力者以義務而不予減輕之契約認為合法之外國法，均與基本的社會正義觀念相牴觸，均絕對應予排斥，而以「公序良俗」拒卻該外國法之適用[45]。

　　Rabel之建議實對契約主觀準據法「規避法律」之糾正，指引了一條正確可行的道路，雖然有「欲說服一國立法者，將影響私人契約之公法部分，限其適用於重心在其國境內的契約，即非易事。因為，公法法規之適用，向來可說均及於發生在國境內之一切事實，而不問事實是否牽涉受外

---

[44] *See* ERNST RABEL, THE CONFLICT OF LAWS: A COMPARATIVE STUDY (Vol. II) 561-9 (2d ed. 1958). 但Rabel自己也承認，此種公法宜妥加劃定其適用範圍，原則上最好以重心在法院地內之契約或應受法院地私法支配之契約為限，例如：若買賣酒類契約中，契約當事人約定之準據法為一不禁酒國家之法律，而契約之締約地與履行地卻均在一施行禁酒法律之國家內，如賣方向該禁酒國家之法院提起給付價金之訴，則因該契約之重心在法院地內，故應以「公序良俗」拒卻該契約主觀準據法之適用，拒絕賣方之請求，但若該契約之締約地與履行地及其他事實，均與法院地無關時，該法院即不必援用「公序良俗」拒卻該契約主觀準據法之適用，以拒絕執行賣方依契約準據法為合法的權利。

[45] *See* RABEL, *id.* at 583-4.

國私法管轄的契約」以及「所謂『基本道德觀念之深處……包括基本的社會正義觀念』，如不予嚴格解釋，仍難免與『公序良俗』之意義，同其廣泛」[46]之疑慮，但本章以爲類此對「公序良俗」不明確性之疑慮，於今觀之，應可消除。蓋Rabel提出此建議時，「即刻適用法」之制度尚未確立，而「公序良俗」因具不明確性、事後性與主觀性之特性[47]，其過度濫用之結果將大大殘害「當事人意思自主原則」，故對之有所疑慮乃屬當然，但現階段國際私法「即刻適用法」之制度已然確立，「即刻適用法」爲跳過衝突法則之運用所直接適用的法院地實體法[48]，具有明確

---

[46] 參閱馬漢寶，前揭註22書，頁253-254。

[47] 「公序良俗」爲不確定的法律概念，對是否違反「公序良俗」，至今仍無明確標準，故具不明確性；而其運用乃是先經衝突法則選法程序選擇出外國法爲準據法後，方以違反法院地「公序良俗」爲由拒卻該外國法之適用，故具事後性；而對是否違反「公序良俗」，乃是由法官於個案中自行判斷，故具主觀性。

[48] 「即刻適用法」的概念爲希臘裔法國學者Phocion Francescakis（佛蘭西斯卡基斯）於1958年在「反致理論與國際私法的體系衝突」（*La théorie du renvoi et les conflits de systèmes en droit international privé*）的專論所提出，於該文中，Francescakis指出法國法院實務上經常在涉外案件中排除衝突法則之運用，反而直接適用法國的強行法或實體法，這種可排除衝突法則之運用而可直接適用的強行法或實體法，即爲「即刻適用法」。Francescakis與通說認爲「即刻適用法」乃指跳過衝突法則之運用而所直接適用的法院地實體法，亦即爲「實體法」（substantive rules）。參閱賴來焜，當代國際私法學之基礎理論，台北，神州圖書公司，2001年1月初版，頁572-573；柯澤東著、吳光平增修，前揭註20書，頁62-64；吳光平，即刻適用法爭議問題，台北，月旦法學雜誌，第260期，2017年1月，頁55-64。然而，「即刻適用法」發展至今，其運用已從「法院跳過衝突法則選法程序所直接適用之法院地實體法」擴大爲「法院跳過衝突法則選法程序所直接適用之法院地或外國實體法」，其概念已轉爲「實體法之直接適用」，而不再區分適用者爲法院地實體法抑或外國實體法，故所適用之客體——實體法已不具特徵性，倒是適用之方法——跳過衝突法則直接適用實體法，反而爲其特徵，故本章以爲，「即刻適用法」很明顯地已從「實體法」朝「方法」（approach）轉向。惟本章此種看法畢竟爲極少數意見，因此僅於此處特別說明之，本章中仍以通說之見來說明「即刻適用法」。至於本章所持之有別於通說的意見，其詳細論述，可參閱吳光平，重新檢視即刻適用法——源起、發展，以及從實體法到方法的轉變歷程，新竹，玄奘

性、事前性與客觀性之特性[49]，契約主觀準據法與「即刻適用法」牴觸時，「即刻適用法」自然排除契約主觀準據法，而Rabel所舉例之公法法規於今大多為「即刻適用法」之範疇，以「即刻適用法」排除契約當事人依「當事人意思自主原則」就某外國法為準據法之約定，更是大量取代了早先以「公序良俗」排除契約當事人依「當事人意思自主原則」就某外國法為準據法之約定[50]，因之論者有謂：「不予考慮法律衝突之問題，直接、即刻適用法院地法或該問題所屬之外國法，而還國際公序本來真正面目之範圍，無須再藉公序之名而行濫加排除外國法，恢復公序原則在防衛本國立法政策、技術、立國精神、社會文化、倫理之維護，使社會演進時空改變所形成之法律性質之變動上，本來即應予釐清之問題，不陷公序原則於『不義』承擔全部之惡名。」[51] 故而於現階段國際私法，將防衛法院地法第一道防線之「即刻適用法」以及防衛法院地法最後一道防線之「公序良俗」結合運用，已足以防衛法院地契約實體法中的強行法被契約主觀準據法所規避。

（四）對規避法律之糾正與契約法律適用採取當事人意思自主原則之現實需求相衝突

契約雙方當事人對於所約定準據法的適用已產生正當期待，並對之有法信賴感，若法院竟以準據法約定構成「規避法律」為由加以糾正，拒卻契約雙方當事人所約定的準據法而另行適用法院地法，此對契約雙方當事

法律學報，第2期，2004年12月，頁177-227；吳光平，國際私法上的即刻適用法於法院實務及實證立法之運用，台北，輔仁法學，第29期，2005年6月，頁53-130。

[49] 「即刻適用法」為法律之明文規定，其適用範圍明確，故具明確性；而其為未經衝突法則選法程序即加以適用，故具事前性；而對於某法院地實體法是否為「即刻適用法」法律乃有明文規定，不由法官裁量，故具客觀性。

[50] 故而有稱「公序良俗」機制為「消極的公序」（l'ordre public positif），「即刻適用法」為「積極的公序」（l'ordre public négatif）。

[51] 參閱柯澤東著、吳光平增修，前揭註20書，頁169。

人而言不啻意外，此一法律適用過程的突襲將造成突襲性裁判，況以「規避法律」爲由拒卻契約雙方當事人所約定的準據法，無疑推翻了契約雙方當事人事先預測法律適用的結果，此將與「當事人意思自主原則」保護契約雙方當事人正當期待利益之政策目的明顯牴觸。

（五）主觀意圖不應作爲糾正違法行爲之基礎

　　由於「規避法律」在外觀上爲合法，故對其可非難性之評價乃是因當事人主觀上詐欺法院地法意圖，從而對「規避法律」之糾正實出自於當事人具有詐欺法院地法之內在的主觀要素，亦即對「規避法律」之糾正乃是以當事人之主觀意圖爲基礎。惟，只因主觀意圖就對客觀上的適法行爲加以糾正，恐有違憲法保障人民基本權之意旨[52]。曾擔任美國聯邦最高法院大法官的Oliver Wendell Holmes（霍姆斯）於1916年在*Bullen v. Wisconsin*案[53]曾謂：「吾人不言規避，蓋當法律畫出一條界線時，當某一個案位於此界線的安全位置時，當事人可以因法律之允許而去追求其最大利益並無庸擔憂有法律上不利之情形。」（We do not speak of evasion, because, when the law draws a line, a case is on one side of it or the other, and if on the safe side is none the worse legally that a party has availed himself to the full of what the law permits.）此語正精確地描繪出只要不超出違法之界線，人民皆有權利追求其最大利益，在此之內皆爲適法，更無糾正之問題。

---

[52] 論者更有舉英國爲例，英國基於傳統上民主政治之開放，法院認爲只要國家制定了法律，人民即有權做法律所不明文禁止之行爲，縱然該行爲之目的是在規避法律，只要不違反法律國家即無權干涉，要防止這種規避行爲，只能從立法著手。參閱陳隆修，前揭註21書，頁28。

[53] 240 U.S. 630 (1916).

（六）契約法律適用採取當事人意思自主原則符合衝突正義而無利用對規避法律之糾正以匡正逸脫衝突正義之必要

對「規避法律」之糾正，可以維護連繫因素與衝突法則功能的嚴正性，匡正對「衝突正義」理念之逸脫。倘當事人利用以國籍、住所地、行為地、物之所在地等客觀連繫因素所架構之衝突法則之便宜，來規避法院地法之適用，詐欺了以最密切牽連關係劃定「立法管轄權」之「衝突正義」，利用對「規避法律」之糾正，使之回復適用原應適用之法院地法，即能匡正對「衝突正義」理念之逸脫。但契約法律適用例外地不以最密切牽連關係劃定「立法管轄權」，而是基於尊重當事人自由意願、效率、符合當事人實際需要，以「當事人意思自主原則」劃定「立法管轄權」，此被認為符合「衝突正義」理念。故契約法律適用採取「當事人意思自主原則」並未逸脫之「衝突正義」理念，自無利用對「規避法律」之糾正以匡正逸脫衝突正義之必要。

伍、結論

對「規避法律」之糾正乃是排除外國法適用之衝突法選法總論上制度，理論上可將之運用於契約法律關係拒卻契約當事人依「當事人意思自主原則」就某外國法為準據法之約定。但本章基於二者核心價值相衝突、主觀連繫因素之人為創設非為改變連繫因素、「公序良俗」及「即刻適用法」等制度工具已可發揮糾正「規避法律」之作用、對「規避法律」之糾正與契約法律適用採取「當事人意思自主原則」之現實需求相衝突、主觀意圖不應作為對違法行為糾正之基礎、契約法律適用採取「當事人意思自主原則」符合衝突正義而無依對「規避法律」之糾正以匡正逸脫衝突正義之必要等六項理由，認為「當事人意思自主原則」與「規避法律」二者並不相容，「當事人意思自主原則」乃是「規避法律」之阻卻違法事由，多數論者肯認以對「規避法律」之糾正此一衝突法總論之制度對「當

事人意思自主原則」此一衝突法各論之制度所加諸之限制，乃是不合理且不適當的，蓋將糾正「規避法律」之無論是絕對說、相對無效說、相對有效說抑或探求連繫因素真實意義說等適用於「當事人意思自主原則」，乃是對「當事人意思自主原則」增加不必要的限制，爲對「當事人意思自主原則」尊重當事人自由意願的「私法自治原則」的核心價值之否定，將造成「當事人意思自主原則」之崩毀。但對於國際性契約放棄控制，實無正當理由，控制契約當事人依「當事人意思自主原則」就某外國法所爲準據法約定，以防止彼等規避法院地實體法之適用，仍有其必要，而於現階段國際私法上已有「公序良俗」及「即刻適用法」等制度工具可資防止法院地實體法之規避適用，故控制「當事人意思自主原則」以「公序良俗」及「即刻適用法」即可，糾正「規避法律」之無論是絕對說、相對無效說、相對有效說抑或探求連繫因素真實意義說等，皆無適用餘地。

　　回歸至本章所評析之台灣台北地方法95年度重訴字第1416號民事判決。法院於判決理由中雖言及「基於契約自由原則，當事人本於選法之自由，於契約中明示約定準據法，並無不可」，並判決系爭保證契約約定以香港法爲準據法並不構成「規避法律」（規避我國「公司法」保證相關規定），就此以言，洵屬正確，應與贊同。惟，法院於判決理由中謂「本件原告公司既主張被告規避法律，屬有利原告之事實，依民事訴訟法第277條當事人主張有利於己之事實，就其事實有舉證責任之規定，自應由原告公司就前揭事實盡舉證責任，原告未能舉證，即稱本件準據法之約定，違反公司法第16條、洗錢防治法第3條、第6條、銀行內部控制及稽核制度實施辦法第5條、第8條、第16條第2款、第3款、臺灣地區銀行在香港澳門設立分支機構子公司許可辦法第9條等規定，合意以香港法律爲準據法，實係規避我法律之強制規定，……，應爲無效云云，洵屬無據」，似係以原告A公司未能舉證系爭保證契約約定以香港法爲準據法符合「規避法律」之構成要件（「原告未能舉證說明如何變更連繫因素，規避我公司法保證相關規定，致不利原告，而有規避法律原則之適用」）爲本件判決不依「規避法律」判決之理由，並未否定契約主觀準據法之約定仍可能構成「規避法律」之可能，此與本章認爲契約主觀準據法之約定根本無「規避

法律」之適用，有所出入。綜上，本件判決不依「規避法律」判決，於結論上雖屬正確，但是未否定契約主觀準據法之約定得構成「規避法律」則不無疑義，蓋「當事人意思自主原則」與「規避法律」不相容、「當事人意思自主原則」乃是「規避法律」之阻卻違法事由、契約主觀準據法之約定無「規避法律」之適用，本件判決系爭保證契約約定以香港法為準據法並不構成「規避法律」，乃係因契約主觀準據法之約定無「規避法律」之適用故而更無從構成「規避法律」，而非契約主觀準據法之約定有「規避法律」之適用但於本件判決並不構成「規避法律」。

※本章之內容，主要為「當事人意思自主原則、契約準據法之約定與規避法律，台北，法學新論，第3期，2008年10月，頁27-48」一文，經修正、刪校、增補而成為本章。

第三部分

衝突法各論

法律行為之特徵性債務與關係最切之法律——台灣台北地方法院102年度勞訴字第55號民事判決評析

壹、案件事實及判決要旨概述

一、案件事實

　　原告為我國人，自1994年10月5日起任職與被告公司同一集團之其他公司，後改任職於被告公司（英屬維京群島法人）赴中國大陸工作，於2012年9月26日向被告公司自請退休，並請求被告公司給付三十三個月之平均工資為退休金，但被告公司僅願意給付原告13萬多美金之經濟補償，故原告遂向台灣台北地方法院起訴請求原告公司給付被告所積欠十五個月之平均薪資。

　　原告主張：其應適用2010年11月1日實施之集團境外同仁退休辦法（以下簡稱為舊退休辦法），而非2012年4月修正之新退休辦法，依舊退休辦法之規定，於集團服務滿十五年且年滿50歲即可自請退休，故其為合法退休，被告公司應給付退休金。

　　被告主張：依2012年4月修正之集團境外同仁退休辦法（以下簡稱為新退休辦法）之規定，自請退休之要件須於集團服務滿十五年且年滿55歲者，始得申請退休，然原告於2012年10月1日僅為51餘歲，尚未達55歲，並未符合退休辦法之規定，且被告修正退休辦法原告應早已知悉，原告不僅未提出反對意見，且仍持續為被告提供勞務，則修正後之新退休辦法對於原告自有拘束力，況原告所填具乃離職申請表並非境外同仁自請退休

單，原告無論係依據舊退休辦法抑或新退休辦法，均不符合退休要件，故
原告乃係以離職之方式終止兩造間之勞動契約，自不得再行請求退休金，
但爲體恤原告，仍願採取特例方式給付原告13萬多美金之經濟補償。

二、法院判決要旨

　　一審之台灣台北地方法院作出102年度勞訴字第55號民事判決：於國
際裁判管轄方面，被告公司於台北市設有住所地，不但在我國境內能接受
通知之送達，且其重要經濟活動及主要財產所在地亦在我國境內，是兩造
在我國應訴最爲便利，亦符合「被告應受較大之保護」原則，將來我國法
院就本件判決亦能爲最有效之執行，故我國就本件應有國際裁判管轄權；
於準據法之選擇方面，本件原告依勞動契約向被告公司請求給付退休金，
兩造雖未約定應適用之法律，但原告係於我國簽訂勞動契約且被告公司在
我國設有辦事處，依「涉外民事法律適用法」（以下簡稱爲「涉民法」）
第20條之規定，兩造間之法律關係應以我國法爲關係最切之法律，自應以
我國法爲準據法；於準據法之適用方面：被告公司將退休辦法將退休年齡
自50歲提高至55歲，其修正與「勞動基準法」（以下簡稱爲「勞基法」）
第53條第1款：「勞工有下列情形之一，得自請退休：一、工作十五年以
上年滿五十五歲者。」之規定一致，對多數具有勞動能力之勞工利益保障
無重大影響並爲企業經營之必要，具有合理性，故未違反法律強制或禁止
規定，且經被告公司公開揭示於全體員工，而原告並未提及應適用舊退休
辦法辦理退休及不同意新退休辦法提高自請退休年齡之意，堪認原告已默
示承諾現行退休辦法之變更，是兩造間之權利義務關係應依新退休辦法，
而被告公司違反「勞基法」第70條工作規則應報請主管機關核備後公開揭
示之規定，僅係雇主應受同法第79條第1項第1款規定處罰之問題，新退休
辦法仍屬有效，故原告之訴無理由，應予駁回。

貳、判決所涉之準據法選擇問題

　　本件案件定性為涉外勞動契約案件，法院依「涉民法」第20條之規定選擇準據法，由於兩造間並未約定應適用之法律，故無第20條第1項：「法律行為發生債之關係者，其成立及效力，依當事人意思定其應適用之法律。」主觀準據法規定之適用，而應依同條第2、3項：「（第2項）當事人無明示之意思或其明示之意思依所定應適用之法律無效時，依關係最切之法律。（第3項）法律行為所生之債務中有足為該法律行為之特徵者，負擔該債務之當事人行為時之住所地法，推定為關係最切之法律。但就不動產所為之法律行為，其所在地法推定為關係最切之法律。」客觀準據法之規定選擇準據法，而觀法院於判決理由中所言「原告係於我國簽訂勞動契約且被告公司在我國設有辦事處……兩造間之法律關係應以我國法律為關係最切之法律」，可知法院似認定勞動契約所生債務中，被告公司（雇主）所負擔之債務為勞動契約之特徵，故推定被告公司之住所地（被告公司於我國設有辦事處，故我國被認定為被告公司之住所地）法，亦即我國法為關係最切之法律。按「涉民法」第20條第2項與第3項「關係最切之法律」之規定乃學理上所稱「最重要牽連關係理論」（the most significant relationship），而第3項本文「法律行為所生之債務中有足為該法律行為之特徵者，負擔該債務之當事人行為時之住所地法」之規定乃學理上所稱「特徵性履行理論」（characteristic performance），綜合觀第2項與第3項契約客觀準據法之規定，乃採行「最重要牽連關係理論」與「特徵性履行理論」結合運用之準據法選擇方法，係以特徵性履行作為判斷最重要牽連關係之標準，最重要牽連關係之確定須賴特徵性履行之認定，此顯示出特徵性履行之認定實為確定契約客觀準據法之最重要步驟，負擔特徵性債務之當事人行為時之住所地法一旦認定，幾乎確定了關係最切之法律，亦即契約之客觀準據法。因此，負擔特徵性債務之當事人行為時之住所地法之認定至為關鍵，但此一「特徵性履行理論」之內涵與運用，對實務而言較為陌生，而本件台灣台北地方法院102年度勞訴字第55號民事判決即因被告公司在我國設有辦事處而認定我國為被告公司之住所

地因而推定我國法為關係最切之法律，為新修正「涉民法」施行後少數適用「特徵性履行理論」所作出之判決，故本章乃就台灣台北地方法院本件判決所涉「特徵性履行理論」解釋與適用之問題，加以分析與探討。

參、法律行為之特徵性債務與關係最切法律之關係

「涉民法」第20條第3項本文所採行之「特徵性履行理論」原為瑞士本土之確定契約客觀準據法的國際私法理論，與同條第2項與第3項「關係最切之法律」所採行屬於美國之「彈性選法方法」之「最重要牽連關係理論」本無牽扯。但自1980年「歐洲共同體契約之債法律適用公約」（EC Convention on the Law Applicable to Contractual Obligations，簡稱為「羅馬公約」，此公約並於2008年6月17日經轉化為歐洲共同體立法成為「2008年6月17日關於契約之債法律適用的歐洲議會與歐洲共同理事會規則」Regulation (EC) No 593/2008 of the European Parliament and of the Council of 17 June 2008 on the Law Applicable to Contractual Obligations，簡稱為「羅馬規則I」Rome Regulation I）結合運用「最重要牽連關係理論」與「特徵性履行理論」而以特徵性履行作為判斷最重要牽連關係之標準，成為了「特徵性履行理論」發展之分水嶺。依「羅馬公約」第4條：「（第1項）契約準據法未依第三條之規定選擇時，契約應依與之具最密切連繫國家之法律決之；若契約可分割之部分與另一國具更密切連繫時，該部分得例外受該他國法律之拘束。（第2項）除本條第五項規定情形外，契約應被推定與從事契約之特徵性履行之該當事人於締結契約時之慣常居所地國，或於法人或非法人團體之場合與其營業中心地國，具最密切連繫；若契約係一造當事人於貿易業務或職業過程中締結者，則該國家應為其主營業地國，或依契約條款必須在主營業地以外之營業地履行者，該國應為該造當事人之其他營業地國。（第3項）儘管有第二項之規定，關於不動產契約或使用不動產權利之契約，應被推定與不動產所在地國具最密切連繫。（第4項）運送契約不受第二項之推定；運送契約應被認為與契約締

結時運送人裝貨或卸貨之主營業所所在地國，或託運人之主營業所在地國，具最密切連繫；單程租傭或其他目的在於運送貨物之契約應被視爲運送契約。（第5項）若契約之特徵性履行無法決定，則第二項不予適用，且若從週遭整體環境觀察，契約與另一國具更密切連繫時，則第二、三、四項不予適用。」之規定（「羅馬規則Ｉ」第4條，但「羅馬規則Ｉ」刪除了「羅馬公約」中「推定」之相關規定，直接將「特徵性履行理論」定爲單一公式化之判斷標準而非最重要牽連關係之判斷標準），契約當事人未選擇準據法時即以與契約具最密切連繫的國家之法律爲契約客觀準據法，而以「特徵性履行理論」作爲判斷最密切連繫之標準，但依「特徵性履行理論」所爲之判斷僅具「推定」之效力，若有其他國家較依「特徵性履行理論」所得出國家具更密切連繫時，該依「特徵性履行理論」所得出國家即排除不適用，轉而適用該具有更密切連繫的國家之法律[1]。

　　「羅馬公約」作爲歐洲有關契約準據法最重要之國際公約，第4條此種結合運用「最重要牽連關係理論」與「特徵性履行理論」以確定契約客觀準據法之立法，對於日後歐洲國家國際私法立法影響甚深，例如1986年「德國民法施行法」第28條、1989年「瑞士國際私法」第117條第1、2項、1995年「義大利國際私法」第57條（適用「羅馬公約」第4條）、1999年「斯洛伐尼亞關於國際私法與訴訟之法律」第20條、2002年「摩爾多瓦民法第六卷國際私法」第1611條、2004年「比利時國際私法」第98條第1項（適用「羅馬公約」第4條）、2005年「保加利亞國際私法」第94條第1項、2007年「馬其頓關於國際私法之法律」第22條等，皆採行此種立法，尤有進者，更進一步影響歐洲國家以外大陸法系國家國際私法立法，例如1997年「烏茲別克民法第六編國際私法」第1190條、1998年「吉爾吉斯民法第六十五章衝突規範」第1199條、1999年「亞美尼亞民法第十二編

---

[1] 以「特徵性履行理論」推定最密切連繫，但得再依「最重要牽連關係理論」將所得推定之最密切連繫加以推翻之法律適用方式（principle → presumption → back to principle），學說上稱之「可反駁理論」（rebuttable），而於立法上依「最重要牽連關係理論」將「特徵性履行理論」所得推定推翻之規定（例如「羅馬公約」第4條第5項）則稱爲「替代條款」或「例外條款」（escape clause）。

國際私法」第1285條、1999年「白俄羅斯民法第七十五章衝突規範」第
1125條、2000年「哈薩克民法第七編國際私法」第1113條第1項、2001年
「韓國國際私法」第26條、2002年「俄羅斯民法第六編國際私法」第1211
條第1、2項、2006年「日本關於法律適用之通則法」第8條、2007年「土
耳其關於國際私法與國際民事訴訟程序法之法令」第24條第4項、2010年
「中華人民共和國涉外民事關係法律適用法」第41條[2]、2010年我國「涉
民法」第20條第2、3項等，亦採行此種立法。

　　「特徵性履行理論」自「羅馬公約」第4條開始，被賦予了新命運與
新功能，此乃因面對美國「最重要牽連關係理論」之衝擊，大陸法系國
家雖理解到契約客觀準據法之確定採行「硬性一般法則」（rigid general
rules）有死硬、僵化、違衝突正義、失具體妥當等缺失，但卻又對契約客
觀準據法之確定採行「最重要牽連關係理論」具靈活、主觀、違法律適用
安定性、失法律適用可預測性等性格有所疑慮，蓋作為「彈性選法方法」
之「最重要牽連關係理論」，能使法院根據系爭案件之具體情況，選擇
與契約具最重要牽連關係法域的法律為準據法，對系爭案件做出靈活、彈
性之處理，以符衝突正義、具體妥當之要求，然由於法院選擇準據法具有
極大之彈性，法院於運用時不免擁有較大之自由裁量權，易受到自己主觀
意志之影響，導致法律適用結果之不公正性與不可預見性，甚至對當事人
造成突襲性裁判，而「特徵性履行理論」恰可安撫大陸法系國家對「最重

---

[2]　2010年「中華人民共和國涉外民事關係法律適用法」第41條：「……。當事人沒有選
　　擇的，適用履行義務最能體現該合同特徵的一方當事人經常居所地法律或者其他與該
　　合同有最密切聯繫的法律。」之規定，與上述「羅馬公約」第4條在內結合運用「最
　　重要牽連關係理論」與「特徵性履行理論」之立法有所出入，致使該條是否屬於此種
　　立法，不無疑義。目前較多認為該條屬於此種立法，亦即「履行義務最能體現該合同
　　特徵的一方當事人經常居所地法律」係推定為「與該合同有最密切聯繫的法律」，例
　　如：黃進、姜茹嬌主編，中華人民共和國涉外民事關係法律適用法釋義與分析，北
　　京，法律出版社，2011年2月第1版，頁229；萬鄂湘主編，中華人民共和國涉外民事關
　　係法律適用法條文理解與適用，北京，中國法制出版社，2011年9月第1版，頁300；劉
　　寧元，最密切聯繫原則在中國的開放性理解——以合同法律適用為視角，收於2013年
　　海峽兩岸國際私法學術研討會論文集，頁25-27。

要牽連關係理論」靈活性格之不安，將「特徵性履行理論」與「最重要牽連關係理論」結合運用而以特徵性履行作為判斷與契約具最重要牽連關係之標準，適可降低法院自由裁量之主觀任意性，「特徵性履行理論」正好提供了「最重要牽連關係理論」所欠缺之確定性與可預見性[3]，並能最低限度地防衛法律安全[4]，有論者言：「『最密切關聯原則』與『特徵性履行』明確指定之準據法相輔相成，使『最密切關聯』原則之運用，能兼顧彈性與明確性、浪漫與具體性，靈活合理而不武斷。」[5]實對「最重要牽連關係理論」與「特徵性履行理論」結合運用於契約客觀準據法之確定做了最佳描述。

歸結上述，「涉民法」第20條第3項本文所規定法律行為之特徵性債務（「特徵性履行理論」）與同條第2項與第3項所規定關係最切之法律（「最重要牽連關係理論」）間，具有如下關係：

第一、結合關係。將原先無關聯且分屬不同選法方法（「特徵性履行理論」原屬「硬性選法方法」）之法律行為之特徵性債務與關係最切之法律（「最重要牽連關係理論」屬「彈性選法方法」）結合運用成為一「經過法安定性與具體妥當性之相互妥協」之「修正式彈性選法方法」。

第二、輔助關係。法律行為之特徵性債務具有輔助判斷關係最切之法律之功能，負擔法律行為之特徵性債務之當事人行為時之住所地法可推定為關係最切之法律。

第三、替代關係。負擔法律行為之特徵性債務之當事人行為時之住所地法經推定為關係最切之法律者，倘更無其他關係最切之法律存在，負擔

[3] PETER M. NORTH, *The EEC Convention on the Law Applicable to Contractual Obligations (1980): Its Main History and Features*, in ESSAYS IN PRIVATE INTERNATIONAL LAW 41 (Peter M. North ed., 1993).

[4] FRANK B. VISCHER, *The Concept of Characteristic Performance*, in ON PROGRESSIVE UNIFICATION OF PRIVATE INTERNATIONAL LAW 514 (Alegria Borrás, Andreas Bucher, Teun Struycken, and Mochel Verwilghen eds., 1996).

[5] 參閱柯澤東，從國際私法方法論探討契約準據法發展新趨勢──並略評兩岸現行法，台北，台大法學論叢，第23卷第1期，1993年12月，頁287。

法律行為之特徵性債務之當事人行為時之住所地法即為契約客觀準據法，此結果形同「特徵性履行理論」替代了「最重要牽連關係理論」成為確定契約客觀準據法之標準。

　　第四、次序關係。契約客觀準據法之確定，須先依「特徵性履行理論」以負擔法律行為之特徵性債務之當事人行為時之住所地法推定為關係最切之法律，倘依「最重要牽連關係理論」尚有其他關係最切之法律者，即推翻依「特徵性履行理論」之推定而改依「最重要牽連關係理論」所得出之關係最切之法律，使契約客觀準據法之確定形成了「負擔法律行為之特徵性債務之當事人行為時之住所地法（推定為關係最切之法律）→其他關係最切之法律」之次序。

肆、法律行為特徵性債務之認定

一、特徵性履行理論之內容

　　Friedrich Carl von Savigny（薩維尼）早有契約客觀準據法應依履行地法之見，但於雙務契約之場合履行地法乃有侷限，而「特徵性履行理論」適可解決此一侷限，故「特徵性履行理論」應可認為是履行地法之延伸。按「特徵性履行理論」咸認係由被譽為「特徵性履行之父」之瑞士學者Adolf F. Schnitzer（施尼澤）所提倡，並由瑞士學者Frank B. Vischer（費舍）精緻化，而「羅馬公約」以降採納「特徵性履行理論」之立法，即採Vischer對「特徵性履行理論」之闡述。

　　Vischer認為，特徵性履行之概念使各不同類型之契約能有所區分，並且在每一契約類型中均出現，而決定契約之特徵性履行，能使某一社會秩序之法律得以適用，因為於該社會秩序中契約經濟上及社會上最本質之義務被履行，因此：（一）牽涉商業活動時，因契約深植於該國之內國經濟中，故以金錢給付為內容之對待給付義務僅具次等重要地位，而應適用該商業活動實施地法，但所牽涉者兩項商業活動時，則應選擇非以金錢給

付爲內容之商業活動；（二）非以金錢給付爲給付義務內容之一方係受到契約他方控制時（例如僱傭契約），應適用他方營業地法；（三）單務契約（例如贈與契約或無償借貸契約）之特徵性履行爲唯一之給付義務；（四）契約雙方當事人均以金錢給付爲給付義務之內容時（例如金錢借貸契約或保險契約），因承擔較大風險之一方與社會有較深之牽連，承擔較大風險之一方爲特徵性履行方（例如貸與人或保險人），應適用該方之法律；（五）於標準格式契約或附合契約，以草擬契約之一方爲特徵性履行方，應適用該方之法律。質言之，Vischer之「特徵性履行理論」可以「特徵性債務之判斷→特徵性債務方營業地法或慣常居所地法」呈現，若套用以連繫因素之概念，則係以營業地或慣常居所地爲連繫因素[6]。

二、法律行為特徵性債務之認定

自「羅馬公約」以降，結合運用「最重要牽連關係理論」與「特徵性履行理論」以確定契約客觀準據法之立法，雖規定具最密切連繫國家之法律推定爲特徵性履行方於締結契約時之營業中心地國法或慣常居所地國法，但並未進一步規定特徵性履行或特徵性履行方應如何認定，致使「特徵性履行理論」雖有將「最重要牽連關係理論」具體化之效，但於規範內容上仍不甚具體，尤其是「契約自由原則」下契約之內容與類型千變萬化，致使特徵性履行或特徵性履行方之判斷顯非易事，故而部分立法例乃更進一步規定了若干契約類型之特徵性履行或特徵性履行方[7]，以使法院

---

[6] Frank B. Vischer, Internationalen Vertragrechts, 1962, S. 112, cited by Hans Ulrich Jessurun D'Oliverira, *"Characteristic Obligation" in the Draft EEC Obligation Convention*, 25 AM. J. COMP. L. 307 (1977). 有關Schnitzer與Vischer對「特徵性履行理論」詳盡闡述之中文文獻，參閱吳光平，國際私法上的特徵性履行理論，台北，法學叢刊，第196期，2004年10月，頁2-4。

[7] 此等明文規定特徵性履行或特徵性履行方之契約類型，性質上屬於該國國際私法上之有名契約。

省卻認定之煩。以「特徵性履行理論」母國之瑞士而言，1989年「瑞士國際私法」第117條第3項：「下列履行行為尤應認為契約之特徵：一、於讓與契約，讓與人之給付；二、為物或權利使用而訂之契約，應授予使用之當事人所為之履行行為；三、於委任契約、承攬契約、其他提供勞務之契約，勞務之提供；四、於寄託契約，受託人之履行行為；五、於擔保或保證契約，擔保人或保證人之履行行為。」即規定了讓與契約、為物或權利使用而訂之契約、勞務契約、寄託契約、擔保或保證契約等五類契約之特徵性履行；1992年「羅馬尼亞國際私法」第78條第1項：「特徵性履行一般理解為：一、在財產移轉契約，如買賣契約等，動產出賣方所為之履行；二、在租借等類契約，於一定時期內出讓物之使用權的當事人所為之履行；三、在服務契約中代理人、保管人、企業主以及其他提供服務方所為之履行；四、在擔保契約、保證契約或其他類此契約中擔保方所為之履行。」即規定了財產移轉契約、租借契約、服務契約、擔保或保證契約等四類契約之特徵性履行；2001年「韓國國際私法」第26條第2項但書：「但契約作為當事人之職業或營業活動而締結時，推定當事人營業所所在地國法為具有最密切連繫之法律：一、於讓與契約，讓與人之給付；二、於租賃契約，提供物或權利以供使用之一方當事人之給付；三、於委任契約、承攬契約、其他提供勞務之契約，勞務之提供。」更規定了讓與契約、租賃契約、勞務契約之特徵性履行。

　　「涉民法」第20條第3項本文亦僅規定推定負擔特徵性債務之當事人行為時之住所地法[8]為關係最切之法律，對於特徵性債務或負擔特徵性債務之當事人之認定亦無明文規定，此使得對於「特徵性履行理論」較為陌生之實務者而言，對於特徵性債務或負擔特徵性債務之當事人之判斷，不

8　此與「特徵性履行理論」之提倡者Vischer之見以及多數立法例之特徵性履行方之營業地或慣常居所地有所出入。按住所地與慣常居所地皆足象徵特徵性履行方之社會、經濟、文化聯繫中心，但就密切關聯性言，慣常居所地較住所地更勝一籌。而「涉民法」第20條第3項之所以規定住所地，本章推測應與「涉民法」未將慣常居所地採擇為連繫因素有關，而由於「涉民法」有採擇住所地為連繫因素者，故於第20條第3項規定與慣常居所地概念較近之住所地。

免困擾，而以上立法例即頗值參酌。故而本文乃就以上立法例及2002年「俄羅斯民法第六編國際私法」所規定若干契約類型之特徵性履行或特徵性履行方，舉其要者並轉換為我國法制用語，製成表7-1，以供參考。

表 7-1　各契約特徵性履行表

契約類型	特徵性債務	所推定關係最切之法律	相關立法例
買賣契約	出賣人移轉財產權	出賣人住所地法	瑞士國際私法§117 I①（讓與契約）、羅馬尼亞國際私法§78 I①、韓國國際私法§26 II但①（讓與契約）、俄羅斯民法§1221 III①
贈與契約	贈與人之財產無償給與他方	贈與人住所地法	俄羅斯民法§1221 III②
動產租賃契約	出租人之以動產租與他方使用、收益	出租人住所地法	瑞士國際私法§117 I②（為物或權利使用而訂之契約）、羅馬尼亞國際私法§78 I②（租借等類契約）、韓國國際私法§26 II但②、俄羅斯民法§1221 III③
使用借貸契約	貸與人之以物交付他方無償使用	貸與人住所地法	瑞士國際私法§117 I②（為物或權利使用而訂之契約）、羅馬尼亞國際私法§78 I②（租借等類契約）、俄羅斯民法§1221 III④（無償使用借貸契約）
消費借貸契約	貸與人之移轉金錢或其他代替物之所有權於他方	貸與人住所地法	瑞士國際私法§117 I②（為物或權利使用而訂之契約）、羅馬尼亞國際私法§78 I②（租借等類契約）、俄羅斯民法§1221 III⑧

表 7-1　各契約特徵性履行表（續）

契約類型	特徵性債務	所推定關係最切之法律	相關立法例
承攬契約	承攬人之完成一定工作	承攬人住所地法	瑞士國際私法 §117 Ⅰ③、韓國國際私法 §26 Ⅱ但③
委任契約	受任人之處理事務	受任人住所地法	瑞士國際私法 §117 Ⅰ③、羅馬尼亞國際私法 §78 Ⅰ③（服務契約）、韓國國際私法 §26 Ⅱ但③、俄羅斯民法 §1221 Ⅲ
居間契約	居間人之報告訂約機會或為訂約之媒介	居間人住所地法	瑞士國際私法 §117 Ⅰ③、韓國國際私法 §26 Ⅱ但③（其他提供勞務之契約）
寄託契約	受寄人之保管他方之物	受寄人住所地法	瑞士國際私法 §117 Ⅰ④、羅馬尼亞國際私法 §78 Ⅰ③（服務契約）、俄羅斯民法 §1221 Ⅲ（保管契約）
倉庫契約	倉庫營業人為他人堆藏及保管物品	倉庫營業人住所地法	羅馬尼亞國際私法 §78 Ⅰ③（服務契約）、俄羅斯民法 §1221 Ⅲ（保管契約）
物品運送契約[9]？	物品運送人之運送物品	物品運送人住所地法	俄羅斯民法 §1221 Ⅲ⑦
旅客運送契約	旅客運送人之運送旅客	旅客運送人住所地法	俄羅斯民法 §1221 Ⅲ⑥
保證契約	保證人保證他方之債務人履行債務	保證人住所地法	瑞士國際私法 §117 Ⅰ⑤、羅馬尼亞國際私法 §78 Ⅰ④、俄羅斯民法 §1221 Ⅲ（擔保契約）

來源：作者自行整理。

---

[9]　2002年「俄羅斯民法第六編國際私法」第1211條第3項第7款規定了貨物運送之特徵性

三、不宜適用特徵性履行理論契約

　　「特徵性履行理論」與「最重要牽連關係理論」之結合運用，雖使契約客觀準據法之選擇兼具彈性與明確性，但「特徵性履行理論」所具有偏向強勢者之傾向，致使契約一方當事人為強勢者而另一方當事人弱勢者之契約類型適用「特徵性履行理論」之結果，所適用者為強勢者之營業地法或慣常居所地法，不利於弱勢者之保護。依Vischer對「特徵性履行理論」之闡述，非以金錢給付為給付義務內容之一方係受到契約他方控制時（例如僱傭契約）以他方為特徵性履行方（僱用人）、契約雙方當事人均以金錢給付為給付義務內容時（例如金錢借貸契約或保險契約）承擔較大風險之一方為特徵性履行方（銀行或保險公司）、於標準格式契約與附合契約草擬契約之一方為特徵性履行方，如此雖對此等強勢者於訴訟事件法律適用之劃一安排有所必要，但卻無疑有利於強勢者之僱用人、銀行、保險公司等，陷受僱人、消費者、被保險人等弱勢者於不利，蓋以強勢者之營業地法或慣常居所地法為契約客觀準據法，因營業地或慣常居所地為強勢者自己所設定之故，無異於契約客觀準據法之選擇操之於強勢者，因而論者有譏諷「特徵性履行理論」為「資本主義社會之忠誠侍者」（loyal handmaiden）[10]。故自「羅馬公約」以降採納「特徵性履行理論」之立法，有將勞動（／僱傭）契約及消費契約另行規定特則以限制甚至排除屬於通則之「特徵性履行理論」，以防止依「特徵性履行理論」強勢者為特徵性履行方而以強勢者營業地法或慣常居所地法為契約客觀準據法之場合，不利於弱勢者之保護[11]。

　　履行方，但「羅馬規則I」第4條第4項則將貨物運送契約排除「特徵性履行理論」之適用，而直接規定貨物契約締結時運送人裝貨或卸貨之主營業所所在地國，或託運人之主營業所所在地國，具最密切連繫。故而貨物運送契約是否適宜適用特徵性履行理論，立法例並不一致，故而本文以「？」示之。

[10] *See* Hans Ulrich Jessurun D'Oliverira, *supra* note 6, at 326-7.

[11] 此即係基於「特徵性履行理論」理論內容本身之缺失所做之排除適用。「特徵性履行

　　以勞動契約言，「羅馬公約」第6條第2項：「雖有第四條之規定，
當事人未依第三條選擇法律時，勞動契約應：一、適用受僱人為履行契約
而慣常工作之國家之法律，縱其在其他國家臨時受僱者，亦同；或二、
受僱人未在任何國家慣常工作者，適用其所受僱之企業所在地之國家之法
律；但從整體情況明確顯示，契約與其他國家具有更密切連繫時，應適用
該其他國家之法律。」（「羅馬規則Ⅰ」第8條第1項為類似之規定）於勞
動契約客觀準據法以適用勞工（／受僱人）慣常工作地法為原則，排除了
依「特徵性履行理論」所應適用之僱主（／僱用人）營業地法或慣常居所
地法，以保護弱勢勞工，1986年「德國民法施行法」第30條第2項、1992
年「羅馬尼亞國際私法」第102條、2001年「韓國國際私法」第28條第2
項、2006年「日本關於法律適用之通則法」第12條第2項、2007年「土
耳其關於國際私法與國際民事訴訟程序法之法令」第27條第2項、2010年
「中華人民共和國涉外民事關係法律適用法」第43條前段等，亦有類似之
規定。

　　以消費契約言，「羅馬公約」第5條第3項：「雖有第四條之規定，
當事人未依第三條選擇法律時，契約符合本條第二項所規定之情形者，
應適用消費者有慣常居所之國家之法律。」[12]（「羅馬規則Ⅰ」第6條第
2項為類似之規定）於消費契約客觀準據法適用消費者慣常居所地法，限
制了依「特徵性履行理論」所應適用之企業經營者營業地法或慣常居所

理論」理論內容之缺失有三：一、並非所有類型的契約皆可依此找出特徵性債務；
二、藉「一個具有兩個主要義務之契約只有一個履行地」之虛構，仍擺脫不了履行地
法之盲點；三、結果對契約強勢之一方如僱用人、銀行、保險公司等較有利，而使受
僱人、消費者、被保險人陷於不利。關於「特徵性履行理論」理論內容之貢獻與缺
憾，參閱吳光平，前揭註6文，頁20-21。

[12] 「羅馬公約」第5條第2項所規定之情形有三：一、相對人於締結契約前，曾於該國
對其發出特定之邀請或刊登廣告，並已在該國為締結契約已採取一切必要之措施者；
二、相對人或其代理人在該國接受消費者之訂單者；三、契約係關於貨物銷售時，而
消費者係由該國至另一國並在該另一國送出其訂單者，但以消費者此項旅程是由賣方
為吸引消費者購買貨物之目的而安排者為限。

法，以保護弱勢消費者，1986年「德國民法施行法」第29條第2項、2001年「韓國國際私法」第27條第2項、2006年「日本關於法律適用之通則法」第11條第2項與第5項、2007年「土耳其關於國際私法與國際民事訴訟程序法之法令」第26條第2項、2010年「中華人民共和國涉外民事關係法律適用法」第42條前段等，亦有類似之規定。

　　「涉民法」並未另行將勞動契約及消費契約另行規定特則，故並無法排除第20條第3項本文「特徵性履行理論」於勞動契約與消費契約之適用，致使於勞動契約與消費契約客觀準據法之確定，不無選擇出雇主住所地法或企業經營者住所地法之可能，於未明文增訂之前，不妨於認定關係最切之法律時即特別考量勞工或消費者等弱勢當事人利益之保護，於勞動契約依法理推定以勞工慣常工作地法為與勞動契約關係最切之法律以排除依第20條第3項本文「特徵性履行理論」之規定所推定之雇主住所地法，於消費契約依法理推定以消費者住所地法為與消費契約關係最切之法律以排除或限制依第20條第3項本文「特徵性履行理論」之規定所推定出之企業經營者住所地法，甚或可將勞工或消費者等弱勢當事人利益之保護，視為我國國際公序之一部分而依第8條：「依本法適用外國法時，如其適用之結果有背於中華民國公共秩序或善良風俗者，不適用之。」之規定，不適用對勞工或消費者等弱勢當事人未提供適當保護之外國法[13]。

伍、判決評釋及結語

　　綜上所言，關於法律行為特徵性債務之解釋與適用，可得以下四點結論：一、法律行為之特徵性債務輔助關係最切法律之判斷，負擔法律行為之特徵性債務之當事人行為時之住所地法（第20條第3項本文）推定為關係最切之法律（第20條第3項），但另有關係最切之法律時，則可推翻

[13] 參閱陳榮傳，國際私法的新開展——民國一百年新法的特色與適用，台北，月旦法學雜誌，第200期，2012年1月，頁280。

此一推定；二、法律行爲特徵性債務之認定，可參酌立法例之經驗（見表7-1）；三、依第20條第3項本文，雇主爲負擔勞動契約特徵性債務之當事人，雇主住所地法雖受推定爲關係最切之法律，但此時反而應依法理推定勞工慣常工作地法爲關係最切之法律而不受雇主住所地法之推定；四、依第20條第3項本文，企業經營者爲負擔消費契約特徵性債務之當事人，企業經營者住所地法雖受推定爲關係最切之法律，但此時反而應依法理推定消費者住所地法爲關係最切之法律而不受企業經營者住所地法之推定。

回歸至本文所關懷之台灣台北地方法院作出102年度勞訴字第55號民事判決。法院以原告係於我國簽訂勞動契約且被告公司在我國設有辦事處爲由，而認定我國法爲關係最切之法律，此一認定應係以被告公司在我國設有辦事處從而我國法乃爲負擔特徵性債務之當事人行爲時之住所地法，而此一認定之基礎乃被告公司爲負擔特徵性債務之當事人。然勞動契約中雇主爲強勢者而勞工爲弱勢者，倘依第20條第3項本文「特徵性履行理論」之結果，以強勢者之雇主住所地法推定爲關係最切之法律，恐不利於弱勢勞工之保護，故立法例乃將勞動契約另行規定特則以排除屬於通則之「特徵性履行理論」之適用，「涉民法」雖未就勞動契約衝突法則設有明文規定，爲顧及弱勢勞工之保護，應以勞工慣常工作地法爲關係最切之法律而推翻依第20條第3項本文雇主住所地法之推定，本件判決未慮及爲保護弱勢勞工而使勞動契約不適用「特徵性履行理論」之保護原則，使勞動契約之客觀準據法仍依第20條第3項本文決定，並不妥適。但本案中，原告係由被告公司派遣至中國大陸工作，雖勞工慣常工作地爲中國大陸，但原告爲我國人且被告公司雖爲外國法人但於我國設有辦事處，可認爲我國爲原被告之共同住所地，且原告係因履行勞動契約而赴中國大陸，於勞動契約終止仍返回我國，故從整體情況顯示系爭勞動契約與我國關係最切，本件判決以我國法爲關係最切之法律，應係正確。綜上，本件判決以我國法爲關係最切之法律，於結論上雖屬正確，但是於準據法選擇之過程不無疑義，蓋勞動契約之客觀準據法應依法理推定爲勞工慣常工作地法，不應適用第20條第3項本文之「特徵性履行理論」，倘勞工慣常工作地法外尚有其他關係最切之法律，方可推翻勞工慣常工作地法之推定，故本件判決

中我國法為關係最切之法律，係推翻勞工慣常工作地法（中國大陸法）之
結果，並非依第20條第3項本文之推定而來。

※本章之內容，主要為「法律行為之特徵性債務與關係最切之法律——台
　灣台北地方法院一〇二年度勞訴字第五五號判決評析，台北，月旦法學
　雜誌，第235期，2014年12月，頁257-270」一文，經修正、刪校而成為
　本章。

第八章

涉外勞動契約與資遣費請求之法律適用——從最高法院99年度台上字第109號民事判決談起

壹、案件事實及判決要旨概述

一、案件事實

原告為美國國民,自2002年9月22日起任職被告公司(我國法人)擔任外籍機師,負責各種不同航線、機種之客、貨運送,兩造間締結有勞動契約,契約有契約期間五年且約滿後逐年續約、契約所生權利與義務依中華民國法律規範等約定。被告於2007年8月9日以通知函告知原告不續約。

原告主張:其依被告指示負責各種不同航線、機種之客、貨運送,勞務性質應屬繼續性,不符合「勞動基準法」(以下簡稱為「勞基法」)第9條第1項及「勞動基準法施行細則」第6條臨時性、短期性、季節性及特定性等定期契約之情形,勞動契約應屬不定期契約;被告於不具備「勞基法」第11條各款規定之情形下終止契約,已違反勞動法令,其自得依「勞基法」第14條第1項第6款之規定不經預告向被告終止契約,而兩造間之契約亦已於2007年9月21日因原告2007年9月7日以存證信函向被告預告而終止;依「勞基法」第14條第4項及第17條之規定,被告應給付原告相當於五個月平均工資之資遣費。

被告主張:原告為外籍人士,其與原告間之勞動契約係受「就業服務法」(以下簡稱為「就服法」)規範,依該法第42、43條之規定,外籍人士之聘僱僅在補充國內勞動人力之不足,故對於外籍人士之聘僱係為勞動

契約，而系爭契約更已明白約定契約期間爲五年，故原告給付資遣費之請求，於法無據。

二、法院判決要旨

一審之台灣台北地方法院以97年度勞訴字第13號民事判決認定，兩造間契約有以我國法爲準據法之約定，故本件案件應適用我國法，而兩造間契約依「勞基法」之規定爲不定期契約，故原告依「勞基法」第14條第1項第6款之規定不經預告向被告終止契約並請求被告給付資遣費，於法有據。

二審之台灣高等法院以97年度勞上字第71號民事判決亦認定，本件案件既應適用我國法，則兩造間契約依「勞基法」之規定爲不定期契約，故原告依「勞基法」第14條第1項第6款之規定不經預告向被告終止契約並請求被告給付資遣費，於法有據。

三審之最高法院以99年度台上字第109號民事判決廢棄二審法院之判決，其認爲本件案件應適用我國法，但外籍人士之聘僱應優先適用「就服法」，被告依該法第46條第1項第1款至第7款及第11款之規定聘僱外國人，雖未限制應締結定期契約，但被告基於該法對於外國人聘僱與管理之相關規定，而與原告締結定期契約，並非法所不許，縱其工作具有繼續性，亦不當然適用「勞基法」第9條第1項規定而成爲不定期契約。

貳、判決所涉之國際私法問題

依我國最高法院向來認爲「涉外民事法律適用法」（以下簡稱爲「涉民法」）爲強行性法律之見解，法院遇案件含有涉外成分者，必須適用「涉民法」選擇出系爭案件之準據法，之後方依該準據法國之實體法做出實體判決。本件案件爲涉外勞動契約案件，故法院適用「涉民法」以我國法爲準據法，而由於兩造間締結有書面契約且契約中有以我國法爲應適

用法律之準據法條款，故而並未引發爭議之國際私法問題，從而爭議便集中在兩造間契約究應優先受就業服務法規範而可為定期契約，抑或仍應適用勞基法而為不定期契約。惟，涉外勞動契約絕非逕依準據法條款適用法律如此簡單，蓋勞動契約中勞工具有「人格上從屬性」（Personliche Abhängigkeit）與「經濟上從屬性」（Wirtschaftliche Abhängigkeit），勞工於勞務給付之時間與內容受雇主支配、服從於雇主之指示命令權（甚至懲戒權）、納入雇主之經濟組織與生產結構內，雇主與勞工具上下從屬關係，勞工與雇主在經濟、談判等力量明顯不對等，勞工無法抗拒雇主優越之經濟地位，勞動契約中之準據法條款常為雇主單方面所擬定而勞工只能被迫接受，因此是否一概承認準據法條款之效力實不無疑問；又並非所涉外勞動契約皆有準據法條款之訂定抑或有達成準據法之合意，此時法院是否即依一般契約選擇準據法之標準選擇準據法，抑或勞動契約應有有別於一般契約之特殊標準？尤有進者，由於勞工為弱勢者，故各國多以勞動法（實體法）設有保護勞工之強制性規定，這些強制性規定於涉外勞動契約案件應扮演何種角色？以上種種涉外勞動契約法律適用之問題，都值細細斟酌，尤其是至2021年4月為止，我國之外籍產業與社服移工人數已有713,454人，外籍專業人員人數已有39,439人[1]，我國法院受理涉外勞動契約案件之機會勢必不斷增加，涉外勞動契約法律適用之問題於涉民法實務日趨重要。因此，本章乃就最高法院以99年度台上字第109號民事判決所引發涉外勞動契約與資遣費請求法律適用諸問題，做一探討。

---

[1] 相關統計資料，可參閱勞動部勞動統計查詢網所公布之統計資料，外籍產業與社服移工人數為https://statfy.mol.gov.tw/index12.aspx，外籍專業人員統計為https://statdb.mol.gov.tw/evta/JspProxy.aspx?sys=220&ym=10904&ymt=11004&kind=21&type=1&funid=wq0601&cycle=41&outmode=0&compmode=0&outkind=3&fldspc=0,6,&codlst0=111&rdm=kabrUimo。

參、涉外勞動契約準據法之決定

一、涉外勞動契約之主觀準據法

涉外契約允許契約雙方當事人合意選擇應適用法律之「當事人意思自主原則」（英文；autonomy of the parties；法文：l'autonomie de la volonté；德文：Parteiautonomie），乃是國際私法之金科玉律，為各國國際私法普遍接受。由契約雙方當事人所合意選擇應適用法律，因準據法係出自雙方當事人之主觀意志，故稱為涉外契約主觀準據法，而涉外契約主觀準據法之約定，係以「本契約之爭議應適用某國法」為內容而獨立於系爭涉外契約之外而有別於實體法上契約之另一契約，質言之，此時存在有二個契約，一為就契約實體權利義務關係達成合意之「實體契約」，一為就實體契約之爭議應適用某國法達成合意之「選法契約」[2]。關於締結「選法契約」之方法，舊「涉民法」第6條第1項：「法律行為發生債之關係者，其成立要件及效力，依當事人意思定其應適用之法律。」之規定並未明確限定，故通說認為無論明示合意抑或默示合意皆足當之，但新修正「涉民法」第20條第1、2項：「（第1項）法律行為發生債之關係者，其成立及效力，依當事人意思定其應適用之法律。（第2項）當事人無明示之意思或其明示之意思依所定應適用之法律無效時，依關係最切之法律。」則顯然限定只能依明示合意締結。依明示合意締結「選法契約」，由於契約雙方當事人直接將選擇準據法之效果意思表達於外，故實體契約之爭議應適用某國法之意思具有為他人所能察知之外觀，明確而無爭議，但須注意者，吾人必須去除「明示＝書面」之先前理解，只要將實體契約

---

[2] 關於「實體契約」與「選法契約」間之關係（從屬説與獨立説之爭）以及支配二者之各自原理，請參閱吳光平，當事人意思自主原則與契約自由原則的互動——國際私法衝突法則與實體法間關係初探（下），台北，財產法暨經濟法，第5期，2006年3月，頁140-141。

之爭議應適用某國法之意思直接表示於外，就是以明示合意締結「選法契約」、符合「當事人意思自主原則」，只不過未以書面契約中之「準據法條款」表現明示合意者，法院即須確定契約雙方當事人是否曾以口頭、傳真、電子郵件、Facebook、Twitter、LINE或其他相類方法達成將實體契約之爭議應適用某國法之合意，倘一方當事人主張曾有此合意但卻為他方當事人否認時，法院就必須由契約條款或從當事人行為之整體判斷是否確有此合意。

　　勞動契約作為契約之類型，以上涉外契約主觀準據法之基本原則於涉外勞動契約皆有適用，故於涉外勞動契約，雇主與勞工自得依循「當事人意思自主原則」以明示合意（「涉民法」第20條第1、2項）勞動契約之爭議應適用某國法。惟，勞工在勞動契約中之「人格上從屬性」與「經濟上從屬性」，使得勞工對雇主優勢地位毫無招架之力，勞動契約之附合化，使得選擇勞動契約準據法成為雇主片面之權利，雇主藉由「當事人意思自主原則」選擇「不提供保障契約實質自由之避風港」（no-protection havens）之法律為涉外勞動契約主觀準據法而規避掉對勞工保護較優之實體法[3]，尤有進者，雇主甚至更利用「選擇法院條款」（forum selection clause）之約定規避特定訴訟地實體法[4]（藉由特定訴訟地衝突法則之規避達成規避某一國家實體法之目的），此情形使勞工於涉外勞動契約蒙受意外損失，對勞工至為不利。因此，立法例上遂開始限制「當事人意思自主原則」於涉外勞動契約之適用，「2008年6月17日關於契約之債法律適用的歐洲議會與歐洲共同理事會規則」（簡稱為「羅馬規則I」）第8條第1項：「個人僱傭契約應依當事人依第三條之規定所選擇之法律，但此一法律選擇不得剝奪受僱人於未選擇法律時依本條第二、三、四項所定應適用法律所提供之保護。」（其前身為1980年「歐洲共同體契約之債準據法公約」第6條第1項：「雖有第三條之規定，僱傭契約雙方當事人選擇應適用之法律者，不得剝奪受僱人依第二項於未選擇時，所依其應適用法律

---

[3]　PETER NYGH, AUTONOMY IN INTERNATIONAL CONTRACTS 141 (1st ed. 1999).

[4]　*Id.* at 140.

之強制規定之保護。」，此公約簡稱為「羅馬公約」）、1986年「德國民法施行法」第30條第1項：「當事人就勞動契約及勞動關係之選擇法律，不得導致剝奪勞動者依第二項應適用法律之強行法對其應有之保護。」、1992年「羅馬尼亞國際私法」第101條：「僱傭契約依第七十三條與第七十六條適用當事人所選擇的法律。但未為法律選擇時所應適用的法律中保護受僱人之強行性規定，因當事人之法律選擇受到限制時，當事人之法律選擇無效。」、1994年「加拿大魁北克民法典第十編」第3118條第1項：「當事人就僱傭契約之法律選擇，不得導致剝奪受僱人為履行契約而慣常工作之國家之強行法對其應有之保護，縱暫時被派往他國者亦同，或受僱人未在任何國家慣常工作者，亦不得導致剝奪僱用人住所地國或事務所所在地國之強行法對受僱人應有之保護。」、2001年「韓國國際私法」第28條第1項：「於勞動契約，縱使當事人選擇準據法，不得剝奪依第二項規定所定應適用法律之強制規定對勞動者之保護。」、2007年「土耳其關於國際私法與國際民事訴訟程序法之法令」第27條第1項：「土耳其關於國際私法與國際民事訴訟程序法之法令」：「僱傭契約應適用當事人所選擇之法律，但不得剝奪受僱人慣常工作國法中之強制規定對受僱人之最低保護。」等 [5]，皆規定涉外勞動契約主觀準據法剝奪勞工依涉外勞動契約客觀準據法中保護勞工之法律者，則該涉外勞動契約主觀準據法不予適用 [6]，以免強勢者之雇主利用擬訂定型化勞動契約之機會，置入不利

---

[5] 另1995年「義大利國際私法」第57條：「無論何種情形，契約之債受一九八〇年六月十九日羅馬『歐洲共同體契約之債準據法公約』的支配。該公約依據一九八四年十二月十八日第九七五號法令於義大利實施。但此並無礙其他國際公約之適用。」與2004年「比利時國際私法」第98條第1項：「契約之債之準據法，依一九八〇年六月十九日羅馬『契約之債法律適用公約』確定。」將契約之法律適用直接規定適用「羅馬公約」，故義大利法制與比利時法制亦屬於限制「當事人意思自主原則」於涉外勞動契約之適用。

[6] 2006年「日本關於法律適用之通則法」之規定則與上述規定有所出入，依其第12條第1項：「關於勞動契約之成立及效力，依第七條或第九條選擇或變更應適用之法律為與該勞動契約有最密切關係之地之法以外之法時，勞動者將該與勞動契約有最密切關係

於勞工之「準據法條款」，此等限制涉外勞動契約中「當事人意思自主原則」之規定，係為顧及保護弱勢勞工之「實體正義」（material justice or substantive justice。亦有稱為「實體法正義」，英文：justice of substantive law；德文：materiellrechtlicher Gerechtigkeit），排除了不利於保護弱勢勞工之實體法於涉外勞動契約之適用，使勞工不至受到雇主所片面決定涉外勞動契約主觀準據法之突襲。

惟，新修正「涉民法」並無類似上述之規定，因此第20條第1、2項之「當事人意思自主原則」即有被雇主濫用之可能。或許有認為「涉民法」第7條：「涉外民事之當事人規避中華民國法律之強制或禁止規定者，仍適用該強制或禁止規定。」規避法律之規定於此情形可以適用，但縱使可以適用，也必須是雇主片面決定以他國法為涉外勞動契約主觀準據法係為規避我國保護勞工之法律之情形，方可依第7條拒卻雇主所片面決定之涉外勞動契約主觀準據法而適用我國保護勞工之法律，此與上述規定係以涉外勞動契約客觀準據法中保護勞工之法律排除涉外勞動契約主觀準據法的情形，於保護程度有所差別（因涉外勞動契約客觀準據法不必然為我國法），更何況國際私法上「規避法律」（英文：evasion of law；德文：Gesetzesumgehung。亦有稱為「法律詐欺」，如：拉丁文：*fraus legis*；法文：fraude à la loi）係以利用衝突法則上之便宜而故意以適法方法改變連繫因素為其構成要件，但「當事人意思自主原則」係採取當事人意思之主觀連繫因素，主觀連繫因素乃人為創設之動態過程，不生改變之問題，故「當事人意思自主原則」自無故意以適法方法改變連繫因素之

之地之法中特定強制規定應適用於該勞動契約之意旨，向僱用人為表示，該勞動契約之成立與效力，關於該強制規定所規定之事項，適用該強制規定。」須勞動者將與勞動契約有最密切關係之地之法中特定強制規定應適用於該勞動契約之意旨向僱用人為表示者，方能生限制同法第7條第1項「當事人意思自主原則」之效果，但勞動者因其實質地位之弱勢不具充足之法律資源，故其未必知悉依契約應提供勞務之地之法或所受僱之企業所在地之法中對其保護較周到之特定強制規定，自無從向僱用人表示關於某事項應適用依契約應提供勞務之地之法或所受僱之企業所在地之法中對其保護較周到之特定強制規定，故與上述規定相較，日本法制對弱勢勞工之保護，較不周到。

情事，並不符合「規避法律」之構成要件，故第7條應無適用於此情形之機會[7]。值是，於此情形應只能援用「涉民法」第8條：「依本法適用外國法時，如其適用之結果有背於中華民國公共秩序或善良風俗者，不適用之。」所規定之「國際公序」機制，將保護弱勢勞工之「實體正義」認定爲我國公共秩序良俗，倘勞工（慣常）工作地爲我國，此時與我國關係最爲密切，即得以雇主所片面決定之涉外勞動契約主觀準據法之外國法其適用結果背於我國公共秩序良俗爲由而拒卻適用，改適用我國法。

二、涉外勞動契約之客觀準據法

涉外契約未以「選法契約」約定涉外契約主觀準據法者，法官即應另行決定涉外契約之準據法，而此等由法官決定之涉外契約準據法，即爲涉外契約客觀準據法。涉外契約客觀準據法之決定方法，有「硬性選法方法」與「彈性選法方法」之別：前者係以立法預先設定單一之履行地法或其他法律爲契約客觀準據法之「硬性一般法則」（rigid general rules），大陸法系國際私法往昔乃採此方法，舊「涉民法」第6條第2、3項：「（第2項）當事人意思不明時，同國籍者依其本國法。國籍不同者依行爲地法。行爲地不同者以發要約通知地爲行爲地。如相對人於承諾時不知其發要約通知地者，以要約人之住所地視爲行爲地。（第3項）前項行爲地如兼跨二國以上或不屬於任何國家時，依履行地法。」之規定即屬此方法；後者係依具體個案選擇與系爭契約具有最重要、最密切牽連關係之法律爲契約客觀準據法，英國之「適當法理論」（proper law）以及美國之「最重要牽連關係理論」（the most significant relationship）皆屬之。近四十年，大陸法系國際私法則受到美國「最重要牽連關係理論」影響而改採「彈性選法方法」，但另一方面卻又對「彈性選法方法」靈活、主觀、有違法律適用安定性、失之法律適用可預測性等性格有所疑慮，故

---

[7] 有關「當事人意思自主原則」與「規避法律」適用關係之深入分析，請參閱本書第六章。

採取折衷之道，將「最重要牽連關係理論」與「特徵性履行理論」（英文：characteristic performance；德文：Charakteristische Leistung；法文：prestation caractéristique）[8]結合運用，亦即以與涉外契約具最重要牽連關係之法域之法律（或具最重要牽連關係之法律）爲涉外契約客觀準據法，而以「特徵性履行理論」作爲判斷最重要牽連關係之標準，但依「特徵性履行理論」所爲之判斷僅具「推定」之效力，若有其他法域（或法律）較依「特徵性履行理論」所得出法域（或法律）具更重要牽連關係時，該依「特徵性履行理論」所得出法域（或法律）即排除不適用轉而適用該具有更重要牽連關係的法域之法律（或具更重要牽連關係之法律），新修正「涉民法」第20條第2、3項：「（第2項）當事人無明示之意思或其明示之意思依所定應適用之法律無效時，依關係最切之法律。（第3項）法律行爲所生之債務中有足爲該法律行爲之特徵者，負擔該債務之當事人行爲時之住所地法，推定爲關係最切之法律。但就不動產所爲之法律行爲，其所在地法推定爲關係最切之法律。」即採行之。

　　勞動契約作爲契約之類型，以上涉外契約客觀準據法之基本原則於涉外勞動契約皆有適用，故於涉外勞動契約若無主觀準據法者，法院自得依循「最重要牽連關係理論」與「特徵性履行理論」結合運用之方法（「涉民法」第20條第2、3項）決定勞動契約應適用之某國法律。惟，「特徵性履行理論」於非以金錢給付爲給付義務內容之一方係受到契約他方控制之場合應以他方爲特徵性履行方，依此則勞動契約之雇主爲特徵性履行方而應以雇主之營業地法或慣常居所地法爲涉外勞動契約客觀準據法，如此以雇主所熟悉之法律爲涉外勞動契約客觀準據法，恐將陷弱勢之勞工於不利。因此，立法例上遂排除「特徵性履行理論」於涉外勞動契約之適用（但未排除「最重要牽連關係理論」之適用），而直接規定以勞工應能熟知之（慣常）工作地法爲涉外勞動契約客觀準據法，「羅馬規則Ⅰ」第8

---

[8] 有關「特徵性履行理論」之理論內容、立法方式、於契約準據法選擇方法論上之意義等深入探討，請參閱吳光平，國際私法上的特徵性履行理論，台北，法學叢刊，第49卷第4期，2004年10月，頁1-33。

條第2項：「當事人未選擇個人僱傭契約之準據法者，應適用受僱人為履行契約所慣常工作之國家之法律，無為履行契約所慣常工作之國家者，適用受僱人為履行契約慣常工作而出發之國家之法律，縱其在其他國家臨時受僱者，亦不得視為變更慣常工作之國家。」（其前身為「羅馬公約」第6條第2項第1款：「雖有第四條之規定，當事人未依第三條選擇法律時，僱傭契約應：一、適用受僱人為履行契約而慣常工作之國家之法律，縱其在其他國家臨時受僱者，亦同；……」）、1986年「德國民法施行法」第30條第2項第1款：「未選擇法律時，勞動契約及勞動關係依下列國家之法律：一、勞動者為履行契約而慣常工作之國家，縱暫時被派往他國者，亦同。」、1992年「羅馬尼亞國際私法」第102條第1款：「當事人未為法律選擇時，應適用的法律為：一、受僱人為履行契約而慣常工作之國家的法律，縱暫時被派往他國者，亦同。」、1994年「加拿大魁北克民法典第十編」第3118條第2項：「當事人未選擇法律者，僱傭契約應適用受僱人慣常工作國法或僱用住所地國或事務所所在地國法。」、2006年「日本關於法律適用之通則法」第12條：「前項所規定與勞動契約有最密切關係之地之法，應推定為依契約應提供勞務之地之法（未於固定地點提供勞務者，勞動者所受僱之企業所在地之法。第三項亦同）。」、2001年「韓國國際私法」第28條第2項：「當事人未選擇準據法，縱使有第二十六條之規定，勞動契約應適用勞動者慣常工作地國之法律，勞動者未在任何國家慣常工作者，適用雇主之營業所所在地國法。」、2007年「土耳其關於國際私法與國際民事訴訟程序法之法令」第27條第2項：「當事人未選擇法律時，僱傭契約應適用受僱人慣常工作國法，其於其他國家臨時受僱者，該其他國家不得視為慣常工作之國家。」、2010年「中華人民共和國涉外民事關係法律適用法」第43條前段：「勞動合同，適用勞動者工作地法律；………。」等[9]，皆規定以（慣常）工作地法為涉外勞動契約客觀準

---

[9]　另1995年「義大利國際私法」第57條與2004年「比利時國際私法」第98條第1項將契約之法律適用直接規定適用「羅馬公約」，故義大利法制與比利時法制亦屬於排除「特徵性履行理論」於涉外勞動契約之適用。

據法，以免強勢者之雇主利用擬訂定型化勞動契約之機會，此等排除「特徵性履行理論」適用於涉外勞動契約之規定，係爲顧及保護弱勢勞工之「實體正義」，排除可能不利於保護弱勢勞工之實體法之適用，使勞工不至受到其所不熟知之雇主營業地法或慣常居所地法之突襲。

　　惟，新修正「涉民法」並無類似上述之規定，因此若依第20條第3項本文「特徵性履行理論」之規定而推定以雇主住所地法爲與涉外勞動契約關係最切之法律，此結果對弱勢勞工之保護甚爲不周，有違保護弱勢勞工之「實體正義」。故於解釋上，不妨依第20條第2項直接將勞工（慣常）工作地法認定爲與涉外勞動契約關係最切之法律，以排除依第20條第3項本文「特徵性履行理論」之規定所推定出之雇主住所地法。

肆、即刻適用法之介入涉外勞動契約

一、即刻適用法於國際私法上之功能

　　「即刻適用法」（lois d'application immédiate）之概念爲希臘裔法國學者Phocion Francescakis於1958年在「反致理論與國際私法的體系衝突」（*La théorie du renvoi et les conflits de systèmes en droit international privé*）之專論所提出，於該文中，Francescakis指出法國法院實務上經常在涉外案件中排除衝突法則之運用，反而直接適用法國的強行法或實體法，這種可排除衝突法則之運用而可直接適用的強行法或實體法，即爲「即刻適用法」。亦即，依Phocion Francescakis與通說之見，「即刻適用法」乃指「須即刻適用」之法院地實體法[10]，因爲性屬實體法性質，故散布於具

---

10 有關「即刻適用法」之詳細論述，請參閱（依出版時間由先至後，以下註釋參考文獻有二以上者，亦同）：賴來焜，當代國際私法學之基礎理論，台北，神州圖書公司，2001年1月初版，頁572-573；柯澤東著、吳光平增修，國際私法論，台北，元照出版公

體個別之法律規範中，未形成一全面、整體之法律制度，從而對於其散布之法領域，至今仍眾說紛紜，但歸納言之，不出以下二大類：（一）經濟法、財稅法及金融法規範，諸如外匯管制法、進出口管制法、競爭法、海上貨物運送法等皆屬之；（二）社會法規範，諸如弱勢契約當事人（勞工、消費者、承租人）之保護、兒童之保護等皆屬之。

　　「即刻適用法」機制於國際私法上之功能，就是法官於涉外案件必須跳過衝突法則之運用所直接適用法院地某實體法，故其為排除外國法適用之機制，若法院地國立法者考量某實體法所蘊含之「國家政策」（the underlying policy）應不分內國或涉外私法法律關係皆予實施之必要方能達到貫徹該「國家政策」之實體結果，則於該實體法中以「個別實體法授權條款」表達出該實體法「希望」（"wished" to be applied）被直接適用之「立法意向」（legislative intend）[11]，法院應即依該實體法中「個別實體法授權條款」[12]之規定直接適用該實體法於涉外案件，無須依衝突法則選擇準據法。因此對涉外契約之法律適用言，只要契約所涉及事項之一部或全部為「即刻適用法」所規範之範疇，法院就必須適用該「即刻適用法」而無須理會涉外契約之主觀準據法及客觀準據法，而由於「即刻適用法」亦稱為「警察法」（lois de police），故契約之「即刻適用法」有「契約警察」（police de contrat）[13]之稱。

司，2020年10月6版，頁62-64；吳光平，即刻適用法爭議問題，台北，月旦法學雜誌，第260期，2017年1月，頁55-64。

[11] Thomas G. Guedj, *The Theory of the Lois de Police, A Functional Trend in Continental Private International Law: A Comparative Analysis with Modern American Theories*, 39 AM. J. COMP. L. 665 (1991)

[12] 「個別實體法授權條款」之規定，Francescakis於提出「即刻適用法」時即舉1926年「法國海上勞動法典」第5條第1項：「本法適用於一切在法國船舶上完成勞務之勞動契約，不適用於在法國境內訂立而在外國船舶上服勞務之勞動契約。」為例，該項規定直接表達出不問是否為涉外勞動契約案件（只要是在法國船舶上服勞務，不問契約締結地是否於國外以及當事人是否為外國人），該法希望被直接適用之意願。

[13] 參閱：HENRI BATIFFOL原著，曾陳明汝譯述，國際私法各論，台北，正中書局，1975

二、涉外勞動契約應受即刻適用法支配之事項

　　就勞動關係之特質以及勞動契約規範從民法到勞動法再到社會法（僱傭契約之社會化）之演變可知，勞動契約正是典型「即刻適用法」之運用對象，蓋保護弱勢勞工是重要之社會經濟利益，國家為維護保護勞工之法律制度，使其勞動法在國際私法交往中能發揮保護弱勢勞工之功能進而維護國家之社會經濟利益，故涉外勞動契約亦應適用保護弱勢勞工之勞動法規範，從而涉外勞動契約應直接適用保護弱勢勞工之勞動法規範，而無須理會衝突法則之規定。就此以言，涉外勞動契約之運用「即刻適用法」機制，除了某勞動法規範有「個別實體法授權條款」之規定外，尚須限於保護弱勢勞工之目的，不能一遇涉外勞動契約即逕行排除衝突法則之適用，否則涉外案件以衝突法則決定應適用法律之國際私法正常功能，將被「即刻適用法」機制所架空。而基於保護弱勢勞工之目的，下列涉外勞動契約所涉事項，當受「即刻適用法」支配[14]。

（一）工資給付

　　基於勞動契約中勞工之「人格上從屬性」與「經濟上從屬性」且勞動契約為繼續性契約，對大多數勞工而言，提供勞務為其生活維持之唯一來源，與其生存有密切關係，勞工須藉由出賣勞力所換得之報酬以維持其生活，故於工資給付方面，世界各國多對工資數額設定有最低基準，以保護弱勢勞工。因此，涉外勞動契約中關於工資給付之數額是否符合「最低工資」之規範，當受「即刻適用法」支配。

　　年6月初版，頁286；傅靜坤，契約衝突法論，北京，法律出版社，1999年12月1版，頁76。

[14] 關於涉外勞動契約案件運用「即刻適用法」直接適用勞動法之詳細分析與論述，請參閱吳光平，即刻適用法與勞動法的直接適用，新竹，玄奘法律學報，第4期，2005年12月，頁179-230。

（二）終止勞動契約或解僱

　　如上所述，對大多數勞工而言，提供勞務所換得之報酬為其生活維持之唯一來源，勞工對其提供勞務所能獲得之工資具有強烈之生存依賴性，倘不限制雇主結束勞動契約之自由，則勞動關係之不穩定會使勞工無法維持生活，更會導致嚴重社會問題，故勞動關係之終止方面，世界各國多以「終止保護制度」限制雇主結束勞動契約之自由，以保護弱勢勞工。因此，涉外勞動契約中關於終止勞動契約或解僱是否符合「終止保護制度」之規範，當受「即刻適用法」支配。

（三）女性、兒童勞工之特別保護

　　女性、兒童已為弱勢者，而女性、兒童為勞工者，更為弱勢中之弱勢，故世界各國多基於「母性保護以及未成年人保護」而特別保護女性、兒童勞工，諸如童工最低受僱年齡、女性勞工產假或育嬰假的權利、女性勞工哺乳時間等。因此，涉外勞動契約中勞工為女性、兒童者是否符合「母性保護以及未成年人保護」之規範，當受「即刻適用法」支配。

（四）職業災害責任

　　基於勞動契約中勞工之「人格上從屬性」與「經濟上從屬性」，勞工提供其勞動力時所受之損害，應由雇主負責，蓋勞工之勞動力會因此等職業災害而減損，勞動力之減損會嚴重侵害到勞工維持生活之能力，故世界各國多以「職業災害責任制度」使雇主就勞工所受職業災害負責，以保護弱勢勞工。因此，涉外勞動契約中關於雇主就勞工所受職業災害負責是否符合「職業災害責任制度」之規範，當受「即刻適用法」支配。

伍、判決評釋及結語

　　綜上所言，我國法院就涉外勞動契約之法律適用，應採取以下步

驟：步驟一，先視勞工與雇主所爭執之事項是否爲涉外勞動契約應受即刻適用法支配之事項，若爲應受即刻適用法支配之事項，則視我國規範該事項之相關勞動法中是否有「個別實體法授權條款」之規定，若設有「個別實體法授權條款」，則直接適用該勞動法，無須考慮「涉民法」之適用；步驟二，未設有「個別實體法授權條款」，或勞工與雇主所爭執之事項並非應受即刻適用法支配之事項，則依「涉民法」第20條決定應適用之法律；步驟三，依「涉民法」第20條決定涉外勞動契約應適用之法律時，先視系爭涉外勞動契約有無主觀準據法之存在，若有主觀準據法且爲外國法而勞工（慣常）工作地爲我國者，倘適用該外國法之結果較適用我國法之結果對勞工保護爲不周，此時不妨依「涉民法」第8條以該外國法之適用結果背於我國公共秩序良俗爲由而拒卻適用並改適用我國法，倘無此情形即應適用該外國法，當然，若主觀準據法爲我國法，自即適用之；步驟四，系爭涉外勞動契約並無主觀準據法，則由法官依「涉民法」決定客觀準據法，此時即依第20條第2項直接將勞工（慣常）工作地法認定爲與涉外勞動契約關係最切之法律而適用之，無須適用第20條第3項本文「特徵性履行理論」之規定。

　　回歸至本文所關懷之最高法院99年度台上字第109號民事判決，本案原、被告雙方所爭執者爲終止勞動契約合法否以及由此所生資遣費請求之問題，此乃爲「終止保護制度」所規範之事項，當爲「即刻適用法」支配，故法院首須依上述步驟一視我國規範「終止保護制度」之相關勞動法中是否有「個別實體法授權條款」之規定，但審理本案之下級審法院以及最高法院皆未慮及於此而逕依「涉民法」適用系爭涉外勞動契約之主觀準據法，實嫌速斷。按勞動契約勞工爲外國人者，爲涉外勞動契約，其法律適用原應依新修正「涉民法」第20條（舊「涉民法」第6條）決之，但「就服法」第43條：「除本法另有規定外，外國人未經雇主申請許可，不得在中華民國境內工作。」之規定使勞工爲外國人之涉外勞動契約應適用「就服法」之規定，故「就服法」第43條爲「個別實體法授權條款」之規定，此規定使「就服法」成爲「即刻適用法」，可惜「就服法」僅就外國人之聘僱與管理加以規範，並未涉及「終止保護制度」，故「就服法」似

與本案無關，而我國規範「終止保護制度」之「勞基法」因未有「個別實體法授權條款」之規定，故無法使「勞基法」成為「即刻適用法」。但此時，可以有二相對立之觀點而導致完全不同之法律適用：形式論觀點——從是否設有「個別實體法授權條款」之形式外觀論斷，我國規範「終止保護制度」之「勞基法」並未設有「個別實體法授權條款」，故為上述步驟二之情形，而由於系爭涉外勞動契約有權利與義務依我國法律規範之約定，故依步驟三依「涉民法」第20條第1項以我國法為主觀準據法[15]；實質論觀點——從「終止保護制度」整體制度之實質內容論斷，我國「勞基法」所規範之「終止保護制度」係規定於「第二章勞動契約」（第9～20條）中，該章中除了就終止事由之限制（第11～15條）、終止預告期間（第16條）、資遣費之給付（第17～18條）、企業或工廠轉讓時勞動契約之效力（第20條）等「終止保護制度」加以規範外，尚就勞動契約之定期與不定期（第9～10條）加以規範，蓋勞動契約為定期抑或不定期影響「終止保護制度」之適用[16]，故勞動契約之定期與不定期實乃「終止保護制度」之一部分，該章雖名為勞動契約但實為終止保護制度，而「就服法」第46條關於聘僱外國人之勞動契約定期與不定期之規範，實為「勞

---

[15] 假設系爭涉外勞動契約係約定權利與義務依某外國法律規範，步驟三依「涉民法」第20條第1項以該外國法為主觀準據法，而原告所擔任航空器駕駛之工作雖使其飛航於不同國家，但我國為其所駕駛航空器之登記國，故可認為原告之（慣常）工作地為我國，從而適用該外國法之結果若較適用我國法之結果對原告保護為不周者，此時可將我國「勞基法」之「終止保護制度」認定為我國之「國際公序」而依「涉民法」第8條拒卻該外國法之適用，改適用我國「勞基法」之「終止保護制度」。

[16] 以資遣費之給付為例，依「勞基法」第18條第2款定期勞動契約期滿離職不得請求給付資遣費之規定觀之，資遣費之給付以不定期勞動契約為原則。定期勞動契約期間未屆即終止者，依行政院勞工委員會92年12月24日勞資二字第0920070419號函：「雇主於定期契約期滿前主動終止勞動契約，勞工可否要求雇主發給資遣費疑義一節，仍應查明雇主有無得依法終止契約事由；如係依前揭第11條各款或第13條但書規定終止契約者，自應依第17條規定給付資遣費。」若雇主係依「勞基法」第11條或第13條但書之規定終止，應給付資遣費。

基法」勞動契約定期與不定期之規範之延伸，爲「終止保護制度」整體制度之實質內容，故「就服法」第43條「個別實體法授權條款」之規定藉由「就服法」第46條與「勞基法」之「終止保護制度」聯結，使「勞基法」（「終止保護制度」之規範）亦成爲「即刻適用法」，此時即上述步驟一之情形，故就終止勞動契約合法否以及由此所生資遣費請求之問題直接適用我國「勞基法」，無須理會系爭涉外勞動契約有無主觀準據法。

　　涉外勞動契約與資遣費請求之法律適用，絕非如一般涉外契約依「涉民法」第20條般單純，其所涉及「當事人意思自主原則」、「最重要牽連關係理論」、「特徵性履行理論」、「即刻適用法」、「國際公序」等國際私法基本原則或制度，複雜交錯，此間關係仍待更深入地研究、闡述[17]。本章就涉外勞動契約之法律適用歸納出四步驟，供法院將來處理涉外勞動契約案件參考之用，期對我國實務處理涉外案件之精緻化提供微小助益。

※本章之內容，主要爲「涉外勞動契約與資遣費請求之法律適用——從最高法院九十九年度台上字第一○九號判決談起，台北，月旦法學雜誌，第207期，2012年8月，頁217-230」一文，經修正、刪校、增補而成爲本章。

---

[17] 有關於此，我國學者陳榮傳教授已有頗爲細緻而深入之研究。參閱陳榮傳，由國際私法觀點論涉外勞動契約（下），台北，月旦法學雜誌，第167期，2009年4月，頁82-107。

第九章

涉外商標權侵害之法律適用與商標之保護——從智慧財產法院102年度民商上更（一）字第1號民事判決談起

一、案件事實

　　原告為我國法人A公司，向我國智慧財產法院對被告外國法人B公司起訴請求排除侵害商標專用權行為。A公司於2009年9月21日向經濟部智慧財產局申請註冊「○○○」商標（以下稱系爭商標），智慧財產局核准系爭商標註冊時，商標專用權人為B公司，經A公司向智慧財產局申請閱卷後發現，B公司於2009年11月30日持2009年11月27日所簽訂商標申請權轉讓同意書向智慧財產局申請變更商標申請人，該商標申請權轉讓同意書上關於讓與人代表人欄位之記載為甲，甲為A公司之法人股東C公司指派之法人股東代表董事，A公司主張甲原為A公司之法定代理人，但已於2009年11月13日經原告解任，則甲於2009年11月27日並非A公司之法定代理人，B公司所持2009年11月27日由甲代表A公司簽訂之商標申請權轉讓同意書，即非經合法代理所為，故該同意書對A公司不生效力，而B公司持該無效之商標申請權轉讓同意書向智慧財產局辦理變更商標申請人之行為，使其成為系爭商標專用權之登記名義人，係屬無法律上之原因而受有利益，且致A公司之商標專用權受損；被告B公司則抗辯C公司於2009

年11月13日以存證信函通知改派原告A公司法人股東代表之董事爲乙，該
存證信函於2009年12月8日始送達A公司，自該時起始對原告發生效力，
於此意思表示送達前，甲仍爲A公司之法定代理人故其於2009年11月27日
簽署本件商標申請權讓與同意書，將系爭商標於註冊前變更申請人爲B公
司，自屬有效。

二、法院判決要旨

（一）一審判決

　　一審的智慧財產法院作出100年度民商訴字第14號民事判決，認爲甲
以原告A公司法定代理人名義於2009年10月30日簽訂之商標註冊申請權更
正轉讓協議書、2009年11月27日註冊前變更申請書、2009年11月27日商標
申請權讓與同意書，既均早於2009年12月8日，亦早在原告辦理變更公司
負責人登記前，難謂甲已無法定代理人之權限，故此等商標註冊申請權更
正轉讓協議書、註冊前變更申請書、商標申請權讓與同意書自屬有效並對
原告A公司發生效力，被告B公司並無侵害原告A公司之商標權，原告A公
司主張依「商標法」第61條第1項之規定排除侵害商標專用權行爲爲無理
由，不應准許。然一審法院直接適用我國「商標法」論而未先適用「涉外
民事法律適用法」選擇準據法。

（二）二審判決

　　二審的智慧財產法院作出100年度民商上字第17號民事判決，推翻一
審法院之判決，認爲A公司之法人股東C公司於2009年11月13日所寄發通
知甲存證信函通知解除其爲A公司法定代理人職務之存證信函，於2009年
11月20日經甲收受，C公司解除甲爲A公司法定代理人職務之意思表示到
達甲時，甲擔任A公司法定代理人之職務即已解除，自無再代理A公司爲
事實上處分與法律行爲之權限，故B公司持該無效之商標申請權轉讓同意
書向智慧財產局辦理變更商標申請人之行爲，使其成爲系爭商標專用權之

登記名義人，侵害了A公司之商標專用權，原告A公司主張依「商標法」第61條第1項之規定排除侵害商標專用權行為為有理由，應予准許。然法院與一審法院相同，皆直接適用我國「商標法」論斷而未先適用「涉外民事法律適用法」選擇準據法。

（三）三審判決

三審的最高法院作出了102年度台上字第859號民事判決，廢棄二審判決並發交智慧財產法院更審，針對法律適用之問題謂：「……（前略）查上訴人B公司為外國法人，本件應屬涉外民事事件。原審未依涉外民事法律適用法之規定確定其準據法，遽依我國法律而為B公司敗訴之判決，自有可議。……（下略）」指摘二審法院未經衝突法則之選法程序即行適用我國「商標法」。

（四）更審判決

更審的智慧財產法院作出了102年度民商上更（一）字第1號民事判決。首先，就國際裁判管轄權，認為「本件涉訟之當事人，被上訴人為依汶萊法律設立之法人，其營業處所在汶萊，上訴人則為依我國法律設立之法人，其營業處所在我國，是本件就人的部分具有涉外案件所需具備之最基本要素（即涉外因素）。其次，上訴人依不當得利、侵權行為及我國商標法第61條主張被上訴人於我國境內侵害其商標權，應將『○○○』商標之商標權人變更並回復登記為上訴人，並請求排除侵害，依上訴人主張之事實，本件應定性為商標回復登記、侵權及排除侵害事件，依涉外民事法律適用法第24條、第25條、第42條第1項規定及類推民事訴訟法第15條第1項、第17條規定，應認上訴人主張登記、侵權、不當得利行為地之我國法院有國際管轄權。再者，依商標法所生之第一、二審民事訴訟事件，智慧財產法院有管轄權，智慧財產案件組織法第3條第1款、智慧財產案件審理法第7條定有明文。是本院對本件涉外事件有管轄權，並適用涉外民事法律適用法以定涉外事件之準據法」；次就準據法之選擇，認為「按以智

慧財產為標的之權利，依該權利應受保護地之法律，100年5月26日修正施行之涉外民事法律適用法第42條第1項定有明文。上訴人主張被上訴人依我國商標法規定取得商標權，應回復登記為其所有，並請求排除被上訴人侵害其商標權之行為，故本件準據法自應依中華民國法律」；最後，就準據法之適用，認為A公司之法人股東C公司於2009年11月13日所寄發甲之存證信函通知解除其為A公司法定代理人職務之存證信函，於2009年11月20日經甲收受，C公司解除甲為A公司法定代理人職務之意思表示到達甲時，甲擔任A公司法定代理人之職務即已解除，自無再代理A公司為事實上處分與法律行為之權限，故B公司持該無效之商標申請權轉讓同意書向智慧財產局辦理變更商標申請人之行為，A公司依不當得利、侵權行為之法律關係，請求B公司將系爭商標之商標權人變更登記為A公司，自屬有據，然A公司於取得此部分之勝訴判決，並就該商標註冊事項之變更向智慧財產局登記之前，並未取得系爭商標權，自不得基於商標權之權能，依修正前「商標法」第61條第1項規定（修正前「商標法」第61條第1項規定，商標權人對於侵害其商標權者，得請求損害賠償，並得請求排除其侵害；有侵害之虞者，得請求防止之；現行「商標法」第69條第1項則規定商標權人對於侵害其商標權者，得請求除去之；有侵害之虞者，得請求防止之），請求禁止B公司使用與系爭商標相同或近似之商標，故A公司關於排除及防止商標權侵害之請求部分，為無理由，應予駁回。

貳、涉外商標權侵害之法律適用

一、問題意識

　　商標（英文：trademark；德文：Warenzeichen；法文：marque déposée）係用以表彰商品或勞務之來源，使自己之商品或勞務與他人所

提供者能相區別，並使消費者得以辨識[1]，並具有區別、表彰來源、信賴、廣告等功能[2]。按商標制度是當今經濟社會中所不可或缺之制度，蓋其一方面可以保障商標權人之正當利益，使經濟活動得以順利進行並發展，另一方面又可保障消費大眾之利益，使經濟活動得以維持，故各國無不採行商標制度，並對商標權人以法律予以一定程度之保障。惟，商標權之授與須向主管機關核准註冊或登記，又商標權具有獨占性及排他性，且商標權之保護除了保障商標權人之私益外，更有維持競爭秩序並保護消費者利益之公共利益考慮在內[3]，使得商標權雖為私權但卻具有濃厚公的性格，故而各國只對依其法律核准註冊之商標加以保護，對於在他國註冊之商標或在他國所發生與商標有關之事實，對其不生拘束力，亦即各國商標法律僅於各自領域內發生效力而不具有域外效力，此為商標權之「屬地主義」（territoriality）或商標權之「地域性」[4]。

　　商標權之「屬地主義」具有四面向[5]：（一）每個國家商標權之效力只能依該國法律加以規定；（二）商標權僅對權利授予國領域內之活動產生影響；（三）商標權只能由權利授予國國民或依法律取得相同地位之他國家國民主張；（四）商標權只能在權利授予國之法院主張。其實踐之結果，使商標僅受其所註冊之權利授予國的保護，於他國不受保護，若欲受

---

[1]　參閱謝銘洋，歐洲商標制度之最新發展趨勢，收於氏著，智慧財產權之制度與實務，台北，翰蘆圖書公司，1995年5月初版，頁163。

[2]　參閱謝銘洋，德國之商標制度與實務，收於氏著，前揭註書，頁206-208。

[3]　參閱謝銘洋，智慧財產權之概念與法律體系，收於氏著，智慧財產權之基礎理論，台北，翰蘆圖書公司，1995年7月初版，頁19。

[4]　包含商標權在內之智慧財產權之「屬地主義」，有稱之為智慧財產權之地域性者，並指出其與智慧財產權法之地域性概念不同，蓋智慧財產權法屬一主權國家之國內法，並不具域外效力，除非經他國立法與司法之承認與適用，否則一國之智慧財產權法自不具有拘束他國司法機關之效力；而智慧財產權之地域性與智慧財產權法之效力是否跨出國界不同，智慧財產權之地域性乃指智慧財產權跨出國界是否仍具有受到他國法律承認與保護之效力。

[5]　*See* WILLIAM CORNISH, INTELLECTUAL PROPERTY 1-29 (3rd ed. 1996).

他國保護，就必須至他國註冊，否則對於在該他國發生侵害之情事即無法加以禁止或請求損害賠償。因此，於嚴格之「屬地主義」支配下，商標權不會產生國際私法之問題，蓋各國之商標法於各自領域內屬地性之適用，且商標權性質上為無體財產，既不生法律適用地理上之問題，自不生法律地理上之競合。

　　未於他國註冊之商標就不為他國所保護，對於發生在該他國侵害之情事即無法加以禁止或請求損害賠償，此對於國際間商品與勞務之流通亦有很大之妨礙，故國際間遂開始有保護商標權在內之智慧財產權國際公約之制定，使商標之保護國際化，突破嚴格之「屬地主義」所帶來之限制。1883年「保護工業財產權之巴黎公約」（Paris Convention for the Protection of Industrial Property，簡稱為「巴黎公約」Paris Convention，分別於1900年、1911年、1925年、1934年、1958年、1967年、1979年進行增修）開商標權國際保護之先，於第2條：「（第1項）任一同盟國國民於其他同盟國家內，就工業財產權之保護，應享有各該國法律已賦予或將來可能賦予其本國國民之權益，且不妨礙本公約所特別規定之權利。因此，遵守加諸於該國國民之條件及手續，而權利受侵害時，應享有與該國國民相同之保護與法律救濟。（第2項）被請求保護其工業財產權之國家，對同盟之其他各國國民所得享有之任何工業財產權，不得附加設立住所或營業所之條件。（第3項）關於司法及行政之程序、管轄，以及送達地址之指定或代理人之委任，本同盟每一國家之法律規定，其可能為工業財產權法律所必要者，悉予特別保留。」[6]要求對其他同盟國國民

---

[6]　**Article 2**: **(1)** Nationals of any country of the Union shall, as regards the protection of industrial property, enjoy in all the other countries of the Union the advantages that their respective laws now grant, or may hereafter grant, to nationals; all without prejudice to the rights specially provided for by this Convention. Consequently, they shall have the same protection as the latter, and the same legal remedy against any infringement of their rights, provided that the conditions and formalities imposed upon nationals are complied with. **(2)** However, no requirement as to domicile or establishment in the country where protection is claimed may be imposed upon nationals of countries of the Union for the enjoyment of any

之包含商標權在內之工業財產權提供保護，而第3條：「非同盟國家之國民，於任一同盟國領域內，設有住所或設有實際且有效之工商營業所者，應與同盟國之國民享受同等待遇。」[7]要求對非同盟國國民之包含商標權在內之工業財產權提供保護，而1994年「與貿易有關之智慧財產權協定」（Agreement on Trade-Related Aspects of Intellectual Property Rights，簡稱為「TRIPs」）第3條：「（第1項）除巴黎公約（1967）、伯恩公約（1971）、羅馬公約及積體電路智慧財產權條約所定之例外規定外，就智慧財產權之保護，每一會員應給予其他會員國民之待遇不得低於其給予本國國民之待遇；對表演人、錄音物製作人及廣播機構，本項義務僅及於依本協定規定之權利。任何會員於援引伯恩公約（1971）第六條或羅馬公約第十六條第一項(b)款之規定時，應依各該條規定通知與貿易有關之智慧財產權理事會。（第2項）會員就其司法及行政之程序，包括會員管轄內送達地址之指定或代理人之委任，為確保法令之遵守，而該等法令未與本協定各條規定牴觸，且其施行未對貿易構成隱藏性之限制者，得援用第一項例外規定。」[8]亦要求對會員國國民之包含商標權在內之智慧財產權提

7 　**Article 3**: Nationals of countries outside the Union who are domiciled or who have real and effective industrial or commercial establishments in the territory of one of the countries of the Union shall be treated in the same manner as nationals of the countries of the Union.

8 　**Article 3**: **(1)** Each Member shall accord to the nationals of other Members treatment no less favourable than that it accords to its own nationals with regard to the protection of intellectual property, subject to the exceptions already provided in, respectively, the Paris Convention (1967), the Berne Convention (1971), the Rome Convention or the Treaty on Intellectual Property in Respect of Integrated Circuits. In respect of performers, producers of phonograms and broadcasting organizations, this obligation only applies in respect of the rights provided under this Agreement. Any Member availing itself of the possibilities provided in Article 6 of the Berne Convention (1971) or paragraph 1(b) of Article 16 of the Rome Convention shall

industrial property rights. **(3)** The provisions of the laws of each of the countries of the Union relating to judicial and administrative procedure and to jurisdiction, and to the designation of an address for service or the appointment of an agent, which may be required by the laws on industrial property are expressly reserved.

供保護，此等國際公約以「國民待遇原則」要求締約國對於非本國國民之商標權提供與本國國民相同待遇之保護，使得未於他國註冊之商標亦可受他國保護，此突破了原先嚴格之「屬地主義」，使商標權亦可於權利授予國以外之被請求保護國發生效力。換言之，商標權之「屬地主義」，已被「國民待遇原則」（national treatment）所修正，在A國註冊之商標權，若於B國被請求保護時則可依B國商標法於B國受到保護，商標權之「屬地主義」已非狹隘之「屬地主義」，而已轉變為具有保護商標權目的之「屬地主義」，嚴格之屬地主義被「國民待遇原則」軟化，故而有認為「屬地主義」於今日，乃是具有「國民待遇原則」意義之屬地主義。因此，一國商標既然可於他國受保護，則涉外商標權事件自然會發生，且由於國際間商品與勞務之頻繁流通，商標權國際私法問題之探討不但必要而且具有實益，尤其是涉外商標權侵害事件應適用何國法律加以禁止或損害賠償之侵害外國商標權的法律適用問題，更是重要。本件智慧財產法院102年度民商上更（一）字第1號民事判決乃為外國法人侵害於我國註冊之商標時請求排除侵害商標專用權行為之問題，所牽涉者即為涉外商標權侵害之法律適用問題，故本章乃從智慧財產法院102年度民商上更（一）字第1號民事判決出發，就涉外商標權侵害之法律適用問題做一分析，而後再以本章之分析，評述智慧財產法院102年度民商上更（一）字第1號民事判決。

---

make a notification as foreseen in those provisions to the Council for TRIPS. **(2)** Members may avail themselves of the exceptions permitted under paragraph 1 in relation to judicial and administrative procedures, including the designation of an address for service or the appointment of an agent within the jurisdiction of a Member, only where such exceptions are necessary to secure compliance with laws and regulations which are not inconsistent with the provisions of this Agreement and where such practices are not applied in a manner which would constitute a disguised restriction on trade.

二、涉外商標權事件法律適用之分割

　　國際私法上關於涉外民商事件之法律適用，有採取「法律適用分割方法」（法文：dépeçage；英文：picking and choosing or issue by issue approach。國內亦有稱爲「分割爭點方法」）者。「法律適用分割方法」係指一涉外法律關係若具有多元之連繫因素而使其法律性質得以分離時，即依不同之法律性質將該法律關係範圍加以分割，並就分割後之各部分法律關係或法律問題（sub-issues），分別依衝突法則就所牽連多數國家實體法個別決定準據法，而非全盤皆一律適用單一的、同一的準據法[9]。

　　涉外商標權事件之法律適用，有主張應依同一衝突法則適用單一準據法之「統一論」者，例如有主張工業財產權之所有問題，全應依權利授予國法[10]；但然通說採取依不同法律性質將該法律關係之範圍加以分割而分別依不同衝突法則決定各別準據法之「分割論」，並將商標權之法律關係分割爲以商標權爲本體所生法律關係、以商標權爲處分客體而生之法律關係、商標權侵害之救濟所生法律關係三部分[11]。以商標權爲本體所生法律關係，係直接以商標權權利本身爲中心所生之法律關係，例如商標之

---

[9] 「法律適用分割方法」詳細的分析與論述，請參閱林恩瑋，國際私法上「分割爭點（issue-by-issue）」方法之適用——以最高法院兩則判決爲中心，台北，政大法學評論，第119期，2011年2月，頁151-187。

[10] 土井輝生，「工業所有權」國際私法講座（3）（1964年），頁807；桑田三郎，「工業所有權の屬地性とその體系位置づけ」比較法雜誌12卷2号（1979年），頁31。

[11] 參閱（依出版時間由先至後，以下註釋參考文獻有二以上者，亦同）：許耀明，國際智慧財產權訴訟之國際管轄權決定、準據法選擇與法律適用之問題，收於氏著，國際私法新議題與歐盟國際私法，台北，元照出版公司，2009年4月初版，頁30-48；蔡華凱，涉外智慧財產民事事件之國際裁判管轄與準據法，嘉義，中正大學法學集刊，2010年10月，頁90-97；劉鐵錚、陳榮傳，國際私法論，台北，三民書局，2018年8月修訂6版，頁402-403；吳光平，專利權侵害之法律適用——智慧財產法院105年度民專上字第18號民事判決評釋，收於賴淳良主編、吳光平副主編，國際私法裁判選析，台北，元照出版公司，2020年9月3版，頁287-289；柯澤東著、吳光平增修，國際私法，台北，元照出版公司，2020年10月6版，頁258-260。

發生（商標註冊）、商標之歸屬（商標權人）、商標之客體（得申請註冊
之商標）、商標之內容或權能或效力、商標之存續期間、商標之限制、商
標之消滅等問題；以商標權爲處分客體而生之法律關係，亦即商標權使用
契約所生之法律關係，例如商標權之讓與、商標權之授權；商標權侵害之
救濟所生法律關係，爲侵權行爲而生之損害賠償之債。「統一論」與「分
割論」之優劣，雖可爲應然面之理論探討，但於實然面之實證立法上，
晚近則較傾向「分割論」，諸如：1989年「瑞士國際私法」第110條：
「（第1項）智慧財產權依被請求保護該智慧財產權之國之法。（第2項）
因侵權行爲所生之請求權，當事人得於損害發生後，合意選定法院地法爲
準據法。（第3項）就智慧財產所訂立之契約，依本法關於債權契約之規
定定其準據法。」將包含商標權在內之智慧財產權之法律適用分割爲本體
所生法律關係（第1項）、侵害之救濟所生法律關係（第2項）、作爲處分
客體而生之法律關係（第3項）三部分；2007年「土耳其關於國際私法與
國際民事訴訟程序法之法令」將包含商標權在內之智慧財產權之法律適用
分割爲本體所生法律關係（第23條第1項：「智慧財產權，依被請求保護
地國之法律。」）、侵害之救濟所生法律關係（第23條第2項：「侵害智
慧財產權之損害賠償請求權，當事人於侵權行爲發生得合意選定依法院地
法。」）、作爲處分客體而生之法律關係（第28條：「（第1項）智慧財
產權之契約，依當事人合意選定之法律。（第2項）當事人未合意選定法
律時，依讓與智慧財產權或其使用權之一方於締結契約時之營業地法，無
營業地者，依慣常居所地法。但依契約整體情況與另一法律具有更密切關
聯者，依該法律。（第3項）受僱人與僱用人間智慧財產權之契約，若智
慧財產權係受僱人於其工作範圍內並於工作期間創設者，依僱傭契約應適
用之法律。」）；2010年「中華人民共和國涉外民事關係法律適用法」
之「第七章智慧財產權」將包含商標權在內之智慧財產權之法律適用分割
爲本體所生法律關係（第48條：「智慧財產權的歸屬和內容，適用被請求
保護地法律。」）、作爲處分客體而生之法律關係（第49條：「當事人可
以協定選擇智慧財產權轉讓和許可使用適用的法律。當事人沒有選擇的，
適用本法對合同的有關規定。」）、侵害之救濟所生法律關係（第50條：

「智慧財產權的侵權責任，適用被請求保護地法律，當事人也可以在侵權行為發生後協議選擇適用法院地法律。」）三部分。

　　我國「涉外民事法律適用法」（以下簡稱為「涉民法」）雖未如上述立法例般明顯地於涉外商標權事件之法律適用採行「分割論」，但由第42條：「（第1項）以智慧財產為標的之權利，依該權利應受保護地之法律。（第2項）受僱人於職務上完成之智慧財產，其權利之歸屬，依其僱傭契約應適用之法律。」係規定於「第五章物權」中，且由該條立法說明：「智慧財產權，無論在內國應以登記為成立要件者，如專利權及商標專用權等，或不以登記為成立要件者，如著作權及營業秘密等，均係因法律規定而發生之權利，其於各國領域內所受之保護，原則上亦應以各該國之法律為準。爰參考義大利國際私法第54條、瑞士國際私法第110條第1項等立法例之精神，規定以智慧財產為標的之權利，其成立及效力應依權利主張者認其權利應受保護之地之法律，俾使智慧財產權之種類、內容、存續期間、取得、喪失及變更等，均依同一法律決定。」可知，該條僅適用於商標權本體所生法律關係，至於侵害商標權之救濟所生法律關係以及商標權作為處分客體而生之法律關係，自應分別依同法第25條：「關於由侵權行為而生之債，依侵權行為地法。但另有關係最切之法律者，依該法律。」侵權行為衝突法則以及第20條：「（第1項）法律行為發生債之關係者，其成立及效力，依當事人意思定其應適用之法律。（第2項）當事人無明示之意思或其明示之意思依所定應適用之法律無效時，依關係最切之法律。（第3項）法律行為所生之債務中有足為該法律行為之特徵者，負擔該債務之當事人行為時之住所地法，推定為關係最切之法律。但就不動產所為之法律行為，其所在地法推定為關係最切之法律。」契約衝突法則決之，故我國「涉民法」於涉外商標權事件之法律適用在結果上，亦係採行「分割論」。

三、涉外商標權侵害之定性

　　於理論上，在「法律適用分割方法」之運用下，以商標權爲本體所生法律關係以及商標權侵害之救濟所生之法律關係予以分割，故涉外商標權權利本身事件以及涉外商標權侵害事件即應適用不同衝突法則選擇準據法，此一分割看似具體明確，但於現實運用上恐非如理論上之分割簡易。按商標權之內容，乃是商標權人對於註冊之商標取得於權利期間由自己使用或授權他人使用、排除他人註冊、並對侵害其商標權之人請求加以禁止或請求損害賠償之法律上地位，此實乃商標權人因具有商標權所具有之權能，乃是國家授予商標權所產生之效力，故未經商標權人同意而侵害商標權人上述權利內容，實即妨害了商標權人行使上述商標權之權能，故商標權侵害行爲之實施，實可認爲是牴觸商標權效力之手段。故涉外商標權侵害之定性，將成爲涉外商標權侵害事件法律適用之關鍵，若定性爲商標權效力之問題，則應適用「涉民法」第42條第1項智慧財產權權利本身衝突法則選擇準據法，若定性爲侵權行爲之問題，則應適用「涉民法」第25條侵權行爲衝突法則選擇準據法。

　　此一問題，外國學說有所爭論，但較多傾向定性爲侵權行爲之問題[12]，我國學者亦傾向定性爲侵權行爲之問題[13]。本章認爲，面對此一

---

[12] 木棚照一，国際知的財産法（2009年），頁248-249；駒田泰士，「著作権をめぐる国際裁判管轄及び準拠法について」国際私法年報6号（2004年），頁73；茶園成樹，「特許権侵害の準拠法」国際私法年報6号（2004年），頁45-46。以上轉引自蔡華凱，前揭註文，頁228。

[13] 參閱曾陳明汝，智慧財產權之國際私法問題（三）——論事實行爲發生之債暨智財權國際侵害之準據法，收於國際私法研究會叢書編輯委員會主編，國際私法論文集——慶祝馬教授漢寶七秩華誕，台北，五南書局，1996年9月初版1刷，頁35-38（此文雖未明示探討定性之問題，但文中卻直接討論侵權行爲地之確定，故可推知該文認爲涉外智慧財產權侵害應定性爲侵權行爲之問題）；許耀明，前揭註11文，頁37（此文雖未明示探討定性之問題，但文中指出「智慧財產權爲法律所保障之權利，因此此一權利受侵害時，當得依侵權行爲之相關法制尋求救濟」，故可推知該文認爲涉外智慧財產

問題，應採取以下二原則：第一、規範商標權之「巴黎公約」第2條第1項區分「保護」（protection）與「法律救濟」（legal remedy）之規定以及規範著作權之1886年「保護文學及藝術著作之『伯恩公約』」（Berne Convention for the Protection of Literary and Artistic Works【Paris Act of July 2, 1971, as amended on September 28, 1979】，簡稱為「伯恩公約」，該公約於1886年制定，並於1971年與1979年修正）第5條第2項第2段：「因此，除本公約另有規定外，保護之範圍，以及著作人為保護其權利所享有之救濟方式，適用被請求保護國法。」區分「保護之範圍」（extent of protection）與「救濟方式」（means of redress）之規定[14]，僅文字不同實則意義相同，「伯恩公約」所規定「保護之範圍」係指著作應否受保護以及受保護著作之權利內容或權能或效力，而「救濟方式」係指被保護著作受侵害時得請求禁止侵害行為或請求損害賠償之權利救濟手段，以此解釋方法觀「巴黎公約」，則其所規定「保護」應解釋為商標應否受保護以及受保護商標之權利內容或權能或效力，而「法律救濟」應解釋為被保護商標受侵害時得請求禁止侵害行為或請求損害賠償之權利救濟手段，由此可知規範商標權之「巴黎公約」係將商標權效力之問題與商標權侵害之問題加以區分；第二、在以法院地法（lex fori）作為定性標準之前提下，涉外商標權侵害事件之案件事實中何者屬於商標權效力之問題，何者屬於商標權侵害之問題，應依我國「民法」與「商標法」判斷。基此，行為人所侵害者是否為受「商標法」保護之商標、受侵害者是否為商標權人、所侵害者是否為「商標法」所賦予商標權人之權能等「巴黎公約」所定「保護」

權侵害應定性為侵權行為之問題）；蔡華凱，前揭註11文，頁93-94（此文雖未明示探討定性之問題，但文中指出「多數說向來認為此當然為侵權行為的問題。我國學者亦不例外，就本文所調查我國的實務案例，亦幾乎全將之定性為侵權行為」，且未表明反對，故可推知該文認為涉外智慧財產權侵害應定性為侵權行為之問題）；劉鐵錚、陳榮傳，前揭註11書，頁366；柯澤東著、吳光平增修，前揭註11書，頁260。

[14] **Article 5(2)**：... Consequently, apart from the provisions of this Convention, the extent of protection, as well as the means of redress afforded to the author to protect his rights, shall be governed exclusively by the laws of the country where protection is claimed.

之問題，依我國「商標法」定性之結果，乃是商標權權利本身之問題，
此為涉外商標侵害之「先決問題」或「附隨問題」（英文：preliminary
question；法文：question préalable；德文：die Vorfrage。英文亦有稱為
incidental question），而「先決問題」之解決以「法院地衝突法則說」為
原則[15]，故此等問題我國法院應依「涉民法」第42條第1項智慧財產權權
利本身衝突法則選擇準據法；若適用該準據法國「商標法」之結果，行為
人所侵害者確為受該準據法國「商標法」保護之商標、受侵害者依該準據
法國「商標法」確為商標權人、所侵害者確為該準據法國「商標法」所賦
予商標權人之權能者，則行為人有無故意或過失、有無正當防衛或緊急避
難等違法阻卻之事由、損害與行為間是否必須具有因果關係存在、其因果
關係究為直接或間接或相當因果關係等侵權行為成立要件之問題[16]，以
及請求禁止侵害行為、損害賠償請求權之成立、賠償範圍、賠償方法、

---

[15] 「先決問題」之解決標準，向有「主要問題準據法國衝突法則說」（德國稱為「非獨
立連繫說」unselbständige Anknüpfung或「附屬原則」abhängige Prinzip）以及「法院
地衝突法則說」（德國稱為「非附屬連繫說」unabhängig Anknüpfung或「獨立原則」
selbständig Prinzip）之對立，晚近則有調合二說的分別處理說之主張，但基於適用之方
便以及訴訟經濟之考量，各國法院實務多採，「法院地衝突法則說」。關於「先決問
題」解決標準之一般性介紹，參閱：林秀雄，論國際私法上先決問題，收於馬漢寶教
授八秩華誕祝壽論文集編輯委員會，法律哲理與制度（國際私法卷）——馬漢寶教授
八秩華誕祝壽論文集，台北，元照出版公司，2006年1月初版，頁255-270；廖蕙玟，
「先決問題」之研究，台中，東海大學法學研究，第28期，2008年6月，頁101-137；
李後政，涉外民事法律適用法，台北，五南書局，2010年10月初版，頁109-122；林益
山，國際私法與實例精解，台北，翰蘆圖書公司，2014年6月初版，頁375-377；陳榮
傳，國際私法實用——涉外民事案例研析，台北，五南書局，2015年10月初版，頁117-
121；劉鐵錚、陳榮傳，前揭註11書，頁571-583；吳光平，先決問題之解決標準——最
高法院85年度台上字2423號判決評釋，收於賴淳良主編、吳光平增修，國際私法裁判
選析，台北，元照出版公司，2020年9月3版，頁165-178；柯澤東著、吳光平增修，前
揭註11書，頁53-61。
[16] 至於所侵害者是否為權利或利益之問題，於一般情形下雖為侵權行為成立要件之問
題，但於涉外商標權侵害應以定性為商標權權利本身之問題為宜。

賠償性質及賠償請求權之消滅時效等侵權行為效力之問題，皆為「巴黎公約」所定「法律救濟」之問題，依我國「民法」定性之結果，乃是侵權行為之問題，此為涉外商標侵害之「主要問題」或「本問題」（英文：principal question；法文：question principale；德文：die Hauptfrage），故此等問題我國法院應依「涉民法」第25條侵權行為衝突法則選擇準據法。

四、涉外商標權侵害之法律適用

（一）以商標權之有效性或其保護範圍作為先決問題及其法律適用

於涉外商標權侵害事件中，被告就系爭商標為受「商標法」保護之商標、原告為商標權人、商標權人就系爭商標有積極使用之權能等事項或不爭執，則此時即無「先決問題」存在，直接適用「涉民法」第25條侵權行為衝突法則選擇準據法即可。惟，若被告就否認系爭商標為受「商標法」保護之商標、否認原告為商標權人、否認商標權人就系爭商標有積極使用之權能者，例如被告提出商標權無效之抗辯或提出反訴主張商標權無效，則此時商標權之有效性或其保護範圍即成為涉外商標侵害之「先決問題」，應先加以解決，而「先決問題」之解決以「法院地衝突法則說」為原則，故就此等問題我國法院應依「涉民法」第42條第1項智慧財產權權利本身衝突法則選擇準據法。關於包含商標權在內之智慧財產權權利本身之法律適用，向有被請求保護國法說以及源流國法說之對立，茲分述如下：

1. 被請求保護國法說

此說認為，無論是規範工業財產權之「巴黎公約」第2條抑或是規範著作權之「伯恩公約」第5條，都明確規定有關「保護」或「保護之範圍」以及「法律救濟」或「救濟之方式」應適用請求保護國法，故智慧

財產權權利本身自當依被請求保護國法（*1ex loci protectionis*；英文：the law of the protecting country；德文：das Recht des Schutzlandes）決之。依此說之結果，在A國註冊之商標，可依B國（被請求保護國）商標法於B國受到保護，係受到B國法承認之故，而B國為何要加以承認，乃是基於履行國際公約或協定中所賦予「國民待遇原則」之義務。

學說上支持此說者不少：德國學者Eugen Ulmer強力主張被請求保護國法說，其認為所謂被請求保護國法，乃於其領域內被請求保護之國法，具體言之，即為進行智慧財產權利用行為或侵害行為之國法[17]；德國學者Konrad Zweigert與Hans-Jürgen Puttfarksen認為著作權之屬地主義原則，僅在限制實體之著作權效力，並未限制外國著作權法之適用可能性，而所謂被請求保護國（「伯恩公約」第5條2項，「羅馬公約」第2條），係指權利侵害國，而非訴訟繫屬國，國民待遇之規定，即在指定權利侵害國當時之法，若非做如此解釋，將會導出相當麻煩之「任擇法院」（forum shopping）問題[18]；我國學者劉鐵錚、陳榮傳曾主張，依國際私法之通例，無體財產權之發生、範圍、存續期間、行使及處分等，均依被據以主張保護之國家的法律，我國現行法對此雖未明文規定，解釋上應宜類推適用舊「涉民法」第10條第2項之規定，而依「權利之成立地法」，即被據以主張保護之國家的法律[19]；我國學者李復甸、何曜琛、林柏杉認為，以智慧財產為標的之權利，其成立要件及效力依權利人主張其權利應受保護之各該地之法律[20]。

實證立法上採此說者亦不少：1978年「奧地利國際私法」第34條：

---

[17] *See* EUGEN ULMER, INTELLECTUAL PROPERTY AND THE CONFLICT OF LAWS 12-3 (1978).

[18] Zweiger/Puttfarksen, Zum Kollisionsrecht der Leistungsschutzrechte, 1973, S. 573-578.

[19] 參閱劉鐵錚、陳榮傳，國際私法論，台北，三民書局，2010年9月，修訂5版，頁365-366。

[20] 參閱著作權案件法律適用選擇案件之研究，經濟部智慧財產局期末報告，研究主持人：李復甸，協同主持人：何曜琛、林柏杉，台北，經濟部智慧財產局，2003年12月，頁89。

「無體財產權之發生、範圍及消滅，依使用行為或被請求保護國法。」、
1979年「匈牙利國際私法」第19條：「著作權依被請求保護國法。」、
1989年「瑞士國際私法」第110條第1項：「智慧財產權依被請求保護該
智慧財產權之國之法。」、2005年「保加利亞國際私法」第71條第1項：
「著作權及與著作權相關權利之產生、內容、轉讓及終止，依請求保護著
作權之國之法律。」、2004年「比利時國際私法」第93條第1項：「智慧
財產權適用被請求保護地國家之法律。」、2007年「土耳其關於國際私法
與國際民事訴訟程序法之法令」第23條第1項：「智慧財產權，依被請求
保護地國之法律。」、2010年「中華人民共和國涉外民事關係法律適用
法」第48條：「智慧財產權的歸屬和內容，適用被請求保護地法律。」等
皆為採取被請求保護國法之立法例。

　　機構草案中亦有採此說者：「歐洲馬克思伯朗克智慧財產權與競
爭法學會」（the European Max Planck Institute for Intellectual Property
and Competition Law）之「智慧財產權衝突法組」（the European Max
Planck Group on Conflict of Laws in Intellectual Property，簡稱為CLIP）
所擬「智慧財產權衝突法原則」於2011年12月1日公布之最終版本（以
下簡稱為「智財衝突法草案」）第3.102條：「智慧財產權之存在、有效
與否、登記、權利範圍與存續期間，以及有關其權利之所有其他事項，
其應適用之法律為被請求保護國之法律。」[21] 採取被請求保護國法說；
2008年「美國法律學會」（American Law Institute）「智慧財產權：跨
國爭訟中適用於管轄、選法暨裁判之承認與執行之原則」（Intellectual
Property: Principles Governing Jurisdiction, Choice of Law and Judgment in
Transnational Disputes）第301條第1項第2款：「智慧財產權之存在、有效
與否、存續期間、內容、權利侵害以及侵害之賠償，適用下列法律決定：

---

[21] **Article 3:102:** The law applicable to existence, validity, registration, scope and duration of an
intellectual property right and all other matters concerning the right as such is the law of the
State for which protection is sought.

(b)其他智慧財產權，依被請求保護州法。」[22] 則僅對無須登記之智慧財產權採取被請求保護國法說。

2. 源流國法說

此說認為，智慧財產權權利本身應依源流國法（*lex orginis*；英文：the law of the country of origin[23]；德文：das Recht des Ursprungslandes），亦即權利授予國法，採註冊主義之商標權或專利權即為註冊國法，採著作完成主義之著作權如已發表者為發表地法，未發表者則為著作人屬人法。

學說上支持此說者不少：法國學者Etienne Bartin（巴丹）強力支持源流國法說，其認為無體財產權與一般物權同，為求法律之安定性，有向一定地域連結之必要，該一定地域，即為無體財產權之源流國[24]；德國學者Paul Heinrich Neuhaus（諾伊豪斯）認為無體財產權係智慧財產權，亦為人格權，又是一種自然權，其一旦成立，即應普遍地受到承認，故無體財產權首次生成之國，為權利之起源與重心所在，以其為對象之法律關係，自應依源流國法判斷[25]；我國學者曾陳明汝認為，我國1953年之涉民法對於智慧財產權之適用法律並未予特別規定，惟該法第10條第2項規定：「關於以權利為標的之物權，依權利之成立地法」，仍可援引適用於

---

[22] **Article 301(1):** The law applicable to determine the existence, validity, duration, attributes, and infringement of intellectual property rights and the remedies for their infringement is: **(b)** for other intellectual property rights, the law of each State for which protection is sought.

[23] "the law of the country of origin"，經濟部智慧財產局譯為「源流國法」，我國學者曾陳明汝譯為「原始國法」（曾陳明汝，國際私法原理（續集）——各論篇，台北，學林出版社，2003年6月改訂再版，頁204），中國大陸學者韓德培譯為「作品來源國法」（韓德培主編，國際私法，北京，高等教育出版社，2002年5月初版，頁273）。鑑於經濟部智慧財產局之翻譯置於其網頁，為眾多人閱覽，因此本章採取經濟部智慧財產局「源流國法」之翻譯。

[24] Etienne Bartin, Principe du droit international privé. I -III (1930-35).

[25] Paul Heinrich Neuhaus, Freiheit und G1eichheit im internationa1en Immaterialgüterrecht, 40 Rabels Z., S. 193.

著作權之得喪、內容與範圍，而其權利成立地法，應為其原始國法[26]；
我國學者許耀明認為，權利之成立與其效力，係源自於原始國之法律規
定，如採受請求保護國法說，則可能因為各國法律不同，在原始國受保護
之智慧財產權，可能在受請求保護國不被保護，如此有違既得權之尊重原
則[27]。

　　實證立法上採此說者有：1979年「匈牙利國際私法」第20條：
「（第1項）發明人或其利益繼承人保護之准許，依專利權核發地國法或
專利權聲請地國法。（第2項）前項應適用之法律，也應合理地適用於對
其他工業財產權（工業設計、商標等）之保護。」、1992年「羅馬尼亞
國際私法」第60條：「（第1項）著作權之成立、內容及消滅，適用作品
以出版、演出、展覽、廣播或其他適當方式首度公開發表之國家之法律。
（第2項）未公開發表的著作權，適用著作人之本國法。」及第61條：
「工業財產權之成立、內容及轉讓，適用保存或註冊國家或提交保存或申
請註冊之國家之法律。」、2005年「保加利亞國際私法」第71條第2項：
「智慧財產權標的上權利之產生、內容、轉讓及終止，依授予專利權或註
冊地或提出授予專利權或申請註冊地之法律。」等皆為採取源流國法之立
法例。

　　機構草案中，則僅有「智慧財產權：跨國爭訟中適用於管轄、選法暨
裁判之承認與執行之原則」第301條第1項第1款：「智慧財產權之存在、
有效與否、存續期間、內容、權利侵害以及侵害之賠償，適用下列法律決
定：(a)已登記之智慧財產權，依登記州法。」[28] 對已登記之智慧財產權
適用登記州法之規定，採此說。

---

[26] 參閱曾陳明汝，前揭註23書，頁204。

[27] 參閱許耀明，前揭註11文，頁33。

[28] **Article 301(1):** The law applicable to determine the existence, validity, duration, attributes, and infringement of intellectual property rights and the remedies for their infringement is: **(a)** for registered rights, the law of each State of registration.

3. 我國法

　　我國修正前之舊「涉民法」未對智慧財產權權利本身衝突法則加以規範，故一般認為應類推適用第10條第2項規定：「關於以權利為標的之物權，依權利之成立地法。」之規定決之，但對於類推適用之結果卻有被請求保護國法以及源流國法之分歧。現行「涉民法」於第42條第1項：「以智慧財產為標的之權利，依該權利應受保護地之法律。」已明文規範了智慧財產權權利本身衝突法則，且依立法說明：「該法律係依主張權利者之主張而定，並不當然為法院所在國之法律，即當事人主張其依某國法律有應受保護之智慧財產權者，即應依該國法律確定其是否有該權利。例如甲主張乙在A國侵害其智慧財產權，乙抗辯甲在A國無該權利，則我國法院應適用A國法律，而非我國法律，以解決在A國應否保護及如何保護之問題；如甲依我國法律取得智慧財產權，乙在A國有疑似侵害其權利之行為，則我國法院應依A國法決定甲在A國有無權利之問題。」可知，本條應係採取被請求保護國法說，且國內通說亦為此認定[29]。惟，本條文字設計不當，容易讓人誤會係採取源流國法說，蓋被請求保護國係指尋求該國保護之「實然」，但權利應受保護國卻有可能解釋為應由權利授予國（源流國）提供保護之「應然」，致使國內不乏認定本條應係採取源流國法說[30]，故將來宜將「依該權利應受保護地之法律」修正為「依該權利被請求保護地之法律」。

　　至於本條項於涉外商標權事件之適用上，應注意者有三：第一、本條項僅適用於決定商標權本體所生法律關係，至於侵害商標權之救濟所生法律關係以及商標權作為處分客體而生之法律關係，應分別依同法第25條侵

---

[29] 參閱：李後政，前揭註15書，頁317；陳榮傳，涉外專利訴訟的管轄權與準據法，收於陳純一編，愛國學人：紀念丘宏達教授學術研討會會議實錄暨論文集，台北，三民書局，2013年10月初版，頁662；蔡華凱，國際私法實例研習，台北，三民書局，2018年4月初版，頁189-191。

[30] 參閱：許耀明，前揭註11文，頁33-34；黃致穎，論涉外專利侵害訴訟之準據法，台北，全國律師，第15卷第3期，2011年3月，頁75。

權行為衝突法則以及第20條契約衝突法則決之；第二、依本條項所選擇出
商標權本體之準據法，用以決定商標權之發生（註冊、審查、核准）、商
標權之歸屬（商標權人）、商標權之客體（得申請註冊之商標）、商標權
之內容或權能、商標權之存續期間、商標權之限制（合理使用）、商標權
之消滅（期間屆滿、廢止、拋棄）；第三、本條項所規定之權利應受保護
地之法律，應理解為權利被請求保護地之法律，須依當事人主張其商標權
依某國法律受保護，而不當然即為法院地法。

　　雖被請求保護國法與法院地法係不同概念與意義，於多數情形，此二
者為同一。

（二）商標權侵害行為之成立與效力為主要問題及其法律適用

　　包含商標權在內之智慧財產權，其侵權行為成立要件以及效力等問題
之法律適用，有於一般侵權行為衝突法則外另立特殊規則者，亦有不另立
特殊規則而適用侵權行為衝突法則之一般規則者。茲分述如下：

1. 另立特殊規則

　　於一般侵權行為衝突法則外另立特殊規則者，乃是將智慧財產權侵權
行為視為特殊侵權行為，故於一般侵權行為衝突法則外另立符合其特殊性
之特殊規則。然針對智慧財產權侵權行為所形成之特殊規則，英美法系與
大陸法系則有法院地法與被請求保護國法之對立。

　　英國法院於1995年*Wagamama Ltd. v. City Centre Restaurant Plc*案[31]
中，原告Wagamama公司於倫敦開設一家名為"Wagamama"之日本酒店，
並以"Wagamama"註冊商標（"Wagamama"於日文為任性之意），被告City
Centre Restaurant公司於印度開設一家名為"Rajamama"之日本酒店，原告
遂起訴被告侵害其商標權，而法院認為雖然侵權行為是在印度施行，而
依侵權行為衝突法則之雙重可訴原則應適用侵權行為地法，但英國1994

---

[31] [1995] FSR 713.

年「商標法」（Trade Marks Act）具有優先效力，故不適用侵權行為衝突法則而應適用英國1994年「商標法」，而依英國1994年「商標法」被告酒店之名稱會使消費者聯想到其與原告有一定之關聯而引發混淆，故而判決原告勝訴。美國法院則更是針對於外國商標適用1948年「蘭哈姆法」（Lanham Act）[32] 發布禁制令，美國聯邦紐約南區地方法院於1992年*Sterling Drug, Inc. v. Bayer AG*案[33] 發布禁制令，禁止德國Bayer公司使用"Bayer"之商標以免其在美國與美國Sterling公司所使用"Bayer"之商標產生混淆，而此案上訴到美國聯邦第二巡迴上訴法院，法院更明白指出，美國國會雖無意使「蘭哈姆法」清除外國商標，但卻有意將其用以作為防止外國商標損害美國商業利益之盾牌[34]。而英美法系適用法院地法之原因有三：(1)著眼於智慧財產權保護之公益性，而將法院地法作為強行法加以適用，故而學者有云，當適用法院地法成為強制性規則時，一般之法律適用規則都是多餘，任何理由都會立刻遭到阻止[35]；(2)對「巴黎公約」第2條所規定之「法律救濟」以及「伯恩公約」第5條所規定之「救濟方式」，解為權利人於某國法院訴訟之程序規則，基於「程序依法院地法」之規則，因而不適用被請求保護國法而應適用法院地法；(3)權利人多數會在其權利受侵害之國家法院起訴。

　　大陸法系則認為應適用被請求保護國法，「2007年7月11日關於非契約之債之法律適用的歐洲議會及共同理事會規則」Regulation (EC) No 864/2007 of the European Parliament and of the Council of 11 July 2007 on the law applicable to non-contractual obligations，簡稱為「羅馬規則II」Rome II Regulation）第8條第1項：「智慧財產權侵害之非契約之債適用被請求

---

[32] 美國現行商標法稱為「蘭哈姆法」，於1946年由杜魯門總統簽署通過，載於「美國法典」（U.S. Code）第十五編，於1982年10月做過最後一次修訂。

[33] 792 F. Supp. 1357 (S.D.N.Y. 1992).

[34] 14 F.3d 133, 737-40 (2d Cir. 1994).

[35] RICHARD FENTIMAN, *Choice of Law and Intellectual Property*, in INTELLECTUAL PROPERTY AND PRIVATE INTERNATIONAL LAW- HEADING FOR THE FUTURE 133 (2005).

保護國之法律。」[36] 即明文探之，2010年「中華人民共和國涉外民事關係法律適用法」第50條：「智慧財產權的侵權責任，適用被請求保護地法律，當事人也可以在侵權行爲發生後協議選擇適用法院地法律。」亦明文探之，而1989年「瑞士國際私法」第110條第2項：「因侵權行爲所生之請求權，當事人得於損害發生後，合意選定法院地法爲準據法。」及2007年「土耳其關於國際私法與國際民事訴訟程序法之法令」第23條第2項：「侵害智慧財產權之損害賠償請求權，當事人於侵權行爲發生得合意選定依法院地法。」雖僅規定智慧財產權侵害事件當事人得合意選法而未規定智慧財產權侵害事件之應適用法律，但第2項之規定於適用上應解爲1989年「瑞士國際私法」第110條第1項：「智慧財產權依被請求保護該智慧財產權之國之法。」及2007年「土耳其關於國際私法與國際民事訴訟程序法之法令」第23條第1項：「智慧財產權，依被請求保護地國之法律。」等第1項之例外規定，故智慧財產權侵害事件當事人未依此等第2項合意選法者則依第1項適用被請求保護國法。大陸法系適用被請求保護國法之原因有三：(1)智慧財產權之保護仍以國界爲限，各國智慧財產權之立法管轄權原則上僅及於各自領域，智慧財產權國際公約中之「國民待遇原則」係賦予公約成員國依公約規定給予另一公約成員國公民與自身公民相同之待遇之國際公約義務，故公約成員國對另一公約成員國公民智慧財產權侵害之法律救濟，須適用自身國內法方能符合國民待遇；(2)對「巴黎公約」第2條所規定之「法律救濟」以及「伯恩公約」第5條所規定之「救濟之方式」，解爲智慧財產權侵害之損害賠償，仍適用被請求保護國法；(3)請求保護國法對於涉外智慧財產侵害事件最具適用利益，得以維護原告之合法權利。

---

[36] **Article 8(1)**: The law applicable to a non-contractual obligation arising from an infringement of an intellectual property right shall be the law of the country for which protection is claimed.

2. 適用一般規則

不另立特殊規則而適用侵權行為衝突法則之一般規則者，並不將智慧財產權侵權行為視為特殊侵權行為，認為智慧財產權侵權行為不具有特殊性，故而適用侵權行為衝突法則之一般規則即可。

侵權行為衝突法則之一般規則，最重要的乃是侵權行為地法（*lex loci delicti commissi*），但侵權行為「地」之認定卻常有爭論，蓋如侵權行為之構成要件均發生在同一國家或法域，則決定侵權行為地尚非難事，但若侵權行為之構成要件與數國家或法域相牽連，此時欲確定何地為侵權行為地，則有所困難，對此則有行為作成地說（theory of the place of acting）及損害發生地說（theory of the place of injury）二說。前者主張損害發生地常有多處，並不易確定，且常出於偶然，非行為者或受害者事先所得預料，故若應適用之法律為損害發生地法這樣不能預見之地方法律，則不免有失公允，故應以行為作成地為侵權行為地，若採此說，則對商標權之侵害，應以侵權行為人於同類商品或勞務使用類似商標之地為侵權行為地；損害發生地說則主張，侵權行為責任之目的，在於填補侵權行為被害人之損害，故雖有加害行為但無損害之發生，亦不能成立侵權行為，且因侵權行為而公共秩序最受影響者，應為損害發生地而非行為作成地，故應以損害發生地為侵權行為地，若採此說，則對則對商標權之侵害，應以發生商標權人損害之地為侵權行為地，但何謂商標權人損害發生之地，則有二種可能之解釋：一種解釋為商標權人之營業地，蓋商標權為無體財產權益，自應有其擬制之場所（fictional *situs*），而侵權行為人於同類商品或勞務使用類似商標損害到商標權人於其商品或勞務使用商標之財產權益，故商標權人之營業地乃為該利益之最適當場所（the most appropriate *situs* of interest）；另一種解釋為侵權行為人於同類商品或勞務使用類似商標之地，蓋商標權人於該地蒙受損害。以上二種可能之解釋以第一種解釋為宜，蓋商標之作用在於表彰商品或勞務，維護交易秩序並保障消費者權益，故賦予商標權人專屬使用之權利，而侵權行為人於同類商品或勞務使用類似商標，會使消費者將之與商標權人所提供商品或勞務混淆因而損

害商標權人於其商品或勞務使用商標之財產權益，而商標權人通常係於其營業地提供商品或勞務，故侵權行為人於同類商品或勞務使用類似商標對商標權人於其商品或勞務使用商標之財產權益所造成之損害，乃發生於商標權人之營業地，況後一種解釋，實乃混淆了行為作成地說及損害發生地說，無視於此二說之差異性。

3. 我國法

　　「涉民法」未對智慧財產權侵害於侵權行為衝突法則外另立特別規則，故通說認為仍應依第25條：「關於由侵權行為而生之債，依侵權行為地法。但另有關係最切之法律者，依該法律。」侵權行為衝突法則之一般規則決定應適用之法律，故除非於侵權行為地法外尚有其他關係最切之法律，否則即依侵權行為地法，亦即若商標權侵害於我國涉訟，則以侵權行為人於同類商品或勞務使用類似商標之地為侵權行為地，但若侵權行為人於同類商品或勞務使用類似商標之地商標權人之營業地不同，則以商標權人之營業地為侵權行為地，從而以商標權人營業地法為準據法。惟，「涉民法」於第42條第1項：「以智慧財產為標的之權利，依該權利應受保護地之法律。」明文規定了智慧財產權權利本身之衝突法則，此條項雖然係適用於權利之發生、權利之歸屬、權利之客體、權利之內容或權能、權利之存續期間、權利之限制、權利之消滅等智慧財產權權利本身之問題，但被請求保護國法之明文採行，顯示出於「涉民法」，被請求保護國法對智慧財產權法律適用之重要意義，故而包含商標權在內之智慧財產權侵害事件，是否仍適用侵權行為地法，實不無深思之必要。

　　按「屬地主義」乃是包含商標權最大之特色，縱使「巴黎公約」以「國民待遇原則」軟化了「屬地主義」，使商標權能在「屬地主義」之本質上亦能兼顧商標權保護，但仍不改變商標權「屬地主義」之本質，故各國商標權之立法管轄權原則上僅及於各自領域，「巴黎公約」中之「國民待遇原則」僅係賦予公約成員國依公約規定給予另一公約成員國國民與自身國民相同待遇之國際公約義務，故公約成員國對另一公約成員國國民商

標權侵害之法律救濟，必須適用自身國內法予以保護方能符合國民待遇，亦即一公約成員國國民因商標權受侵害而要求他公約國予以法律救濟時，他公約國自須依自身國內法提供法律救濟方能符合「國民待遇原則」，他公約國乃是被請求提供法律救濟以保護商標權之國，此即為被請求保護國法之適用，而商標權之成立須經一國法定行政程序（註冊），其地域性更為明顯，故依「國民待遇原則」，於具有涉外因素之商標權侵害適用被請求保護國法之理由自然更加充分[37]。然商標權侵害適用若適用侵權行為地法，則會牴觸商標權「屬地主義」之本質且無法顧及「國民待遇原則」，蓋適用侵權行為地法無疑會改變或擴展一國商標法地之適用範圍，違背商標法之地域性，且系爭涉外商標權侵害因商標權人主張其商標權依某國法律受保護而與該國建立了直接利害關係與最密切關聯，被請求保護國法於涉外商標權侵害乃有適用利益，倘不問利害關係與關聯性而適用侵權行為地法，無疑不顧涉外商標權侵害事件冀得商標權獲某國法律保護之目的，況適用侵權行為地法而不適用被請求保護國法，將使被請求保護國無法提供與自身國民相同待遇之法律救濟，因而無法履行「國民待遇原則」之義務。故而本章以為，涉外商標權侵害應適用被請求保護國法為宜，當侵權行為地與被請求保護地同一時，此時依第25條本文適用侵權行為地法固無問題，但當侵權行為地與被請求保護地不同一時，不妨將被請求保護地法認定為第25條但書之關係最切之法律，如此方符合商標權「屬地主義」之基本特性，並顧及被請求保護地法對涉外商標權侵害之適用利益及最密切關聯。

而第25條於涉外商標權侵害之法律適用上，應注意者有二：(1)依本條所選擇出商標權侵害之準據法，用以決定行為人有無故意或過失、有無正當防衛或緊急避難等違法阻卻之事由、損害與行為間是否必須具有因果關係存在、其因果關係究為直接或間接或相當因果關係等侵權行為成立要件之問題，以及請求禁止侵害行為、損害賠償請求權之成立、賠償範圍、

---

[37] *See* EUGEN ULMER, *supra* note 17, at 9.

賠償方法、賠償性質及賠償請求權之消滅時效等侵權行為效力之問題；(2)被請求保護地法應與第42條第1項相同之解釋，亦即須依當事人主張其商標權依某國法律受保護，不當然即為法院地法。

參、檢討與評析──代結論

　　標誌著「屬地主義」之商標權，在「國民待遇原則」之調合下，不再侷限於註冊國，於註冊國以外之外國仍可依「國民待遇原則」受到外國對其自身國民商標權相同之對待，此不但對商標權提供了跨國保護，更促進了國際間商品與勞務之流通，使商標能在國際間商品與勞務頻繁流通之今日，繼續發揮其表彰商品與勞務、維護交易秩序並保障消費者權益之功能。然商標權獲得跨國保護時，代表其國際私法問題之發生，而由於商標權無體財產、智慧財產、獨占、排他、採註冊制之特性，使得商標權之國際私法問題，必須特重其「屬地主義」之本質，故無論於國際裁判管轄制度抑或於法律適用制度，被請求保護國就扮演了重要角色，被請求保護國法院管轄以及被請求保護國法之適用，成為商標權國際私法之特色。

　　而就本章關於商標權侵害法律適用之論述，就我國法上商標權侵害之法律適用可得以下六點結論：一、採取將商標權之法律關係分割為以商標權為本體所生法律關係、以商標權為處分客體而生之法律關係、商標權侵害之救濟所生法律關係三部分之「分割論」，商標權為本體所生法律關係適用「涉民法」第42條第1項智慧財產權利本身衝突法則選法，以商標權為處分客體而生之法律關係（授權契約）適用「涉民法」第20條契約衝突法則選法，商標權侵害之救濟所生法律關係適用「涉民法」第25條侵權行為衝突法則選法；二、依法院地法之我國「民法」與「商標法」作為定性之標準，行為人所侵害者是否為受「商標法」保護之商標、受侵害者是否為商標權人、所侵害者是否為「商標法」所賦予商標權人之權能等，應定性為商標權效力之問題，行為人有無故意或過失、有無正當防衛或緊急避難等違法阻卻之事由、損害與行為間是否必須具有因果關係存在、

其因果關係究為直接或間接或相當因果關係等侵權行為成立要件之問題，以及請求禁止侵害行為、損害賠償請求權之成立、賠償範圍、賠償方法、賠償性質及賠償請求權之消滅時效等侵權行為效力之問題，應定性為商標權侵權行為之問題；三、被告提出商標權無效之抗辯或提出反訴主張商標權無效時，商標權之有效性或其保護範圍即成為涉外商標侵害之「先決問題」，此時以「法院地衝突法則說」作為解決「先決問題」之標準，適用「涉民法」第42條第1項智慧財產權權利本身衝突法則選擇準據法；四、被告對商標權之效力不爭執時，即無「先決問題」存在，直接適用「涉民法」第25條侵權行為衝突法則選擇準據法；五、當侵權行為地與被請求保護地同一時，則適用「涉民法」第25條本文所規範之侵權行為地法，此時以侵權行為人於同類商品或勞務使用類似商標之地為行為作成地，以商標權人之營業地為損害發生地；六、當侵權行為地與被請求保護地不同一時，則適用「涉民法」第25條但書將被請求保護地法認定為關係最切之法律。

　　就以上所得我國法上商標權侵害法律適用之結論觀察本件智慧財產法院102年度民商上更（一）字第1號民事判決，提出三點評述如下：一、最高法院指摘下級審法院未依「涉民法」進行衝突法則之選法程序，此顯示出最高法院體認涉外案件應以適用「涉民法」進行衝突法則選法程序為原則，而不應盲目地適用法院地法，具有世界村法官之胸懷，殊值讚揚；二、原告起訴被告有侵害其商標權之行為及不為一定行為之責任，故本案依法院地法之我國「民法」與「專利法」應定性為專利權侵權行為之問題而應適用「涉民法」第25條選法，但再審之智慧財產法院卻適用「涉民法」第42條第1項選法，有所謬誤；三、原告與被告就原告之法定代理人所簽署將系爭商標於註冊前變更申請人為被告之商標申請權讓與同意書是否無效有所爭執，此為究係原告或被告能申請商標註冊而成為商標權人之基礎，而即成本案之「先決問題」，「先決問題」以「法院地衝突法則說」作為解決標準故而應適用「涉民法」第42條第1項選法以茲解決，但再審之智慧財產法院卻未辨別此一「先決問題」之存在，有所疏漏；四、本件判決再審之智慧財產法院雖已適用「涉民法」，但由於對「定性」及

「先決問題」等適用衝突法則之技巧（衝突法總論）未能有所掌握，而成為本件判決在國際私法層次最大之瑕疵。

※本章之內容，主要爲李模務實法學基金會101年度第十七屆法學論文徵選第二名論文「涉外商標權侵害之法律適用與商標之保護──從最高法院九七年度台上字第二七三〇號判決談起」，經修正、刪校、增補而成爲本章。

國家圖書館出版品預行編目資料

國際私法裁判與學理(一)／吳光平著. －－初
　版. －－臺北市：五南圖書出版股份有限公
　司, 2021.09
　面；　公分
　ISBN 978-986-522-942-9（平裝）

1.國際私法　2.判例解釋例

579.9　　　　　　　　　　110011066

1RC4

國際私法裁判與學理(一)

作　　者 — 吳光平（58.5）

發 行 人 — 楊榮川

總 經 理 — 楊士清

總 編 輯 — 楊秀麗

副總編輯 — 劉靜芬

責任編輯 — 黃郁婷

封面設計 — 姚孝慈

出 版 者 — 五南圖書出版股份有限公司

地　　址：106台北市大安區和平東路二段339號4樓

電　　話：(02)2705-5066　傳　　真：(02)2706-6100

網　　址：https://www.wunan.com.tw

電子郵件：wunan@wunan.com.tw

劃撥帳號：01068953

戶　　名：五南圖書出版股份有限公司

法律顧問　林勝安律師事務所　林勝安律師

出版日期　2021年9月初版一刷

定　　價　新臺幣380元

經典永恆・名著常在

五十週年的獻禮 —— 經典名著文庫

五南，五十年了，半個世紀，人生旅程的一大半，走過來了。

思索著，邁向百年的未來歷程，能為知識界、文化學術界作些什麼？

在速食文化的生態下，有什麼值得讓人雋永品味的？

歷代經典・當今名著，經過時間的洗禮，千錘百鍊，流傳至今，光芒耀人；

不僅使我們能領悟前人的智慧，同時也增深加廣我們思考的深度與視野。

我們決心投入巨資，有計畫的系統梳選，成立「經典名著文庫」，

希望收入古今中外思想性的、充滿睿智與獨見的經典、名著。

這是一項理想性的、永續性的巨大出版工程。

不在意讀者的眾寡，只考慮它的學術價值，力求完整展現先哲思想的軌跡；

為知識界開啟一片智慧之窗，營造一座百花綻放的世界文明公園，

任君遨遊、取菁吸蜜、嘉惠學子！